Stephanie Borgert
Die Irrtümer der Komplexität

»Irgendwas ist immer.«

Stephanie Borgert

Die Irrtümer der Komplexität

Warum wir ein neues Management brauchen

Bibliografische Information der Deutschen Nationalbibliothek

Die Deutsche Nationalbibliothek verzeichnet diese Publikation
in der Deutschen Nationalbibliografie; detaillierte bibliografische
Daten sind im Internet über http://dnb.d-nb.de abrufbar.

ISBN 978-3-86936-661-6

Lektorat: Sabine Rock, Frankfurt am Main | www.druckreif-rock.de
Umschlag: Martin Zech, Bremen | www.martinzech.de
Illustrationen: Carsten Oltmann | www.carsten-oltmann.de
Satz und Layout: Das Herstellungsbüro, Hamburg |
www.buch-herstellungsbuero.de
Druck und Bindung: Salzland Druck, Staßfurt

www.gabal-verlag.de
www.twitter.com/gabalbuecher
www.facebook.com/Gabalbuecher

INHALT

Nutzungshinweise

Warum

Wir sitzen zu dritt um den Besprechungstisch, der Marketingleiter eines Finanzdienstleistungsunternehmens, seine Vertreterin und ich. Es geht um die Auftragsklärung für einen Coachingprozess, aber wir sind noch beim »Warm-up« und kommen auf mein Lieblingsthema zu sprechen: Komplexität. Wir plaudern über unsere Kenntnisse und Erfahrungen mit diesem Thema und der Marketingleiter fragt mich nach den wesentlichen Faktoren beim erfolgreichen Managen komplexer Organisationen. Ich erläutere ein wenig, Begriffe wie Intransparenz, Selbstorganisation und Vereinfachung fallen. Meine Gesprächspartner lauschen eine Weile und atmen dann tief ein. »Ja, wissen Sie, Frau Borgert«, setzt der Marketingleiter an, »das klingt alles ganz gut, aber das ist doch nichts für unser Unternehmen. Das geht vielleicht bei Start-ups, aber doch nicht in einem Konzern mit mehreren Tausend Mitarbeitern. Und unsere Mitarbeiter sind dafür auch gar nicht geeignet.«

»Da ist sie wieder«, denke ich bei mir: diese besondere Haltung gegenüber dem Thema Komplexität. Jeder kennt sie, jeder erlebt sie, manche können sie klar benennen, aber keiner will etwas damit zu tun haben. Auf den ersten Blick scheint es oft so, als müsse sich jede Organisation erst einmal auf links krempeln, um auf die gestiegene Komplexität in unserer Welt reagieren zu können. Zu groß, zu anders, zu unbekannt klingen Begriffe wie »Vernetzung«, »Selbstorganisation« oder »Unvorhersagbarkeit«.

Komplexität ist (neben der Resilienz von Organisationen) mein Hauptthema bei der Arbeit als Coach und als Rednerin. Dabei habe ich in den letzten Jahren immer wieder festgestellt, wie gering das Wissen um Komplexität ist. Das liegt nicht daran, dass die Manager dafür nicht schlau genug wären – es kommt in den üblichen Managementtrainings und -programmen schlicht und einfach nicht vor. Dort geht es weiterhin hauptsächlich um lineare Methodik und kausales Denken. Aber genau das führt zu Missverständnissen und Fehlern in komplexen Kontexten, und auf der persönlichen Ebene sind Überforderung und Dauerstress bei Managern und Führungskräften die Folge.

Zurück zum Besprechungstisch. In dieser Situation habe ich beschlossen, dieses Buch zu schreiben. Ich möchte die häufigsten und ausgeprägtesten Missverständnisse rund um das Thema Komplexität, auf die ich in den letzten Jahren immer wieder gestoßen bin, in Erkenntnisse umwandeln und auflösen. Gleichzeitig will ich mit diesem Buch Ideen vermitteln und Impulse setzen, die dazu beitragen, mit (manchmal sehr) kleinen Veränderungen größere Erfolge zu erzielen. Ich möchte die Komplexität entmystifizieren und klarmachen, was sie in unseren Organisationen und Teams bedeutet und wie wir mit ihr umgehen können.

Dieses Buch habe ich für alle Manager und Führungskräfte geschrieben, weil das Thema für alle relevant ist. Aber nicht jeder wird sich wiederfinden wollen. Aus diesem Grund mache ich im Folgenden deutlich, was das Buch ist, an wen es sich richtet und wer es besser wieder weglegen sollte.

Was

Dieses Buch beschäftigt sich auf lockere, aber ernsthafte Weise mit den größten Missverständnissen rund um das Thema Komplexität. Es klärt auf über die Entstehung dieser Irrtümer und zeigt, warum wir ihnen erliegen. Das ist oft einfach eine Frage der persönlichen Einstellung, der eigenen Prägungen, Werte und Erfahrungen. Damit setzen Sie sich in diesem Buch auseinander. Zu jedem Irrtum existieren Erkenntnisse, die es uns ermöglichen, anders mit der steigenden Komplexität umzugehen. Diese Erkenntnisse werde ich Ihnen auf den folgenden Seiten vermitteln. Nicht für alle Irrtümer ist die Komplexität ursächlich, in komplexen Kontexten sind jedoch die Auswirkungen erheblicher als in linearen Zusammenhängen. Da es in der Natur des Themas liegt, komplex zu sein, braucht es für den Umgang mit Ihren persönlichen Herausforderungen natürlich den konkreten Kontext. Sie werden ihn nicht 1:1 in den Beispielen wiederfinden, sondern müssen den Transfer auf Ihre persönlichen Herausforderungen selber leisten. Dieses Buch möchte Sie anregen, Ihnen Impulse geben, Sie zur Reflexion ermutigen, Aha-Effekte produzieren, Ideen pflanzen und Spaß machen.

Was nicht

Dieses Buch ist kein simpler Ratgeber, es vermittelt Ihnen keine wasserdichten »Wenn Sie das tun, geschieht jenes«-Methoden oder Rezepte! Komplexe Aufgaben sind nicht-linear, dynamisch und intransparent. Es kann also keine Best-Practice-Lösungen für komplexe Aufgabenstellungen oder Probleme geben. Konfektionierte Rezepte werden Sie in diesem Buch nicht finden. Es ist stets eine Frage des Kontexts und darauf werde ich auch immer wieder deutlich hinweisen.

Wie

Das Buch ist so aufgebaut, dass Sie die einzelnen Kapitel, die sich jeweils mit einem Irrtum beschäftigen, für sich lesen können. Damit das funktioniert, gibt es einige wenige Wiederholungen. Sollten Sie trotzdem bei der Lektüre über einen Begriff stolpern, der an anderer Stelle definiert worden ist, so schauen Sie bitte im Glossar nach. Dort sind die wichtigsten Begriffe aufgeführt.

Das erste Kapitel führt den Begriff der Komplexität ein und erläutert die wesentlichen Facetten wie Dynamik, Intransparenz, Selbstorganisation und weitere. Anschließend geht es um die neun häufigsten Irrtümer, die im Management nach wie vor weitverbreitet sind. Im Abschlusskapitel fasse ich für Sie zusammen, was an Fähigkeiten, Haltungen und Kompetenzen notwendig ist, um Komplexität zu meistern. Sie werden am Ende des Buches wissen, was es braucht, um in einem holistischen (ganzheitlichen) Sinn als Manager und Führungskraft erfolgreich zu sein – und das trotz oder gerade wegen der Komplexität. Viele der Gedanken, die hinter einem holistischen Management stehen, sind als Merksätze herausgestellt.

 Merksätze erkennen Sie an diesem Symbol.

Wer

Ich habe dieses Buch für all jene Manager und Führungskräfte geschrieben, die sich mit der Komplexität unserer Welt auseinandersetzen und mit diesem Wissen erfolgreicher entscheiden, managen und führen möchten. Es richtet sich an Menschen, die offen sind für die Auseinandersetzung mit ihren eigenen Sichtweisen, Stereotypen, Vorurteilen und ausgetretenen Handlungspfaden. Wenn Sie bereit sind, Neues zu erfahren, Altes zu überprüfen und Ihre Denk- und Verhaltensweisen gegebenenfalls anzupassen, dann wünsche ich Ihnen viele gute Erkenntnisse bei der Lektüre.

Wer nicht

Menschen, die sich mit Komplexität nicht auseinandersetzen wollen (egal aus welchem Grund), sollten das Buch nun wieder aus der Hand legen. Sie werden zu viel Energie aufbringen müssen, um die Informationen und Beispiele gedanklich zu widerlegen und für unbrauchbar zu erklären. Wenn Sie auf der Suche nach einfachen Rezepten sind, werden Sie hier nicht fündig. Sollten Sie also nicht willens sein, sich selbst und Ihre Organisation gründlich zu reflektieren und zu hinterfragen, dann lesen Sie bitte nicht weiter.

Risiken und Nebenwirkungen

Wenn Sie sich auf das Thema Komplexität einlassen, so werden Sie von Zeit zu Zeit verwirrt sein. »Was soll ich nun tun?« »Wie geht das?« »Gibt es keine Antwort?« Das passiert uns immer dann, wenn wir eine Lösung oder Antwort nicht sofort sehen oder nicht begreifen können. Und es ist auch gut so, denn aus diesem Zustand heraus entsteht Erkenntnis, wir erweitern unseren Horizont und erproben neues Denken. Es kann Ihnen also passieren, dass Sie neu zu denken beginnen, etwas anderes ausprobieren wollen, die Welt nicht mehr so betrachten wie vorher, Dinge infrage stellen und über sich selbst nachdenken. Das wünsche ich Ihnen von Herzen – und haben Sie dabei viel Spaß!

Komplexität:
Mythos oder Wirklichkeit?

Viele Symptome – eine Diagnose

»Es geht alles drunter und drüber.«
»Wir versinken im Chaos.«
»Die Datenlage ist viel zu dünn.«
»Da fehlt der Durchblick.«
»Das ist zu komplex, wir müssen vereinfachen.«
»Hier macht jeder, was er will.«
»Wie sollen wir denn so eine Planung machen?«
»Ohne Informationen ist keine Entscheidung möglich.«
»Das wächst uns gerade über den Kopf.«

Welchen dieser Sätze haben Sie selber in letzter Zeit benutzt oder von Kollegen, Vorgesetzten oder Mitarbeitern gehört? Wahrscheinlich finden Sie mehr als einen wieder, der Ihnen vertraut ist. Ich höre diese Aussagen häufig bei meiner Arbeit mit Führungskräften und Projektteams. Die Liste ließe sich beliebig erweitern, denn es existieren zig Möglichkeiten, um »Chaos« (➡ Glossar) zu beschreiben. Wir verwenden diesen Begriff immer dann gerne, wenn Situationen nicht mehr kontrollierbar erscheinen und wir den Überblick verlieren. Das macht auch deutlich, dass es natürlich die Umstände sind, die uns das Leben schwer machen, und nicht etwa mangelnde Kompetenz oder etwas Ähnliches.

Viele dieser Äußerungen sind mittlerweile schon beinahe zum Mantra geworden und hallen regelmäßig durch die Organisationen. Gleichzeitig suchen wir nach Erklärungen für das immer häufiger auftretende Chaos. Früher war doch alles viel einfacher und ruhiger, oder? Nun aber steigt der Stresspegel stetig, es wird alles dynamischer, Veränderung reiht sich an Veränderung und keiner blickt mehr durch.

Gut, dass uns seit einigen Jahren eine valide Erklärung angeboten wird – es ist die Komplexität. Unzählige Artikel, Bücher und Aufsätze beschäftigen sich mit diesem (angeblich) modernen Symptom unserer Gesellschaft. In Studien werden Projektmanager mit dem Statement zitiert, dass die Komplexität eines der großen Probleme im Management sei. Manager werden dazu befragt, inwieweit die Komplexität eine Herausforderung für sie ist. Es wird überlegt, wie sich die Komplexität eliminieren lässt oder wie man sie wenigstens »in den Griff« bekommt. Komplexität ist Grund, Ursache, Symptom, Problem, Herausforderung und Dämon zugleich.

Unser Wunsch nach einer Erklärung ist damit erst einmal befriedigt. Wir wissen nun, warum wir regelmäßig im Chaos stecken. Der Begriff Komplexität ist modern und wird ebenso oft wie undifferenziert verwendet. In den vielen Erklärungsversuchen und Veröffentlichungen wird nur selten erläutert, was Komplexität genau bedeutet, was sie ausmacht und wie wir mit ihr umgehen können.

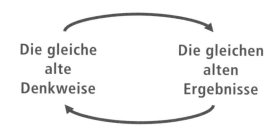

Ändern sich die Bedingungen, braucht unser Denken ein Update.

Die Komplexität der (Arbeits-)Welt, wie wir sie geschaffen haben, ist weder Problem noch Ursache. Wir können sie weder eliminieren noch reduzieren. Sie verschwindet auch nicht wieder. Unsere Welt ist komplex und wird es bleiben. Mit dem Gedanken müssen wir uns anfreunden und diese Tatsache müssen wir akzeptieren. Komplexität ist nicht unser Gegner, sondern der Zustand, in dem wir leben und agieren. Die Frage nach der Reduktion der Komplexität stellt sich nicht. Es geht also um die Frage, wie wir diese Komplexität meistern können. Wie agieren wir erfolgreich in einem komplexen Umfeld?

Auch auf diese Frage gibt es zahlreiche Antworten – die Vorschläge reichen von »Da kann man nichts machen, so ist halt das System« bis »Wir müssen eine Methode entwickeln«. Die Verantwortung auf »das System« abzuschieben, scheint einfach und vielversprechend, kommt aber dem Totstellen beim Anblick des berüchtigten Säbelzahntigers gleich. Die Suche nach Methoden, die uns Sicherheit bieten, entspringt ebenfalls dem Wunsch nach Sicherheit und Einfachheit. Außerdem kennen wir diese beiden Lösungsansätze schon. Wir greifen gerne auf Bekanntes zurück, wenn die Herausforderung vor uns neu und unbekannt ist. Und genau hier liegt der zentrale Punkt: Komplexität ist die große Unbekannte im Management moderner Organisationen. Wir wissen noch zu wenig darüber und haben keine echte Vorstellung, mit welchen Werkzeugen wir agieren können.

In meiner Beratungstätigkeit werde ich immer wieder mit Missverständnissen und Irrtümern rund um das Thema Komplexität konfrontiert. Dabei ist es weniger die mangelnde Kompetenz von Managern und Führungskräften, die zu Fehlschlüssen führt, als vielmehr fehlende Information und Reflexion auf den eigenen Kontext. Zudem neigen wir Menschen dazu, immer eine Ursache für ein Problem oder ein Verhalten benennen zu wollen. So glauben wir verstehen zu können. Wir formulieren Aussagen nach dem Schema »weil dies, deshalb das« und sind uns sicher, so immer einen kausalen Zusammenhang für jede Situation finden zu können. Und damit sind wir schon bei einem der Managementglaubenssätze, mit denen wir in der Beratung arbeiten.

»Es gibt immer eine Kausalität.« Spätestens mit dem Schulbeginn und während unserer gesamten Ausbildung werden wir darauf trainiert, in Ursache-Wirkungs-Zusammenhängen zu denken. Das führt zu Aussagen wie »Wir erreichen den Projekt-Meilenstein nicht, weil die Abteilung XY das Konzept nicht abnimmt« oder »Steve Jobs ist der Grund für den Erfolg von Apple«. Ganz einfach, eine Ursache und ihre Wirkung. Vor allem, wenn wir retrospektiv auf Vorgänge schauen, finden wir jede Menge Erklärungen in dieser Form, und das gilt sowohl für Erfolge als auch für Misserfolge. Das typische »Ich habe es ja gleich gewusst« ist ein Paradebeispiel hierfür. Und auch in der Vorausschau »wissen« wir schon ganz genau, wie wir zu einem Ziel kommen: »Wenn wir die richtige Botschaft auf der Webseite haben, entsteht Sogmarketing quasi von alleine« oder »Um das Vertrauen im Team zu stärken, brauchen wir ein Team-Event«.

Aber: Weder ein Projekt noch das Unternehmen Apple noch ein Team sind einfache Systeme, die sich durch Linearität auszeichnen. Im Gegenteil, sie sind komplex und lassen sich nicht in Ursache-Wirkungs-Ketten zerlegen, zumindest nicht a priori. An dieser Stelle wird Kausalität häufig mit Korrelation verwechselt. Ein komplexes System (➡ Glossar) besteht aus Wechselwirkungen der Beteiligten. Um es zu verstehen, müssen wir uns auf die Beziehungen und wechselseitigen Wirkungsgefüge konzentrieren.

»Mit so vielen Beteiligten kann das nichts werden.« Gerade im Umfeld komplexer Projekte ist das eine der häufigsten Begründungen für Misserfolge. Viele Beteiligte, so heißt es dann, erhöhen die Komplexität und sorgen dafür, dass nichts mehr »gerade durchläuft«. Das ist ein Irrtum. Viele Beteiligte machen noch längst keine Komplexität. Eine Armee im Gleichschritt hat viele beteiligte Soldaten und ist gleichzeitig linear. Komplexität entsteht durch die Verknüpfung der Beteiligten, die Vernetzung (➡ Glossar). Damit ergeben sich Wechselwirkungen und Dynamik und unser Ursache-Wirkungs-Denken wackelt. Wir werden diesen Punkt, der sich in weiteren Irrtümern wiederfindet, noch im Detail betrachten. So viel vorweg: Das Problem entsteht an dem Punkt, an dem wir versuchen, ein großes komplexes System genauso zu managen wie ein großes lineares.

»Wir müssen für Stabilität sorgen.« Ich kenne so gut wie keine Organisation, die sich nicht ständig im Wandel befindet. Sie alle führen mehrere Change-Projekte und -Prozesse parallel durch und reagieren so auf die sich ändernden Rahmenbedingungen. In den Köpfen vieler Führungskräfte hat sich jedoch die Idee festgesetzt, dass eines der wichtigsten Ziele Stabilität sein muss – quasi als Gegenpol zur Veränderung. Würden wir das umsetzen (können), so gäbe es über kurz oder lang keine neuen Ideen, keine Innovationen und keine neuen Lösungen mehr. Ein komplexes System, das auf Dauer in einem stabilen Zustand verharrt, zahlt den Preis der Flexibilität. Wir müssen das akzeptieren und lernen, mit der steten Veränderung umzugehen. Das gilt auch auf der Mitarbeiterebene. Natürlich gehört es zu den Aufgaben der Führungskräfte, für Momente der Erholung zu sorgen. Das hat allerdings nichts mit der Stabilität des Systems zu tun.

»Wir müssen uns einig sein.« Viele Führungskräfte halten an der Idee fest, dass das Lösen komplexer Aufgaben gleichbedeutend mit vollständiger Harmonie und hundertprozentiger Übereinstimmung ist. Nur wenn alle dieselbe Meinung und Auffassung teilten, seien Menschen bereit, schwierige Aufgaben zu meistern. Dieser Irrtum entsteht wohl aus der diffusen Ahnung, dass Komplexität und »par ordre du mufti« nicht gut zusammenpassen. Komplexe Aufgaben und Kontexte brauchen jedoch das Gegenteil totaler Übereinstimmung. Sie brauchen Diskurs, und zwar im wahrsten Sinne des Wortes. Die wirkliche Auseinandersetzung, das Einbringen verschiedener Meinungen, Sichtweisen und Kompetenzen ist wichtig und notwendig. Komplexität braucht Verschiedenartigkeit auf allen Ebenen.

»Selbstorganisation ist, wenn's von alleine läuft.« »Arbeitet Ihr Team selbstorganisiert?« – »Aber ja, und das ist toll. Ich muss überhaupt nichts machen.« Sie glauben, ich habe diese Antwort frei erfunden? Leider nein. Um den Begriff der Selbstorganisation ranken sich mindestens so viele Missverständnisse wie um die Komplexität. Selbstorganisation ist das Gegenteil von »Ich mache nichts«. Jedes komplexe System ist selbstorganisiert, das können Sie beeinflussen, stören oder zu verhindern versuchen; trotzdem bleibt es selbstorganisiert. Wenn Sie als Manager oder Führungskraft »nichts tun« und am Ende die richtigen Ergebnisse herauskommen – Glückwunsch, da hat der Zufall Ihnen geholfen oder jemand anderes hat geführt. Die Basis für erfolgreiche Selbstorganisation besteht aus Disziplin, Regeln und Feedback. Nur ein System, das ständig überprüft, wohin es sich bewegt, und über Rückkopplungen ausregelt, hat die Chance, ein Ziel anzupeilen, ohne auf Glück vertrauen zu müssen.

Es existieren unüberschaubar viele Definitionen, Erklärungen und Missverständnisse rund um das Thema Komplexität. Im Folgenden geht es daher zunächst um eine genauere Erläuterung dieses Begriffs und um die wesentlichen Facetten komplexer Systeme. Auf Basis dieses Grundverständnisses werden dann die häufigsten Irrtümer skizziert und aufgelöst. Dazu betrachten wir jeweils die Ebene des Einzelnen (auf welcher der Irrtum entsteht) und die Systemebene (auf welcher sich der Irrtum meistens zeigt).

Komplexität »in a nutshell«

Ist Komplexität eigentlich ein junges Phänomen? Nein. Warum ist es dann ausgerechnet jetzt allerhöchste Zeit, sich damit zu beschäftigen? Weil der Komplexitätsgrad in den Organisationen uns die Grenzen unserer Entscheidungs- und Führungskompetenzen mehr als deutlich aufzeigt. Komplexe Systeme sind keine Modeerscheinung, aber sie sind als Managementthema in den letzten Jahren und Jahrzehnten deutlich relevanter geworden.

Im Wesentlichen liegt das an der gestiegenen Vernetzungsdichte. Der Komplexitätsgrad ist in der Gesellschaft insgesamt, vor allem aber in der Arbeitswelt, geradezu explodiert. Das Internet, die neuen Medien und die Globalisierung sind nur einige der wichtigen Schlagwörter dazu. Heute haben wir es, anders als früher, mit Systemen zu tun, die aus vielen Komponenten (Beteiligten) bestehen, welche wiederum hochgradig miteinander vernetzt sind. Diese Vernetzung bringt Eigendynamik, nicht-lineare Beziehungen (➡ Glossar) und Intransparenz als Effekte mit sich.

Die Systemtheorien erzählen uns das bereits seit Jahrzehnten, wurden aber im Management weitestgehend überhört. Lange Zeit herrschte die Meinung vor, komplex sei nur ein anderer Begriff für kompliziert (➡ Glossar) und man brauche lediglich die richtigen Analysen und die passende Methode auszuwählen, um erfolgreich zu sein. Der erste Schritt raus aus diesem Denkmodell besteht darin, die Komplexität der Aufgabe, der Organisation, des Problems oder Projektes – des Systems – zu erkennen und zu akzeptieren.

Projekte, Organisationen et cetera sind komplex, weil:

- ► sie offen sind, im Sinne des Austauschs von Informationen (➡ Glossar), Ressourcen usw. mit der Umwelt.
- ► viele Beteiligte unabhängig voneinander agieren, jeder auf Basis von Heuristiken (➡ Glossar) und lokalen Informationen.
- ► nicht-lineare interne Dynamiken für »Überraschungen« sorgen.
- ► sie sich kontinuierlich verändern.
- ► ihr Verhalten nicht vorhersagbar ist.

Mit diesen fünf Punkten haben Sie einen guten Anhaltspunkt dafür, dass es sich bei Ihrem System um ein komplexes handelt. Eindeutige und optimale Lösungsräume sind nicht mehr gegeben und viele Aspekte, wie Strukturen oder Prozesse, zeigen sich nur indirekt. Genau das stellt uns vor die aktuellen Managementherausforderungen, denn es bedeutet, Entscheidungen ohne Entscheidungssicherheit zu treffen. Es bedeutet, Entscheidungen zu treffen und dabei nur begrenzte Ressourcen (Informationen, Zeit, Material, Wissen) zur Verfügung zu haben. Viele Menschen fühlen sich damit überfordert, vor allem wenn Situationen turbulent oder kritisch sind.

Das alles sagt natürlich noch nichts darüber aus, wie Sie in komplexen Systemen erfolgreich managen und führen. Außerdem fehlen noch einige grundlegende Facetten der Komplexität, die bekannt und klar sein sollten, um nicht dem einen oder anderen Komplexitätsirrtum zu erliegen. Um diese Zusammenhänge besser zu verstehen, werden nachfolgend die wichtigsten Aspekte komplexer Systeme und deren Auswirkungen in Anlehnung an die Systemtheorien definiert. Diese Begriffe kommen auch in den späteren Kapiteln vor, ohne jedes Mal erneut erklärt zu werden. Hilfreich ist daher ein Blick ins Glossar im Anhang des Buches.

Die Facetten der Komplexität

Komplexität (➡ Glossar): Für die Zwecke dieses Buches nutzen wir die Definition von Komplexität über die Anzahl der Faktoren (Beteiligten) und deren wechselseitige Beziehungen. Der Grad der Komplexität ergibt sich somit über diese beiden Größen. Je mehr Beteiligte und je höher die Vernetzung, desto höher der Grad der Komplexität. Ab einem gewissen Komplexitätsgrad ist ein System kognitiv nicht mehr vollständig zu erfassen oder zu überblicken.

Interdependenz (➡ Glossar): Was passiert, wenn man bestimmte Teile des Systems entfernt? Wie groß ist der Effekt? Ist der Teil systemrelevant? Diese Fragen sind die ersten Schritte, um Vernetzung und Wechselwirkungen zu verstehen.

Dynamik (➡ Glossar): Aufgrund der Vernetzung existieren immer Wechselwirkungen in einem komplexen System. Das führt zu stetiger Veränderung. Somit wartet ein dynamisches System nicht auf Entscheidungen oder Ähnliches. Es entwickelt sich beständig weiter und daraus ergibt sich ein gewisser Zeitdruck für das Management. Es reicht auch nicht aus, den Ist-Zustand eines solchen Systems zu betrachten, um gute Entscheidungen zu treffen, es müssen auch die Zukunft und die damit verbundenen Handlungsoptionen berücksichtigt werden. Ansonsten entsteht ein zu stark vereinfachtes Bild als Entscheidungsgrundlage.

Intransparenz (➡ Glossar): Ein komplexes System lässt sich nicht vollständig erfassen, es wird immer nur mit einem Ausschnitt gearbeitet. Das übrige System und seine Wechselwirkungen bleiben unklar und unbekannt. Dies ist eine inhärente Eigenschaft, die für Unsicherheit in Planung und Entscheidungsfindung sorgt und akzeptiert werden muss.

Feedback (Rückkopplung) (➡ Glossar): Rückkopplung ist der zentrale Regelungsmechanismus in komplexen Systemen. Informationen fließen in das System und wirken verstärkend oder abschwächend. Positive Rückkopplung führt dabei zum Aufschaukeln, negative

Rückkopplung zur Abschwächung. Dieser Mechanismus komplexer Systeme ist den meisten Managern und Führungskräften kaum bewusst und wird daher auch viel zu wenig genutzt.

Selbstorganisation (➡ Glossar): Durch die Interaktion der Beteiligten entsteht eine Ordnung (und die Tendenz, diese zu erhalten). Das setzt die Dynamik des Systems voraus. Diese Ordnung (➡ Glossar), also dieses Muster, verstehen wir nur, wenn wir die Wechselwirkungen innerhalb des Systems verstehen. Externe Einflüsse erklären nie vollständig, wie Muster entstehen. Warum beispielsweise ein Markt steigt oder fällt, lässt sich nur adäquat erklären, wenn alle Wechselwirkungen betrachtet werden. Ein System wird nicht von der Führungskraft oder sonst einer Kraft außerhalb organisiert. Selbstorganisation ist systemimmanent und wird durch Restriktionen (Regelwerk) und Dynamik ermöglicht. Viele Manager glauben, es gehöre zu ihren Aufgaben, Selbstorganisation »machen« zu müssen. Dabei sollten sie zuerst einmal aufhören, sie zu verhindern.

Stabilität (➡ Glossar): Ein System, das geringen Schwankungen unterliegt beziehungsweise nach Schwankungen schnell seinen Ursprungszustand wiederfindet, nennt man stabil. Je erfolgreicher es dabei ist, desto robuster wird es sein. Robustheit ist in einem sich verändernden Umfeld nicht der höchste anzustrebende Zustand, denn er macht unflexibel. Deshalb sprechen wir im Rahmen dieses Buches von dynamischer Stabilität. Sie bedeutet, dass ein System seine Systemintegrität auch bei Störungen beibehält. Es kann sich dabei aber durchaus verändern und erneuern.

Restriktionen (Constraints) (➡ Glossar): Auch komplexe Systeme operieren innerhalb ihres Rahmens, sie unterliegen Restriktionen. Diese wirken auf das System und das System wirkt gleichzeitig auf sie. Die impliziten Regeln einer Organisation beispielsweise dienen als Restriktionen. Jeder Mitarbeiter lernt sehr schnell, was in der Organisation und in seinem Team geht und was nicht geht. Das Verhalten der Menschen beeinflusst wiederum genau diese Restriktionen und kann sie verändern oder abschaffen.

Varietät (→ Glossar): Das Repertoire an Verhaltens-, Kommunikations- und Entscheidungsmöglichkeiten bildet die Varietät. Sie ist das Maß für die möglichen, verschiedenen Zustände, die ein System annehmen kann. Der Kybernetiker William Ross Ashby hat das »Gesetz der erforderlichen Varietät« (Ashby's Law) formuliert: Um ein komplexes System zu beeinflussen (im Sinne der Regelung), muss man mindestens so viel Varietät aufweisen wie das System selbst. Komplexe Systeme brauchen komplexe Antworten. Organisationen müssen selber komplex sein, um in einem komplexen Umfeld überlebensfähig und erfolgreich zu sein. Werden komplexe Aufgabenstellungen von einem einzelnen Manager statt dem entsprechenden Team gelöst, so wird dem Problem auch nur mit der Komplexität des Managers begegnet.

Machen wir uns diese Aspekte komplexer Systeme bewusst und übertragen sie auf konkrete Situationen und Organisationen, dann ist schnell klar, warum wir manches Mal im Chaos zu versinken glauben. Es ist schwer zu akzeptieren, dass wir eine komplexe Herausforderung nicht vollständig begreifen können. Wir versuchen es oft genug trotzdem, sammeln dafür Unmengen Daten und führen viele Analysen durch – immer auf der Suche nach einem vollständigen Bild und eindeutigen Entscheidungen.

Komplexe Systeme sind zudem durch Wechselwirkungen gekennzeichnet. Das macht sie unvorhersehbar, wir können ihr Verhalten nicht voraussagen. Eine kleine Veränderung kann eine große Wirkung haben, das ist der sogenannte Schmetterlingseffekt. Die Erwartung der Vorhersagbarkeit findet sich im Management allerdings in all den Forecasts, Prognosen, Zielvereinbarungen und Projektplänen. Da treffen zwei Welten aufeinander, die so manchen Manager in ein Dilemma stürzen.

Zudem kennen wir die Lösung für ein komplexes Problem im Vorfeld nicht, eventuell existiert überhaupt keine »optimale« Lösung. Oft konkurrieren Lösungsmöglichkeiten miteinander. Es wird also noch einmal schwieriger, Entscheidungen zu treffen. Komplexität bedeutet ständige Veränderung. Die Rahmenbedingungen ändern sich aufgrund der Eigendynamik. Wer darin bestehen will, muss sich ständig flexibel an die Veränderungen anpassen, unter Unsicherheit planen und Entscheidungen treffen.

»Nicht weil es schwer ist, wagen wir es nicht, sondern weil wir es nicht wagen, ist es schwer.«
LUCIUS ANNAEUS SENECA

Wie komplexe Systeme in der Praxis von Organisationen aussehen, kennen Sie eventuell ausreichend aus eigener Erfahrung. Trotzdem möchte ich nachfolgend ein Beispiel für ein solches System skizzieren, denn es macht die Fallstricke, die Komplexität für Manager bereithält, sehr gut deutlich.

Dürre, Mais, Geld und Hilfe – ein komplexes System

Im Mai 2002 erklärt das World Food Programme (WFP) Sambia und fünf seiner Nachbarländer wegen anhaltender Dürre zum Katastrophengebiet. Die Maschinerie der Nahrungsmittelhilfe läuft an und sorgt dafür, dass binnen kürzester Zeit mehr als 1000 Tonnen Nahrungsmittel nach Sambia geliefert werden. Die Lieferung kommt ausschließlich aus nichtafrikanischen Ländern, der Löwenanteil in Form von Mais aus den USA. Die Medien greifen die (drohende) Hungersnot auf und bitten weltweit um großzügige Spenden. Sie prognostizieren, dass sonst bis Ende 2002 Hunderttausende sterben werden.

Aber was war nun genau passiert? Sambia hatte im Frühjahr 2002 um Minimalhilfe bis zur nächsten Ernte gebeten. Eine der neun Provinzen war von der anhaltenden Dürre betroffen. Nach Angaben der Regierung gab es noch Vorräte und Mais von den eigenen Bauern. Die Knappheit sei lokal und temporär, von einer schweren Hungersnot könne keine Rede sein. Ob diese Aspekte nicht gehört wurden oder nicht gehört werden wollten, ist unklar. Das WFP sorgte auf jeden Fall dafür, dass Tonne um Tonne Mais aus den USA nach Sambia geliefert wurde. Wichtig ist in diesem Zusammenhang, dass es sich dabei um transgenen, also gentechnisch veränderten Mais handelte.

Im September 2002 tritt der Präsident der Republik Sambia, Levy Mwanawasa, auf dem Weltgipfel in Johannesburg vor das Mikrofon und verkündet, dass die USA ihren Mais bitte wieder abholen mögen. Sambia habe beschlossen, ab sofort keinen transgenen Mais mehr anzunehmen, da es sich Sorgen um die Folgen des Konsums und Anbaus mache. 27 000 Tonnen Mais werden daraufhin von Sambia nach Malawi transportiert und dort verteilt. Die Bitte an die USA, zukünftig nicht genveränderten Mais zu liefern, löst dort Empörung aus. Das sei schließlich die technologische Ausrichtung, argumentieren die Verantwortlichen, und die amerikanische Bevölkerung esse die Produkte doch auch.

Die USA liefern 2002 rund 80 Prozent der Nahrungsmittel, die über das WFP ins südliche Afrika transportiert werden. Sie sind weltweit die Nummer eins unter den Nahrungslieferanten in Krisen- und Hungergebiete. Nach dem Zweiten Weltkrieg versorgte Amerika zunächst Europa im Rahmen des Marshallplans mit Lebensmitteln. In den 1950er Jahren, nachdem die Landwirtschaft in Europa wieder angelaufen war, produzierten die amerikanischen Bauern immer noch enorme Überschüsse und forderten ihre Regierung auf, sie beim Absatz zu unterstützen. 1954 wurde das Gesetz zur Förderung und Entwicklung des landwirtschaftlichen Handels (PL-480) verabschiedet. Es legt fest, wie und mit welchen Ergebnissen die humanitäre Hilfe in der Welt und die landwirtschaftlichen Überschüsse der USA koordiniert werden. Es sorgt unter anderem dafür, dass nur amerikanische Produkte im Rahmen der Nahrungsmittelhilfe exportiert und verwendet werden dürfen.

Die Behörde USAID (United States Agency for International Development) leitet alle Maßnahmen und koordiniert sie. Sie darf nur Produkte amerikanischer Farmer exportieren, die in Verpackungen amerikanischer Hersteller, mit Aufdrucken amerikanischer Druckereien auf Transportern amerikanischer Logistikunternehmen verschickt werden. Die Gesetzgebung sieht demnach keinerlei Geldspenden vor, denn das würde die eigene Wirtschaft nicht unterstützen. Eine der großen Herausforderungen für USAID ist, nach eigenem Bekunden, vorherzusagen, wann wie viele Nahrungsmittel wo auf der Welt gebraucht werden. Schließlich hängen rund eine Million Amerikaner an dem »Markt« Nahrungsmittelhilfe.

Seit 1997 gewährt die Europäische Union Unterstützung für Katastrophengebiete hauptsächlich in Form von Geldspenden. Die Lieferung von Saatgut und Lebensmitteln ist nicht grundsätzlich untersagt, wird aber weitestgehend nicht mehr praktiziert. Die Argumentation dahinter ist die, dass die Katastrophengebiete ihre Probleme so besser lösen können und nicht nur akute Symptome gelindert werden.

Ob in Sambia oder anderswo auf der Welt – werden Katastrophengebiete mit direkten Nahrungsmittellieferungen unterstützt, bleibt das nicht ohne mittel- und langfristige Auswirkungen. Die Lieferungen gehen in Ballungsgebiete und Städte, das heißt, dass die ländlichen Regionen praktisch nicht erreicht werden. Das führt auf Dauer zur Urbanisierung. Die Menschen wandern aus ihren Dörfern ab und siedeln sich dort an, wo Nahrungsmittel zu bekommen sind. Die Infrastruktur verändert sich. Nahrungsmittelhilfe hat auch einen direkten Einfluss auf die Preise in dem jeweiligen Land. Für die Bauern wird es noch schwieriger, ihre eigenen Produkte zu verkaufen. Die Lieferungen beinhalten nicht immer Lebensmittel, die im jeweiligen Land üblich sind. Somit verändert sich mitunter das Konsumverhalten der Menschen dort.

Im Jahr 2002 entzündete sich die hitzige Debatte vor allem am Genmais. Sambia wirft den USA vor, nur eigene Interessen in Bezug auf ihre Technologien zu vertreten und keine Rücksicht auf die empfangenden Nationen zu nehmen. Die Nutzung des Mais als Saatgut, so der Präsident Sambias, könne im Laufe der Zeit zu unkontrollierten Veränderungen führen. Zudem handele es sich bei Mais um ein Grundnahrungsmittel in Afrika und die Auswirkungen und Folgen des Verzehrs für die Menschen seien noch völlig unklar. Das Maß an Unsicherheit sei ihm zu hoch.

Die Antwort der USA auf diesen Einwand: Durch Zermahlen oder Abkochen des Genmais könnten alle Bedenken bezüglich der Aussaat zerstreut werden. Die Großmacht wirft Sambia zudem vor, sich »urplötzlich« gegen die Lieferung des transgenen Mais zu wehren. Jahrzehntelang habe das Land doch gerne die Lieferungen aus den Vereinigten Staaten angenommen. Die USA vermuten, dass der Einfluss der EU dahinterstecken könnte, der die USAID wiederum rein wirtschaftliche Eigeninteressen und politisches Ränkespiel vorwirft. Können Sie noch folgen?

Die Europäische Union ihrerseits bezichtigt die USA, auf Profitmaximierung ausgelegte humanitäre Hilfe zu betreiben. Alle drei Beteiligten in diesem Gerangel sind sich darin einig, dass es Konflikte auf mehreren Ebenen gibt – Nahrungsmittelhilfe, Genmais, Wirtschaft und Politik. Der Vizepräsident Sambias, Enoch Kavindele, bringt es in einem Interview auf den Punkt: Am Beispiel der Krise in Sambia 2002 zeige sich deutlich, welcher Krieg zwischen der EU und den USA auf dem Rücken des südlichen Afrikas ausgetragen wird. Er sagt: »Wenn zwei Elefanten kämpfen, leidet das Gras.«

Dies ist zugegebenermaßen nur ein sehr kleiner Ausschnitt aus dem System »Nahrungsmittelhilfe«; er macht jedoch die wesentlichen Aspekte komplexer Systeme deutlich. Wir erkennen an diesem Beispiel Dynamiken, die in vielen Organisationen wiederzufinden sind. Dort geht es nur um andere Themen, Rollen, Probleme und Beteiligte. Im Folgenden möchte ich einige wesentlichen Facetten und Punkte von Komplexität herausgreifen und näher betrachten. Das Thema ist grundsätzlich natürlich sehr schnell moralisch behaftet – diesen Aspekt klammere ich im Folgenden explizit aus.

Vielzahl der Faktoren: Sambia als ein Land mit (damals) neun Provinzen ist für sich allein schon ein System mit Millionen Menschen, Gesetzgebungen, inneren und äußeren Einflüssen, Ereignissen wie zum Beispiel einer Dürre und so weiter. Nehmen wir in das System »Nahrungsmittelhilfe« nun noch die weiteren beteiligten Nationen, ihre Güter, ihre Menschen, ihre inneren und äußeren Wechselwirkungen auf, dann ist dieses System, allein aufgrund des Komplexitätsgrades, längst nicht mehr überschaubar. Die Anzahl der Faktoren und die Anzahl der Wechselwirkungen dieser Faktoren machen die Nahrungsmittelhilfe hochkomplex. Zwar haben wir die Systemgrenzen für dieses Beispiel nicht gezogen, aber Sie können sich vorstellen, dass es noch weitere Einflussfaktoren »von außerhalb« gibt – die Börse beispielsweise, an der Finanzwetten auf Agrarrohstoffe die Preise beeinflussen, was wiederum eine Wirkung auf das Nahrungsmittelprogramm und die einzelnen Nationen hat. Die Beteiligten agieren zum großen Teil, aufgrund lokaler Einflüsse, unabhängig voneinander.

Unvorhersagbarkeit (➥ Glossar): Die Nicht-Linearität macht eine Vorhersage über die Nahrungsmittelhilfe unmöglich. Kleine Änderungen, die ein einzelnes Element betreffen, können große Wirkungen erzeugen. Nehmen wir beispielhaft die überraschende Forderung Sambias an die USA, den transgenen Mais abzuholen und zukünftig »normalen« Mais zu liefern. Diese Wendung war nicht vorherzusehen, und es handelte sich nicht um eine kleine Änderung. Eventuell hat es schwache Signale gegeben, dass die Regierung in Sambia eine Position gegen Genmais bezieht. Diese Signale haben jedoch im System zu keinerlei Resonanz geführt.

Restriktionen (Constraints): Das Programm zur Steuerung der Agrarwirtschaft in den USA (USAID) darf nur amerikanische Rohstoffe kaufen und keine Geldspenden in Hungergebiete senden. Darüber hinaus ist es verpflichtet, auch für Dosen, Aufkleber, Paletten et cetera nur heimische Hersteller und Produkte zu wählen. Aufgrund dieser Restriktion hat sich in den Vereinigten Staaten ein großer Markt entwickelt, der stark von der humanitären Hilfe abhängt. Das System USA hat sich selbst durch diese Restriktion verändert.

Die hilfeempfangenden Nationen haben durch die reinen Nahrungsmittellieferungen weniger Möglichkeiten, ihre Probleme zu lösen, als wenn sie mit Geräten, Know-how und Geld unterstützt würden. Die Restriktion sorgt für die genannten Probleme wie Urbanisierung und Preisverfall. Wenn ein komplexes System sich durch Restriktionen verändert, so wirkt dies auch auf die Restriktionen selber zurück. Das lässt sich an der Erweiterung der Unterstützungsleistung durch die

EU seit 1997 gut nachweisen. Die Einschränkungen wurden gelockert und die Hilfestellung seitdem vermehrt in Form von Geldspenden umgesetzt.

Kontrolle: Dass eine zentrale Kontrolle, im Sinne von »vorherbe-stimmbar machen«, nicht funktioniert, zeigt das Beispiel der Nahrungsmittelhilfe deutlich. Das WFP entscheidet, welches Land zum Katastrophengebiet erklärt wird, und startet den Zufluss von Lebensmittellieferungen. Das machte für Sambia 2002 wenig bis gar keinen Sinn, denn das Land brauchte nur eine kurzfristige Minimalhilfe. Die Rückkopplungen, die die Regierung Sambias versuchte, verhallten ungehört oder zumindest unverarbeitet. Es war vielmehr so, dass das gesamte System unter den Versuchen zentraler Kontrolle zu leiden schien. Die USA versuchten im Sinne ihrer exportwirtschaftlichen Interessen zu kontrollieren, das WFP kontrollierte die Liefermengen und -zeiten. Damit wirkten die Beteiligten steuernd auf die Nahrungsmittelhilfe ein und arbeiten nicht *im* System. Das kann bezogen auf die eigenen kurzfristigen Ziele funktionieren, auf der Makroebene zeigen sich die hemmenden Auswirkungen jedoch sehr schnell.

Stabilität: Die Lieferung von Rohstoffen soll für Stabilität sorgen. Diese Annahme ist so naiv, wie sie gegenläufig wirkt. In einer kurzen akuten Krise, in der die Menschen zu verhungern drohen, sorgen Rohstoffe in der Tat für eine Restabilisierung. Der Zeithorizont ist dabei wesentlich, denn stabilisierende Maßnahmen sind da notwendig, wo ein System chaotisch geworden ist. Aus diesem Grund hatte Sambia um Unterstützung bis zur nächsten Ernte gebeten. Das Land hatte längst seine Erfahrung mit »stabilisierenden Maßnahmen« gemacht und die Veränderungen der eigenen Infrastruktur mit Sorge zur Kenntnis genommen. Das, was in chaotischen Phasen stabilisiert, führt schnell zur Vereinfachung. Der schnelle Bezug von Lebensmitteln (statt die eigene Landwirtschaft zu beleben) führt in der Folge gerade nicht zu einer dauerhaften Stabilität.

Skalierung (➡ Glossar): Die Nahrungsmittelhilfe ist ein komplexes dynamisches System. Es enthält viele Subsysteme, mit den unterschiedlichsten Abgrenzungen zu Nachbarsystemen. Die USA sieht sich als ein System und gleichzeitig als ein Element des WFP. Sie zieht eine klare Systemgrenze zu Afrika und Europa, ist aber offen im Sinne von Austausch. Die EU ist ein Teilsystem, genauso wie Sambia. Es stellt sich jeweils die Frage, wie das System definiert wird. Die Definition hängt von der Abgrenzung ab. Was ist Teil des Systems, was nicht? Auf der Mikroebene lassen sich die einzelnen Bauern, Menschen, Ressourcen und so weiter betrachten. Die Skalierung, also die betrachtete Ebene, ist in komplexen Systemen sehr wichtig. Auf den unterschiedlichen Ebenen zeigen sich verschiedene Muster, Auswirkungen, Symptome und Probleme. Um Wirkzusammenhänge in komplexen Systemen zu verstehen, müssen die verschiedenen Ebenen gleichzeitig betrachtet werden.

Systemdynamiken (➡ Glossar): Eventuell ist Ihnen beim Lesen der letzten Seiten durch den Kopf gegangen, dass es in der Nahrungsmittelhilfe in erster Linie um Eigeninteressen, Ziele und Politik geht. Da stimme ich Ihnen zu: Darum geht es immer. Auch in diesem System gibt es übergeordnete Ziele, verdeckte Ziele, Nicht-Ziele und gegenläufige Ziele. Das ist in unseren Projekten und Organisationen oft nicht anders und führt zu den Systemdynamiken.

Bleiben wir bei unserem Beispiel. Die USA fordern (lautstark) mehr Nothilfe, sie wollen diesen Markt weiter ausbauen und Umsatz generieren. Dass sie auch humanitäre Hilfe leisten wollen, spreche ich ihnen damit nicht ab. Die EU formuliert (genauso lautstark) ein anderes Ziel: Sie will die Hungersnöte beseitigen. Zwei Ziele, die sich auf den ersten Blick nicht ausschließen müssen. Es hat sich in der Vergangenheit jedoch gezeigt, dass sich daraus Dynamiken ergeben, die zu Konflikten statt zu Kooperationen führen.

Aus den Zielen ergeben sich Entscheidungen und Handlungen, die das System beeinflussen. Es macht einen Unterschied, ob Geld oder Mais geliefert wird. Jede Entscheidung und Aktion hat Auswirkungen und Nebenwirkungen, die sich eventuell nur indirekt oder zeitverzögert bemerkbar machen. Aber auch sie wirken auf das System. Es geht nicht darum, alles »glattzuziehen«, sondern darum, die Dynamiken in komplexen Systemen zu entdecken und zu begreifen. Kenne ich sie, kann ich Einfluss nehmen. Kenne ich sie nicht, »passiert« das System einfach.

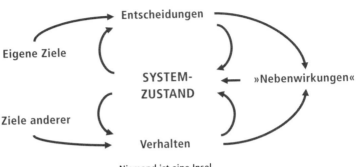

Niemand ist eine Insel.

Es fällt uns relativ leicht, Diagnosen darüber zu erstellen, was am System »Nahrungsmittelhilfe« falsch läuft. Da lassen sich die Eigeninteressen der Beteiligten anführen oder die Unfähigkeit mancher Drittländer, ihre Landwirtschaft zu beleben, oder die Arroganz einzelner Geberländer oder der Klimawandel oder, oder, oder. Oft erheben wir unsere Diagnose dann zur Wahrheit und vergessen dabei, dass wir nur eine Momentaufnahme betrachten, und diese auch noch rein kausal. Neben Aspekten wie Eigeninteressen und gegenläufigen Zielen ist es vor allem auch unser Handeln in komplexen Systemen, das mit dessen Eigenschaften kollidiert. Wir versuchen zu steuern, zu kontrollieren und im Detail zu bestimmen. Dabei gehen wir davon aus, dass wir Ursache und Wirkung kennen. Diese Grundannahmen liegen fast allen Irrtümern der Komplexität zugrunde. Wir brauchen ein Verständnis für Komplexität, um die typischen Fehler im Umgang mit komplexen Systemen vermeiden zu können.

»Ein Boot kommt nicht voran, wenn jeder auf seine Art rudert.«
SPRICHWORT AUF SWAHILI

Komplexität – es hakt im Management

In den folgenden Kapiteln werden die einzelnen Irrtümer im Detail ausführlich erläutert. Diese Irrtümer führen, wenn sie nicht erkannt werden, zu Problemen und falschen Entscheidungen. Außerdem machen wir gerne einige grundlegende Fehler im Umgang mit Komplexität. Diese unterlaufen uns sogar dann noch, wenn wir Komplexität längst verstanden und akzeptiert haben. Es geschieht vor allem, wenn wir Neuem begegnen, es turbulent wird oder wir unter Druck geraten. Woran liegt das? Sind Manager und Führungskräfte unfähig oder einfach ignorant? Können oder wollen sie sich nicht auf die veränderte Welt einstellen? Es ist ein wenig von all dem und geschieht ganz ohne böse Absicht.

Unsere Kapazität, etwas bewusst zu verarbeiten, ist begrenzt, genauso wie die Kapazität unseres Gedächtnisses. Wir müssen also möglichst ökonomisch haushalten. Das führt beispielsweise zu dem Versuch, die Komplexität unserer Herausforderungen zu reduzieren. Wir führen Ereignisse auf einzelne kausale Ursachen zurück und können so schnell und einfach Entscheidungen treffen. Gleichzeitig nehmen wir jede aktuelle Situation auf der Grundlage unserer Erfahrungen wahr. Entscheidungen treffen wir immer auf der Basis von Bekanntem. Dabei macht unser Gehirn einen »First fit«-Abgleich und keinen »Best fit«. Um zu entscheiden, greifen wir beim »ersten Passenden« zu und bleiben gerne dabei, statt nach der besten Lösung zu suchen. Diese Ökostrategie hat Auswirkungen auf unser Denken und Handeln und sollte uns bewusst sein.

»Zwei Gefahren bedrohen beständig die Welt, die Ordnung und die Unordnung.«
PAUL VALÉRY

Die Art und Weise, wie wir die Welt wahrnehmen und erinnern, unterscheidet sich immer von der Welt selbst. Durch Filtern, Weglassen und Verzerren schaffen wir uns ein mentales Modell. Die Diskrepanz zwischen unserem Modell und der Wirklichkeit fällt dann besonders auf, wenn unsere Methoden und Techniken nicht mehr greifen. Dann versuchen wir die Diskrepanz zu verringern. Dazu können wir entweder unser inneres Modell der Welt anpassen oder die Welt an unser Modell.

Um das eigene mentale Modell zu aktualisieren, ist es gegebenenfalls notwendig, Fehler einzugestehen, Neues zu lernen oder seine Meinung zu ändern. Das sind Verhaltensweisen, die unter Umständen als fehlende Kompetenz ausgelegt und deshalb eher vermieden werden. Vermeintlich einfacher ist es dann, die Welt anzupassen, Wahrheiten zu formulieren und Dogmen aufzustellen. »Das haben wir schon immer so gemacht und das war gut.« »Dazu gibt es keine Alternativen, das weiß ich genau. Ende der Diskussion.« Komplexität fordert laufend die Prüfung und Aktualisierung unserer mentalen Modelle.

Arbeiten und managen wir in komplexen Systemen, müssen wir immer mit Intransparenz, Unvorhersagbarkeit und Überraschung umgehen. Das bringt viele Menschen an die Grenze ihrer Kompetenz. Ein Mensch, der von seiner Kompetenz nicht überzeugt ist, handelt nicht oder nur schleppend. Kompetenz ist die Grundlage für die Handlungsorganisation. Der Mensch beschäftigt sich eher damit, sein Selbstvertrauen zu bewahren, und das führt schnell zu einer verzerrten Wahrnehmung der Welt. Mitunter geht das so weit, dass Misserfolge gar nicht mehr wahrgenommen oder widersprüchliche Informationen ausgeblendet werden oder dass man die Verantwortung für Probleme auf die Inkompetenz anderer Menschen schiebt.

Es gibt zahlreiche Symptome, an denen sich der »nicht sachgerechte« Umgang mit Komplexität festmachen lässt. Die häufigsten stelle ich Ihnen hier vor, sodass Sie in Ihrer Organisation einen Blick darauf werfen können.

Indizien für einen falschen Umgang mit Komplexität:

► Bekämpfung der Symptome anstelle der Ursachen: Es wird immer nur das repariert, was sich gerade zeigt. Eine Suche nach der Ursache hinter dem Symptom findet nicht statt. Symptom und Problem werden gleichgesetzt.

► Übergeneralisierung: Wenige (oft unzusammenhängende) Ereignisse führen zu allgemeinen Regeln und Schlussfolgerungen für zukünftige ähnliche und unähnliche Situationen.

► Methodengläubigkeit: Um Fehler zukünftig zu vermeiden und Unwägbarkeiten »bestimmbar« zu machen, sucht man nach neuen Methoden oder überarbeitet die bestehenden. Ursachen werden fast ausnahmslos in den Methoden gesucht.

► Projektmacherei: »Wenn du nicht mehr weiterweißt, bilde einen Arbeitskreis.« Sobald Aufgaben nicht mehr leicht zu lösen sind, werden Projekte initiiert. Bei hohem Projektaufkommen ist die Sinnhaftigkeit fragwürdig.

► Betriebsame Hektik: Viele Menschen fangen Aufgaben lieber gleich an, statt sich erst mit Planung und Konzeption aufzuhalten. Gerade wenn Aufgaben unlösbar erscheinen und der Überblick fehlt, wird viel »gearbeitet«.

► Denken in »kurzen Laufzeiten«: Bei Entscheidungen wird nur der direkte Wirkzusammenhang in der nahen Zukunft betrachtet, ohne die zeitlich verzögerten Effekte zu berücksichtigen. Der Zeithorizont wird dabei meist durch Rahmenbedingungen (Projektlaufzeit, Zeitvertrag, Berufung Aufsichtsrat und so weiter) bestimmt, die mit dem System nichts zu tun haben.

► Schutz des mentalen Modells vor der Welt: Das, was ich denke, ist richtig!

► Feedback weder hören noch verstehen: Der Regelungsmechanismus für komplexe Systeme wird nicht verwendet. Man überhört jede Form von Kritik, Bestätigung, Ideen, Hinweisen und schwachen Signalen und nichts davon findet Eingang in das System.

► Mangelndes »Systemdenken«: Gedacht, diskutiert und geplant wird in linearen Kausalzusammenhängen, ohne Wechselwirkungen zu betrachten. Der Fokus liegt auf den Details und Einzelteilen, das »Big Picture« bleibt außen vor.

Das, liebe Leser, ist der Kontext, in dem Sie sich bewegen. Kann es also überhaupt einfach sein, unter diesen Bedingungen eine Organisation erfolgreich zu managen? Nein. Gibt es Ansätze, Ideen und Werkzeuge zum Meistern der Komplexität? Ja. Kann das Spaß machen? Auf jeden Fall. Wird dieses Buch dabei helfen? Unbedingt – mit dem Auflösen der Irrtümer und der Erweiterung Ihres mentalen Modells.

DIE ERKENNTNISSE IN KURZFORM:

► Unsere Welt ist komplex. Das ist ihr Zustand und nicht ihr Problem.

► Das Bild von Komplexität ist unklar.

► Komplexe Systeme sind vernetzt, dynamisch, intransparent und nicht vorhersagbar.

► Komplexe Aufgaben erfordern komplexe Antworten, nicht einfache.

► Unser mentales Modell braucht ein Update.

Irrtum Nr. 1:
Vereinfachung
führt zum Erfolg

Es könnte alles so einfach sein, isses aber nicht …«, sangen schon die Fantastischen Vier und trafen damit den Nagel auf den Kopf. Dabei wird uns genau das gepredigt. Wann hat dieser Hang zur Vereinfachung eigentlich angefangen? 1999, als Boris Becker in der AOL-Werbung seinen Zugang zum Internet mit »Ich bin drin. Das ist ja einfach« kommentierte? Oder 2002, als John Maeda seinen Bestseller »The laws of simplicity« veröffentlichte? Mittlerweile wird uns in jedem beliebigen Kontext und zu jedem beliebigen Thema das Konzept »einfach« verkauft.

Die Werbung sagt uns, dass es Strom und Gas günstig und einfach gibt – E wie einfach (→ Glossar). Sie lässt uns wissen, dass wir nur saubere Weingläser brauchen, damit es mit dem Nachbarn klappt. Klare Ursache, klare Wirkung. Schön einfach! Schauen Sie doch einmal in die Ratgeberecke Ihres bevorzugten Buchladens. Dort gibt es Bücher zu allen möglichen Themen, die Palette reicht von »Ganz einfach verkaufen« über »Ganz einfach vegetarisch« bis zu »Einfach reine Haut«.

Ganz abgesehen von meinen persönlichen Lieblingswerken der Reihe »Simplify irgendwas«. Angefangen mit »Simplify your life« wurde daraus eine Ansammlung von Ideenspendern zu allen Themen des Lebens. Von »Simplify your love« über »Simplify Diät« und »Simplify your time« bis zu »Simplify your day« und so weiter. Alles schön einfach! An dieser Reihe gefällt mir die praktische Anwendbarkeit, gepaart mit einem fundierten Konzept dahinter, ganz besonders. Einfach zusammengefasst ist ein wesentlicher Aspekt beim Simplifizieren des eigenen Lebens, dass man den Schreibtisch aufräumt, um Glückseligkeit zu empfangen. So einfach geht das. Hätten Sie auch nicht gedacht, oder? Die Idee dahinter: Beim Aufräumen kommen die Menschen ins Tun und sind nicht mehr nur reaktiv. Und das macht automatisch glücklich. Super. Super einfach.

Jetzt leben wir dummerweise in einer Zeit, die von hoher Dynamik, schnellen Veränderungen und starker Vernetzung geprägt ist – einer Zeit hoher Komplexität. Wie passt das zum »Prinzip Einfach«? Auch darauf haben die Ratgeberschreiber und Rezeptformulierer eine Antwort – in Form von Checklisten und Rankings. Greifen Sie auch gerne zu, wenn es heißt: »Die fünf häufigsten Managementfehler«, »11 Ratschläge gegen Burn-out«, »7 Ratschläge für Kommunikation im Projekt« oder »Die 4 schlimmsten E-Mail-Sünden«? Von A wie Abnehmen bis Z wie Zahnstein finden sich im Internet unzählige Checklisten und Top-Tipps für den täglichen Gebrauch.

Wenn diese Bücher, Checklisten und klugen Ratschläge Sie nicht befriedigen, dann besuchen Sie eventuell eines der angepriesenen Seminare zum Thema »Einfach«. Vielleicht »Komplexität reduzieren«. Dort werden Best-Practice-Beispiele aus der Natur angeführt. Best Practice verhält sich zu Komplexität wie Six Sigma zu Innovation. Mit den dort vermittelten Rezepten werden Sie nicht erfolgreicher, denn diese Rezepte sind nicht auf Ihren individuellen Kontext angepasst. Aber egal, es geht darüber hinaus ja auch noch um jede Menge Strategien, Tools und Techniken für Effektivität und Effizienz trotz oder wegen der gestiegenen Komplexität. Am Ende des Tages finden Sie sich sehr wahrscheinlich in einem allgemeinen Zeit- und Selbstmanagementseminar wieder, das Sie auch unter genau diesem Titel hätten buchen können.

Selbstverständlich hat auch die Beraterzunft den Vereinfachungstrend erkannt und postuliert ganze Beratungskonzepte zur »Beherrschung von Komplexität«. Schön vor allem, wenn man Ihnen dort als Erstes einen 5-Punkte-Plan als Checkliste für das eigene Handeln präsentiert. Ziele setzen – skizzieren – Projektmanagement – weglassen – testen. Schön einfach, weil einfach nichts Neues drinsteckt und schon gar nichts, was mit Komplexität zu tun hat. Warum aber gibt es das alles? Warum gefällt es uns, mit Checklisten zu arbeiten? Warum wollen wir es einfach?

Einfach vermittelt uns Sicherheit und Orientierung. Kein Durcheinander, kein Gegenwind, wir segeln auf Sicht. Vereinfachung gaukelt uns vor, dass es immer einen klaren Ursache-Wirkungs-Zusammenhang gibt. Das schafft Orientierung. Wir wissen, was wann wie zu tun ist. Ganz einfach.

Damit hier kein falscher Eindruck entsteht: In einigen der genannten Bücher und Konzepte finden sich gute Ideen. Es ist nur manchmal so, dass diese Konzepte »einfach« genannt werden und es gar nicht sind. Viele Titel und Überschriften verheißen Dinge, die nicht versprochen werden können. Also hört auf damit! Wie soll man eine »gesunde« Haltung zur Komplexität entwickeln, wenn uns immer versprochen wird, dass man sie wieder loswerden kann? Vielleicht, indem wir noch einmal zum Songtext der Fanta4 zurückkehren:

»Schließ deine Augen und atme tief und hör mal auf, nur das zu glauben, was du siehst. Du weißt genau, alles durchschauen, das schafft man nie. Doch was du brauchst, das ist Vertrauen und Fantasie. In einem sind eh alle gleich und auch wenn es keinem so scheint. Obwohl wir nichts wissen, weiß jeder Bescheid. Darin sind wir alle vereint.«

Einfach gibt Sicherheit

Wie sieht in Ihrem Unternehmen der Prozess »Urlaubsantrag« aus? Wahrscheinlich sehr klar. Unabhängig davon, ob er manuell oder automatisch abläuft, werden Sie den gewünschten Urlaubszeitraum eintragen und zur Freigabe an Ihren Vorgesetzten schicken müssen. Der wiederum zeichnet frei und gibt den stattgegebenen Antrag an die Personalabteilung. So oder so ähnlich wird der Prozess laufen. Man hat Ihnen diesen Ablauf einmal vorgestellt, Sie mit dem Tool vertraut gemacht und schon ging es in die erste Freizeit. Das war einfach. Sie brauchen sich darum keine unnötigen Gedanken machen und bei jedem neuen Urlaubsantrag ist der Prozess identisch. Das gibt Ihnen Sicherheit.

Ob Urlaubsantrag oder andere Dinge des Lebens, wir haben es gerne sicher. Wir wissen, was zu tun ist und mit welchem Ergebnis wir rechnen können. Sicherheit ist ein tief im Menschen verankertes Bedürfnis und wir sehnen uns aus evolutionären Gründen danach. In den frühen Zeiten unserer Geschichte war Angst ein wesentliches Mittel, das uns vor Risiken bewahrt hat. Sie hat bis heute eine lebenserhaltende Schutzfunktion, auch wenn wir dabei zwischen »echten« Risiken und »subjektiv konstruierter« Angst unterscheiden müssen.

Letztendlich ist Angst natürlich immer subjektiv und damit immer wahr, auch wenn ihr kein »objektives« Risiko gegenübersteht. Sie sorgt dafür, dass wir lieber flüchten, als uns einem Risiko auszusetzen. Ging es in der grauen Vorzeit dabei noch um Leben und Tod, ist das in der modernen (Arbeits)-Gesellschaft eher selten der Fall. Trotzdem ist der Mechanismus erhalten geblieben und damit auch die latente Ablehnung des Ungewissen und Undurchsichtigen.

Unsere Vorfahren hatten angesichts eines Säbelzahntigers keine Zeit, lange zu überlegen, was sie tun sollten, sie mussten sofort reagieren. Die komplexen Probleme in unserem Arbeitsalltag sind in der Regel nicht lebensbedrohlich, sie erzeugen jedoch aus sich heraus Zeitdruck. Dieser entsteht durch die gegebenen Rahmenbedingungen. Meistens ist es der wirtschaftliche Druck, der schnelle Lösungen verlangt. Der damit verbundene Stress sowie die Stressreaktionen sind vergleichbar mit denen unserer Vorfahren. Stress führt dazu, dass wir intuitiv reagieren und unsere Entscheidungen instinktiv treffen. Dazu nutzen wir die im Stammhirn angesiedelte Amygdala, denn sie greift schnell auf unser unbewusstes Wissen zu.

Die Entscheidung lautet dann Flucht, Angriff oder Totstellen. Übertragen auf unser komplexes Problem bedeutet Flucht beispielsweise Krankmeldung, Kündigung, Versetzungsantrag oder Delegation der Aufgabe. Totstellen kennen wir in Form von Arbeitsverweigerung, endlosem Aufschieben oder ebenfalls der Krankmeldung. Wie aber sieht das Lösen eines komplexen Problems, also der Angriff, aus? Blindwütiges Agieren führt normalerweise nicht zum Erfolg. Für eine sorgfältige Analyse fehlt die Zeit, also liegt die Hoffnung in der Vereinfachung. Damit ist die Gefahr abgewehrt, glauben wir. Aber genau darin steckt der Irrtum.

 Komplexe Aufgaben und Probleme lösen sich durch Vereinfachung nicht auf.

Lösen lassen sich komplexe Aufgaben dadurch schon gar nicht. An dieser Stelle müssen wir zunächst unterscheiden zwischen einfach und komplex.

Wiederholbar, nachvollziehbar und selbsterklärend

Viele der heute in Organisationen implementierten Prozesse sind gute Beispiele für einfache Kontexte. Sie haben einige Eigenschaften gemeinsam, die Einfachheit ausmachen: Ihre Ursache-Wirkungs-Relation ist eindeutig, transparent und wiederholbar. Für einfache Kontexte gibt es genau eine richtige Art und Weise, Antwort oder Lösung. Niemand kommt beispielsweise auf den Gedanken, die Funktionsweise eines Lichtschalters zu hinterfragen. Schalter auf »An«, Licht geht an, Schalter auf »Aus«, Licht geht aus. Es gibt keinen Anlass für Diskussionen, der Vorgang ist für jeden klar. Die Ursache ist das, was abläuft. Die Wirkung ist das Resultat.

»Das ist ja einfach!«

Ein Beispiel: Sie haben mit Ihrem Büroartikelhersteller die Anlieferung neuer Bürostühle für den 15. März verabredet. Das ist im Kauf-
vertrag so festgehalten. Nun schauen Sie auf Ihren Kalender und
stellen fest, dass bereits der 17. März ist. Demnach ist der Hersteller
mit seiner Lieferung im Verzug. Die Kategorisierung lautet »zu spät«.
Jetzt können Sie entsprechend der vertraglichen Vereinbarung (Mah-
nung, Stornierung et cetera) reagieren.

Der wichtige Punkt, in dem sich solch einfache Systeme von komplexen unterscheiden, ist die Vorhersagbarkeit. Genau wie komplizierte
Sachverhalte gehören die einfachen zur geordneten Welt, in der es
einen klaren Ursache-Wirkungs-Zusammenhang gibt. Der existiert in
komplexen Systemen auch, ist für uns aber erst im Rückblick erkenn-
bar. Ein einfaches System ist gekennzeichnet durch ein hohes Maß

an Restriktionen, die im vorherigen Kapitel dargestellt und erläutert wurden. Dadurch kann Verhalten kontrolliert und vorhergesagt werden. Jeder kann sehen, was das Richtige ist.

Entscheidungen können wir in diesen einfachen Kontexten über Kategorisierung treffen.

Einfach ist der Bereich der »Known Knowns«. Wir wissen, was wir wissen. Es herrscht Klarheit für alle Beteiligten, worum es geht und wie etwas geht. Der Zusammenhang zwischen Ursache und Wirkung ist für jeden nachvollziehbar und bedarf keiner Diskussion. Das erzeugt Stabilität. In einem solchen System ist ein faktenbasierter Führungsstil im Sinne von Command & Control durchaus sinnvoll und Kontrolle ein angebrachtes Steuerungselement. Aufgaben lassen sich gut delegieren und Funktionen automatisieren. Leider wenden wir die Kontrolle (aus geordneten Systemen) auch da an, wo sie keinen Sinn macht, oder wir überspannen den Bogen.

Ein Beispiel dafür sind Ausschreibungsverfahren. Die Compliance-Richtlinien vieler Unternehmen sehen vor, dass im Rahmen einer Ausschreibung mindestens drei Angebote von verschiedenen Anbietern eingeholt werden müssen. Oft genug hat der Fachbereich (oder der Einkauf) bereits eine eindeutige Präferenz, bevor der Prozess überhaupt gestartet ist. In solchen Fällen ist schon im Ausschreibungstext offensichtlich, für welchen Anbieter er geschrieben wurde. Die zwei Wettbewerber werden lediglich pro forma um ein Angebot gebeten. Die Überkontrolle dieses Prozesses bringt die Menschen dazu, einen Workaround zu finden, um den Prozess zu unterlaufen. Das bindet jede Menge Energie und verschwendet Ressourcen auf allen Seiten.

Zu viel Kontrolle bringt die Menschen dazu, einen Weg »drumherum« zu finden.

Wir neigen dazu, Zusammenhänge als einfach zu deklarieren, die es gar nicht sind. Oft glauben wir, eine klare Ursache-Wirkungs-Relation benennen zu können. Dabei übersehen wir aber, dass diese sich erst rückblickend formulieren lässt.

In dem Buch »Einfach managen: Komplexität vermeiden, reduzieren und beherrschen« (Brandes/Brandes, 2013) beschreibt der ehemalige Aldi-Manager Brandes einen seiner Beratungseinsätze bei einer türkischen Unternehmergruppe. Ein Lebensmittel-Filialunternehmen wollte 1995 nach den Prinzipien von Aldi die Türkei erobern. Die Erfolgskriterien – Standort, Sortiment und Preis – werden in einer selbstverständlichen klaren Ursache-Wirkungs-Relation beschrieben, ganz nach dem Motto: Werden diese Kriterien richtig gewählt, dann wird die Filiale ein Erfolg.

Der Autor beschreibt weiter, wie man bei der Ausstattung der ersten Filiale vorging. Bekannte wurden zum Einkaufen geschickt; sie sollten Produkte mitbringen, die sie in einem Lebensmittelladen erwarteten. Diese Produkte wurden auf dem Fußboden der Filiale ausgelegt, um durch eine geschickte Anordnung einen guten »Durchlauf« für die Kunden zu finden. Die Planer entfernten doppelte Produkte und ergänzten die noch fehlenden. Innerhalb von einer Woche stand die Filiale. »Das war ein wirklich einfaches und sehr effizientes Verfahren«, so der Autor.

Die Effizienz dieses Vorgehens will ich nicht bestreiten, aber einfach (im Sinne dieses Buches) war sie mitnichten. Sie war wohl eher pragmatisch. Natürlich gibt es Erfahrungswerte, die belegen, dass die Kriterien Preis, Sortiment und Standort eine große Bedeutung für den Erfolg eines Lebensmittelmarktes haben. Der Einzelhandel ist und bleibt jedoch ein komplexes System. Ich kann den Erfolg nicht vorhersagen. Im Rückblick ist es leicht, diese Kausalität zu benennen und als A-priori-Wissen zu vermarkten. Das hat aber nichts mit einfach zu tun – genauso wie die Umsetzung letztendlich nichts mit einfach zu tun hat. Der Autor und seine Mitstreiter haben ausprobiert, und das in mehrfachem Sinne. Zum einen haben sie Produkte zusammengetragen und die verschiedenen Vorstellungen der Mitwirkenden genutzt. Sie haben die Anordnung der Produkte ausprobiert. In Summe haben sie das Experiment »Filialerfolg« durchgeführt, bei dem niemand ernsthaft vorab garantieren konnte, dass es ein Erfolg wird.

 Allein die mehrfache Wiederholung einer Kausalität gibt keine Garantie auf eine nächste Wiederholung und macht aus komplex auch nicht einfach.

Die Kausalitätsfalle

Am Morgen des 19. November 2013 sterben zwei Menschen beim Absturz eines Hubschraubers in der Nähe von Neuhausen ob Eck. Es sollte für den 48-jährigen Fluglehrer und seinen Schüler eigentlich eine ganz normale Flugstunde werden. »Mit an Sicherheit grenzender Wahrscheinlichkeit hat menschliches Versagen das Unglück ausgelöst«, titeln die Zeitungen nach der Absturzanalyse. Diese »Erkenntnis« wird dem Leser gleich im ersten Abschnitt präsentiert. Die Ermittler, so wird weiter berichtet, konnten keine Hinweise auf technische Defekte finden.

Im Klartext heißt das: Wir haben keine Ahnung, was an dem Tag in diesem Hubschrauber und drumherum passiert ist. Unser Bedürfnis, immer die Ursache zu kennen, ist so groß, dass wir gerade bei Unglücken gerne das »menschliche Versagen« nennen, auch wenn wir es eigentlich nicht wissen. Damit haben wir eine Kausalität und sind beruhigt. In diesem Fall ist die Kausalitätsfalle besonders kritisch, weil mit ihr eine moralische Bewertung und Schuldzuweisung einhergehen.

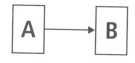

Klare Ursache, klare Wirkung

Der Untersuchungsausschuss zur Atomkatastrophe in Fukushima kam zu dem Ergebnis, dass menschliches Versagen der Grund für das angeblich vermeidbare Unglück war. Man muss sicher kein Komplexitätsforscher sein, um sich vorzustellen, dass das »System Fukushima« hochkomplex ist, und das auch schon, ohne den Faktor Mensch zu berücksichtigen. Sicher gab es Fehlentscheidungen, Versäumnisse und Fehler aufseiten der Firma Tepco, der Aufsichtsbehörden und der Regierung. Das soll hier nicht in Abrede gestellt werden. Damit ergibt sich aber keine Verkettung von Ursachen und Wirkungen, die linear und direkt zum Unglück führen.

Als am 11. März 2011 gegen 14:46 Uhr (Ortszeit) die Primärwellen des Tohaken-Erdbebens das Kernkraftwerk erreichen, löst das die Schnellabschaltung der Reaktoren 1 bis 3 aus. Wegen Wartungsarbeiten sind die weiteren Reaktoren nicht in Betrieb. Um 14:48 Uhr sind die Turbinen der Reaktoren heruntergefahren. Rohrleitungen sind durch das Beben beschädigt, Wasser tritt aus, möglicherweise sind zu diesem Zeitpunkt Kühlkreisläufe bereits unterbrochen. Fukushima 1, das älteste und mit seinen sechs Kraftwerkblöcken das leistungsstärkste Atomkraftwerk Japans, ist nicht an das Tsunami-Warnsystem angeschlossen.

Um 15:27 Uhr trifft die erste Tsunami-Welle mit einer Höhe von vier Metern auf das Kraftwerk. Die Schutzmauern haben eine Höhe von 5,7 Meter, trotzdem werden die dahinter liegenden Meerwasserpumpen zerstört. Die noch folgenden Wellen erreichen Höhen von bis zu 15 Metern und »fluten« die Reaktoren. Sie stehen anschließend bis zu fünf Meter unter Wasser. Die Notstromversorgung bricht kurze Zeit später zusammen. Der Druck in den Reaktoren steigt. Die Anlieferung von Stromgeneratoren verzögert sich wegen des starken Verkehrs, sie stehen im Stau. Über viele Wochen werden die Reaktoren behelfsmäßig gekühlt.

Was hier auszugsweise und in kurzen Stichpunkten skizziert wurde, ist eine nukleare Katastrophe unfassbaren Ausmaßes. Eine der ersten Fragen, die nach dem Unglück gestellt wurde, war: Wie konnte das geschehen? Es ist die Frage nach der Ursache, gefolgt von der Suche nach dem oder den Verantwortlichen. Wir möchten den Grund kennen. In diesem Fall (und in vielen anderen) ist die Diagnose »menschliches Versagen« eine viel zu einfache und vermeintlich sichere Antwort. Ein solch komplexes System besteht aus Wechselwirkungen und nicht aus linearen Kausalitäten. Hinzu kommen die massiven Einflüsse von außen (Erdbeben, Tsunami-Wellen) und die entsprechenden Randbedingungen (Höhe der Mauern, Wartungsarbeiten, Stau …). Bringen wir Zusammenhänge wie diese auf eine einfache Ursache-Wirkungs-Relation, dann stecken wir in der Kausalitätsfalle.

 Wir erwarten Kausalität und unterstellen dabei auch noch, dass gleiche Wirkungen dieselbe Ursache haben.

Oft haben wir innerhalb kürzester Zeit eine Ursache gefunden und können so auch Verantwortung und Schuld rasch zuweisen. Für einige Menschen ist das Ursache-Wirkungs-Prinzip so fest in ihrem Denken verankert, dass sie manchmal nicht nur die wahre Ursache übersehen, sondern auch Ursachen sehen, wo es keine gibt. Konrad Lorenz nennt diese Kausalitätserwartung einen unserer »angeborenen Lehrmeister« (Lorenz, 1997).

Unser Hang zu Kausalitäten beschränkt sich nicht nur auf türkische Lebensmittelhändler oder Unglücke, er schlägt sich in jeder Begegnung im Arbeitsleben nieder und auch das Management ist voll davon. Wir wissen doch schnell und präzise, warum der Kollege X nicht mehr bei der Sache ist, oder? »Er hat gerade Stress mit seiner Ehefrau.« »Diese Anweisung vom Chef kommt doch jetzt nur, weil …« Und Kollegin Z zögert bei einer Nachfrage zu ihrem Monatsbericht, »weil sie ihre Abteilung nicht kennt und nicht im Griff hat«.

Mit diesen Ursache-Wirkungs-Konstrukten kommen dann auch unsere Vorurteile und Stereotype an die Oberfläche, aber immerhin: Wir haben eine Erklärung. Wir haben ein »Warum«. Als Führungskraft und Manager wird von Ihnen erwartet, dass Sie Ihre Zahlen, Perspektiven, Ziele, Risiken, Kennzahlen und Mitarbeiter jederzeit benennen, steuern, kontrollieren und erklären können. Das sollen Sie dann bitte in einfachen Kausalzusammenhängen tun. Das macht es einfach, und einfach ist gut. Es gehört also klar zu Ihren Aufgaben, den Spagat zwischen der Vereinfachung für das obere Management und dem Meistern der Komplexität zu machen.

»Die Strategie der Genesis, so behaupte ich, kennt Ursachen-Verknüpfungen in Form von Ketten nur im kleineren und nur Netze von Ursachen im Ganzen. Und kein Ding in der realen Welt erklärt sich allein aus einer Richtung, jedes aus einem System von Wirkungen, deren selber es eine ist.«
RUPERT RIEDL

Einfach: der kurze Weg ins Chaos

Einfache Systeme sind geordnet, stabil und transparent. Auf den ersten Blick scheint es so, als sei ein einfacher Zustand sehr wünschenswert. Es scheint so, als sollten wir komplexe und komplizierte Systeme ins Einfache überführen. Es scheint so, als wäre einfach wirklich sicher. Doch der Schein trügt. Gerade eingeschwungene einfache Systeme drohen leicht ins Chaos abzugleiten, wenn die Selbstsicherheit oder Selbstgefälligkeit zu groß wird.

In Teams, die langfristig miteinander arbeiten, steigt die Selbstgefälligkeit mit der Zeit. Die Teammitglieder kennen sich gut, verstehen sich »blind«, wissen sich zu nehmen. Jeder im Team empfindet die Zusammenarbeit als harmonisch und unkompliziert. Die Potenziale des Teams werden genutzt, Regeln und Werte für die Zusammenarbeit sind verabredet und klar. Der Kuschelfaktor ist hoch, die Widerstandsfähigkeit sinkt. Das Team ist jetzt bestrebt, diesen Zustand zu erhalten. Dabei wird dieser Erhalt möglicherweise sogar über Innovationen und Weiterentwicklung gestellt. In meinem Buch »Resilienz im Projektmanagement« (2013) habe ich diesen Zustand auf Projektorganisationen bezogen. Er ist universell zu verstehen und lässt sich auf jede Organisationsform übertragen.

► **Ein Team, das in dem Zustand »alles glasklar« verharrt, droht in seinen Vorannahmen, Mustern und Glaubenssätzen stecken zu bleiben und tendiert zu starker Vereinfachung.**

Ein so gestricktes Team ist ein »accident waiting to happen«. Ein starker Impuls reicht, um das System zu kippen und ins Chaos zu stürzen. Restrukturierung, Firmenzu- und -verkäufe oder Konflikte im Team, das Weggehen einzelner Teammitglieder oder der Wechsel an der Teamspitze können als Impuls ausreichen. Das Team verfügt nicht mehr über ein entsprechendes Maß an Flexibilität, Lösungs- und Handlungsalternativen, um adäquat zu reagieren. Nun ist echtes Krisenmanagement vonnöten, um das Team wieder zu stabilisieren und neu auszurichten.

Was Sie beachten sollten:

► Hinterfragen Sie Ihre »Hypothese von der Ursache«.
► Machen Sie sich Ihre Interpretationen bewusst.
► Eingespielte Teams drohen selbstgefällig zu werden.
► In eingespielten Teams sinkt die Veränderungsbereitschaft.
► Die Widerstandsfähigkeit stabiler Systeme sinkt.
► »Stören« Sie solche Teams bewusst.
► Vermeiden Sie es, komplexe Probleme zu vereinfachen.

Einfache Regeln in komplexen Systemen

Es gibt etwas Einfaches, das wir brauchen, um in komplexen Systemen erfolgreich zu managen – und das sind Regeln. Sie bilden die Restriktionen, nach denen sich das System verhält und die es durch sein Verhalten wiederum beeinflusst – eine Wechselwirkung, die es in wirklich einfachen Systemen nicht gibt. Die Natur ist uns auch hier Vorbild, werfen wir also einen Blick auf die Organisation von Fischschwärmen. Fischschwärme sind komplexe Systeme. Sie sind selbstorganisiert gesteuert, ohne zentrale Führung. Dafür haben sie einfache, klare Regeln, über die hochkomplexes Verhalten der Tiere in großen Gruppen möglich ist.

Schwärme zeichnen sich, neben der Eigenschaft selbstorganisiert zu sein, durch hohe Anpassungsfähigkeit aus. Vor allem ihre schnellen Reaktionen auf äußere Einflüsse sind beeindruckend. Wird ein Schwarm Fische angegriffen, so hat jeder Einzelne darin eine höhere Chance zu überleben als alleine, da Angreifer verwirrt und getäuscht werden. Das funktioniert nur, wenn der Schwarm sich als ein »Objekt« bewegt. Damit ist der einzelne Fisch innerhalb der Gruppe für Angreifer nur noch schwer auszumachen. Ob Vogel- oder Fischschwarm, die Regeln, nach denen sich alle richten, sind folgende:

- ► Halte den Abstand zu den anderen Fischen.
- ► Halte die Geschwindigkeit der Nachbarn.
- ► Vermeide Kollisionen.

So einfach die Regeln, so komplex das Verhalten, das daraus entsteht. Einige Fischarten teilen ihren Schwarm bei Angriffen und zwingen den Angreifer so, sich für einen Teil zu entscheiden. Andere schwimmen hinter den Angreifer, wieder andere schwimmen geordnet auseinander. Dabei gibt es keinen Fisch, der eine Entscheidung trifft, verkündet und umsetzt. Die Fische beeinflussen sich gegenseitig, wobei diejenigen mit »Angreifer-Information« Impulse geben. Es braucht für eine Aktion des Schwarms immer eine kritische Masse von circa 5 Prozent, um einen verstärkenden Effekt zu haben.

Was bedeutet das nun für die Zusammenarbeit im Team? Brauchen wir in komplexen Umgebungen wenige, einfache Regeln? Ja, genau darum geht es. Die für das Gesamtunternehmen formulierten Leitbilder, die oft die Flure der Personalentwicklung oder des Marketings zieren, sind ein Anfang. Eventuell haben Sie auch schon die Erfahrung gemacht, dass solche Leitbilder zu grob formuliert wurden, zu viele Aspekte gleichzeitig abdecken und vorgegeben sind. Ihre Wirkung verpufft entsprechend schnell, falls sie sich überhaupt entfaltet hat.

Was heute, meiner Erfahrung nach, noch viel zu kurz kommt, ist das Aushandeln und Festlegen der essenziellen Regeln. Regeln entstehen automatisch, sobald mindestens zwei Menschen sich begegnen. Wir lernen in einem Unternehmen sehr schnell, was geht und was nicht geht. Das Meiste nehmen wir nonverbal auf, es wird nicht ausgesprochen. Diese Regeln wirken implizit. Ein triviales Beispiel ist die »Pünktlich zum Meeting kommen«-Regel. Wie sieht es bei Ihnen aus? Darf man zu spät kommen? Das lässt sich einfach beobachten und schnell lernen. Gibt es Kollegen, die zu spät kommen und dieses Verhalten wird weder angesprochen noch sanktioniert und hat auch keine Auswirkung auf das Meeting (man wartet zum Beispiel nicht ab), dann weiß ich: Später kommen ist okay. Die erste Regel ist abgespeichert.

 Nicht nur das Was, sondern auch das Wie ist wichtig.

Das schließt die gegenseitigen Erwartungen mit ein. Leider erlebe ich immer wieder, dass Führungskräfte die Erwartungen an ihre Mitarbeiter und von ihren Mitarbeitern nicht klar formuliert haben beziehungsweise kennen. Erwartungen entstehen immer in der Zusammenarbeit von Menschen. Ihre Mitarbeiter haben klare Vorstellungen davon, wie sie von Ihnen geführt werden möchten. Sie haben klare Vorstellungen davon, wie Ihre Mitarbeiter arbeiten sollen. Für eine konstruktive Zusammenarbeit ist es wichtig, dass alle die an sie gestellten Erwartungen kennen. Nur so können sie darauf reagieren. Für den Fall, dass Sie bestimmte Erwartungen nicht erfüllen wollen oder können, ist es essenziell, das auch kundzutun und gegebenenfalls Alternativen zu finden.

Der Diskurs über die notwendigen Regeln für ein Team liefert gleichzeitig noch einen wichtigen Mehrwert: die Bedeutung. Tauschen sich die Menschen eines Teams über wesentliche Elemente der Zusammenarbeit wie zum Beispiel Kritisieren, Feedback, Umgangsformen, Offenheit et cetera aus, dann haben sie anschließend ein gemeinsames Verständnis dieser Aspekte. Wie oft passiert es, dass mehrere Personen denselben Begriff verwenden, ihm aber unterschiedliche Bedeutungen geben. Der offene Austausch löst dieses Problem.

Was Sie beachten sollten:

- ► Fördern Sie den aktiven Diskurs in Ihrem Team.
- ► Machen Sie über den Diskurs die impliziten Regeln explizit.
- ► Klären Sie die Erwartungen Ihrer Mitarbeiter an Sie.
- ► Formulieren Sie Ihre Erwartungen an die Mitarbeiter.
- ► Legen Sie auch im Team fest, wie mit Regelbruch verfahren wird.

Apropos Regeln – immer wieder beklagen sich Führungskräfte über Mitarbeiter, die Regeln brechen. Sollten Sie das auch kennen, empfehle ich Ihnen einen Blick auf sich selbst. Wie halten Sie es mit Regeln in Ihrem Unternehmen? Machen Sie auch einmal eine Ausnahme? Oft erlebe ich, dass Führungskräfte und Manager sogar vor den Mitarbeitern mit Regelbrüchen prahlen. Das tun sie gerne in Bezug auf Regeln, die für die Mitarbeiter nicht relevant sind (beispielsweise Ausstattung des entsprechenden Firmenwagens). Wenn Sie Regelmissachtung vorleben, dann wundern Sie sich bitte auch nicht, wenn Sie nachgeahmt werden. Ihre Mitarbeiter orientieren sich in ihrem Verhalten an ihrer Führungskraft. Unterschätzen Sie Ihre Wirkung als Vorbild nicht.

Einfach managen – statt Vereinfachung

Keine Führungssituation ist nur einfach, nur kompliziert oder nur komplex. Meistens stecken verschiedene Anteile darin. Also ist der erste wesentliche Schritt die Unterscheidung.

Einfach   **Komplex**

Ursache = Wirkung   (**Ursache Wirkung**)

Kategorisieren   **Ausprobieren**

geordnet   *ungeordnet*

Entscheidungen *richtig* treffen

An dieser Stelle fokussieren wir uns auf die einfachen Kontexte und die Frage: Was ist Ihre Aufgabe, wenn die Situation oder das Problem wirklich einfach ist? Stellen Sie sicher, dass »saubere Prozesse« etabliert sind. Hier können Sie Effizienzen realisieren und Best-Practice-Ansätze nutzen. Aufgaben lassen sich leicht delegieren und eine direkte, klare Kommunikation ist angebracht.

Sie sollten außerdem darauf achten, dass Sie und Ihr Team nicht selbstgefällig werden. Hinterfragen Sie Ihre gemeinsamen Sichtweisen und Glaubenssätze von Zeit zu Zeit kritisch. »Ist unsere einfache Sicht auf uns und unsere Umwelt noch gültig?« Trainieren Sie Achtsamkeit. Seien Sie sich im Klaren, dass mit steigender Sicherheit und Produktivität die Widerstandsfähigkeit, die Resilienz Ihrer Organisation also, sinkt. Auch wenn es so scheint, als könnten Sie sich durch klare Ansagen und geschicktes Delegieren weitestgehend aus dem Operativen heraushalten, bleiben Sie bitte in gutem Kontakt mit Ihren Mitarbeitern. Finden Sie einen Mittelweg zwischen »Mikromanagement« und »Laufenlassen«. Sie sollten also immer einen Blick »ins Innere« gerichtet haben.

**In einfachen Kontexten lassen sich
Best-Practice-Lösungen nutzen.**

Wichtig ist auch der Blick auf das Umfeld und auf mögliche Impulse, die starke Veränderungen oder Chaos ankündigen. Dass Vorgänge wie Firmenzukäufe, Restrukturierungen, die Einstellung von Produkten oder Ähnliches krisenhafte Zustände auslösen, können Sie nicht vermeiden. Sie können aber möglichst früh darauf vorbereitet sein, um schnell und richtig reagieren zu können. Es gibt keine Veränderungen oder Krisen ohne Vorboten. Zu oft nur sehen oder beachten wir sie nicht.

In unserem (Unternehmens)-Kulturkreis sind wir gewohnt, auf starke Signale stark zu reagieren. Unsere Reaktion auf schwache Signale fällt entsprechend schwach aus. Das sollten Sie verändern. Als Vorbild dienen dazu die sogenannten Hochzuverlässigkeits-Organisationen (High Reliability Organizations). Organisationen, die ständig unter Hochdruck arbeiten und bei denen Fehler schnell fatale Folgen haben können, üben sich stetig darin, auf schwache Signale zu achten. Praktisch tun sie das, indem sie ihre Achtsamkeit trainieren. Achtsamkeit ist hier bezogen auf die eigene Wahrnehmung, das Gespür für die Kollegen und das Gespür für die Umgebung.

 **Gerade wenn wir in sicheren und einfachen Kontexten
arbeiten, neigen wir dazu, Ereignisse als singuläre
Momente zu betrachten.**

Möglicherweise aber sind diese Ereignisse Vorboten und werden das System aufschaukeln. »Wir haben doch ein Risikomanagement«, denken Sie jetzt vielleicht. Risikomanagement ist gut, reicht aber nicht. Im Normalfall wird im klassischen Risikomanagement nur das betrachtet, was wahrscheinlich ist und im begrenzten Zeithorizont der Planungszyklen liegt. Um auf schwache Signale, die Vorboten, achten und reagieren zu können, muss der Betrachtungszeitraum größer gezogen werden. In der Versicherungsbranche gibt es einige Unternehmen, die dafür ein Frühwarnsystem installiert haben.

»Man sollte alles so einfach wie möglich sehen – aber auch nicht einfacher.«
ALBERT EINSTEIN

Die Swiss RE hat mit ihrem System SONAR (systematic observation of notions associated with risk) ein Frühwarnsystem eingeführt, mit dem sie aufkommende Risiken identifizieren, beurteilen und managen kann. Dazu sammelt sie frühe (schwache) Signale möglicher Risiken über ein Netzwerk von Experten. Ein aufkommendes Risiko in diesem Zusammenhang ist ein neues oder verändertes Risiko, das schwer zu quantifizieren ist und möglicherweise einen wesentlichen Einfluss auf die Versicherungsindustrie und damit auch auf Swiss RE haben kann. Die Zeitschiene, auf der diese potenziellen Risiken und ihre Auswirkungen betrachtet werden, reicht von ein bis drei bis zu mehr als zehn Jahren.

Ein Risiko, dessen Auswirkungen sich möglicherweise erst sehr spät bemerkbar machen, ist ein langanhaltender Stromausfall. Üblicherweise werden in Risikobetrachtungen Stromausfälle von wenigen Stunden berücksichtigt. Terroranschläge beispielsweise könnten aber zu langfristigen Ausfällen führen. Also werden diese auch betrachtet. Die Swiss RE macht deutlich, dass dieses Risiko in der Vergangenheit nie umfänglich eingetreten ist, seine Ausmaße weiterhin aber eine Unwägbarkeit in der Zukunft bleiben und damit betrachtenswert sind. Weitere Risikobereiche, die mit SONAR beleuchtet werden, sind beispielsweise soziale Unruhen, BSE, Alkopops und Nanotechnologie. Die Frage hinter einem solchen Frühwarnsystem ist nicht, mit welcher Wahrscheinlichkeit welches Risikoereignis eintritt, sondern wie unsere Zukunft aussehen könnte. Es hilft, Szenarien für eine alternative Zukunft zu skizzieren und damit für den Fall der Fälle auch Handlungsalternativen zu entwerfen. Damit ergibt sich eine hervorragende Trainingsmöglichkeit gegen Selbstgefälligkeit.

DIE ERKENNTNISSE IN KURZFORM:

► Vereinfachung ist keine Strategie, um Komplexität zu reduzieren.

► Einfache Systeme lassen sich voraussagen. Es gibt genau eine richtige Antwort.

► Unser Verlangen nach klaren Ursache-Wirkungs-Relationen treibt uns in die Kausalitätsfalle.

► Einfache Systeme können leicht ins Chaos kippen.

► Ein komplexes System braucht einfache Regeln.

► Achtsamkeit hilft, einfache Systeme stabil zu halten.

Irrtum Nr. 2:
Komplex ist gleich
kompliziert

Mindestens vier Jahre Verspätung, drei Milliarden über Budget, Mauscheleien und fehlende Zusagen. Na, ahnen Sie, wovon ich spreche? Genau, unser aller Lieblingsaufreger, wenn es um öffentliche Großprojekte des 21. Jahrhunderts geht – der Flughafen Berlin Brandenburg. Und erinnern Sie sich noch an das, was uns als Ursache allen Übels präsentiert wurde? Die Brandschutzanlage. »Sie wird nicht fertig, weil sie zu komplex ist«, wird der leitende Ingenieur im Untersuchungsausschuss des Abgeordnetenhauses zitiert.

Als ich das las, rollte ich kurz mit den Augen und dachte: »Typischer Fall von Verwechselritis.« Eine Brandschutzanlage ist ein technisches Konstrukt, sie kann gar nicht komplex sein. Sie ist kompliziert. Oder gibt es an der Anlage etwas Dynamisches? Vernetzungen im Sinne von Wechselwirkungen? Verändert sie sich ohne Einfluss von außen? Ist sie intransparent? Mitnichten! Selbst ich, als ausgewiesene Nichtexpertin für Brandschutzanlagen, kann dieses Gerät verstehen. Ich muss mich nur intensiv damit auseinandersetzen.

Die Verwechslung von komplex und kompliziert erfreut sich seit einiger Zeit großer Beliebtheit. Komplexität ist ein Modewort und wird großzügig und mitunter unreflektiert als Ursache, Problem, Herausforderung oder Charaktereigenschaft verwendet. Gerne ohne Rücksicht auf Sinnhaftigkeit. Das geht natürlich auch andersherum. Da werden komplexe Zusammenhänge gerne zu komplizierten gemacht. Ein populäres Beispiel gefällig? Gerne. Der französische Philosoph Jean-Paul Sartre wird mit den folgenden Worten zum Thema Fußball zitiert: »Bei einem Fußballspiel verkompliziert sich allerdings alles durch die Anwesenheit der gegnerischen Mannschaft.«

Uff, das ging daneben. Kompliziert sind im Fußball maximal die Regeln. Obwohl die, genau genommen, sogar einfach sind. Das Spiel selber ist im höchsten Maße komplex. Oder sind Sie etwa in der Lage, den Spielverlauf vorauszusagen? Wohl kaum, denn es sind etwa 22 (direkt) Beteiligte, die aufeinander wirken und vom Schiedsrichter Impulse erhalten. Dazu kommen noch Effekte wie Klima, Wetter, Strategie, Anweisungen des Trainers et cetera. Vorhersage? Geht nicht.

Komplex klingt auch viel besser als kompliziert. »Wie, Ihre Aufgabe ist nur kompliziert? Meine ist aber komplex. Ich habe es also viel schwerer!« Bei komplizierten Dingen ahnen wir, dass wir ihnen mit entsprechender Analyse beikommen können. Das Komplexe aber ist umgeben von einem Hauch des Unerklärlichen, Undurchschaubaren. Das ist einfach spektakulärer. Außerdem gilt es zurzeit als Totschlagargument. »Das ist eben komplex«, und schon fragt niemand weiter nach, Ruhe im Karton. Das macht es uns leichter, unsere Unwissenheit zu kaschieren. Im komplizierten Fall, weil wir einfach noch nicht durchsteigen. Und im komplexen Fall, weil wir nie vollständig durchsteigen werden.

Jetzt denken Sie vielleicht, dass jemand vorsätzlich komplex und kompliziert in einen Topf wirft. Ja, auch das ist möglich. In den meisten Fällen jedoch liegt es einfach daran, dass wir die beiden Begriffe nicht unterscheiden (können). Die wenigsten Menschen haben sich mit dem, was hinter den Begriffen steht, auseinandergesetzt. Sie glauben, dass komplex ganz einfach die Steigerung von kompliziert sein muss. Kompliziert 2.0 sozusagen. Und so kann es sein, dass plötzlich Dialoge, Excel-Tabellen, Fotografien oder auch Datenbanken als komplex bezeichnet werden.

Der leitende Ingenieur des Untersuchungsausschusses BER steht also nicht alleine da mit seiner Begriffsverwirrung. Schaut man sich die diversen Auseinandersetzungen zu diesem Thema an, so finden sich in entsprechenden Internetforen wahre Schatzkammern für Stilblüten:

– »Auch wenn das Problem komplex ist, kann es eine einfachere Lösung geben.« (Dr. Bakterius, Forums Alias auf www.mikrocontroller.net)
– »Der Komplexitätsbegriff selbst ist komplex und es ist schwierig, ihn unkompliziert zu erklären.« (Jonny Obivan, Forums Alias auf www.mikrocontroller.net)
– »Komplex ist eine Sache an sich, die für ein Individuum unterschiedlich kompliziert ist.« (Juri Parallelowitsch, Forums Alias auf www.mikrocontroller.net)

Ist doch nicht so schlimm, sagen Sie? Solange es auf der Ebene einer Interviewaussage bleibt, stimme ich Ihnen zu. In der Regel steht hinter dieser sprachlichen Verwechslung jedoch gleichsam die Verwechslung oder Gleichschaltung der zu ergreifenden Maßnahmen. Komplex und kompliziert sind eben nicht nur zwei Begriffe, sondern sie stammen auch aus zwei verschiedenen Welten. Wir können die Aufgaben der einen Welt nicht mit Maßnahmen aus der anderen lösen. Sollten die Verantwortlichen des BER aber die Problematik der Brandschutzanlage tatsächlich als komplexe Aufgabe verstehen und so bearbeiten, bin ich sicher, dass dieser Flughafen niemals eröffnet werden wird.

Komplex ist nicht gleich kompliziert

Wie kommt es eigentlich, dass wir die Begriffe »kompliziert« und »komplex« verwechseln beziehungsweise falsch verwenden? Die Erklärung liegt auf der Hand: Diese Begriffe sind im alltäglichen Sprachgebrauch nicht eindeutig definiert. Es haben sich Definitionen eingebürgert, die zwar nachvollziehbar, aber nicht korrekt sind. Kompliziert sind für uns Dinge, Probleme oder Aufgaben, wenn es viele Einzelteile gibt, die irgendwie voneinander abhängen. Kompliziert sind Systeme, die groß und unübersichtlich sind, bei denen wir aber das Gefühl haben, sie durchdringen zu können. Als komplex definieren wir hingegen Dinge, die wir nicht verstehen. Unsere übliche Unterscheidung basiert also auf der Frage nach »Verstehe ich« oder »Verstehe ich nicht«.

Wenn ich Ihnen vorschlage, eine Kaffeemaschine als kompliziert zu kategorisieren, werden Sie mir wahrscheinlich zustimmen. Sie ist ein technisches Gerät, besteht aus einer überschaubaren Menge an Einzelteilen, hat einen klar definierten Zweck und eine handliche Größe. Das macht uns soweit keine Sorgen, auch wenn wir keine Elektronikexperten sind. Wenn ich Ihnen hingegen vorschlage, einen Airbus A380 als kompliziert zu kategorisieren, werden Sie eventuell mit Ihrer Zustimmung zögern. Um einen Airbus A380 zu verstehen, muss man doch definitiv Experte sein, oder? Ja, richtig, und wir alle können solche Experten werden. Die Zahl der Einzelelemente ist größer und es gibt deutlich mehr Abhängigkeiten als bei der Kaffeemaschine, aber ungeachtet dessen ist auch ein solches Flugzeug nur ein technisches Gerät.

Es ist also nur eine Frage der Zeit und des intensiven Studiums, bis wir dieses Flugzeug begreifen. Jeder Mensch hat ein subjektives Empfinden, wie leicht oder schwer es ihm fallen würde, einen Airbus zu verstehen, wenn er sich intensiv damit beschäftigte. Je schwerer und langwieriger es uns scheint, desto eher nennen wir diese Systeme komplex. Es ist also vielmehr ein Ausdruck unserer eigenen Befindlichkeit als eine Beschreibung des Systems selber. Um den Irrtum aufzulösen, dass kompliziert und komplex in etwa das Gleiche ist, müssen wir eine eindeutige, gültige Unterscheidung treffen.

Alles »in Ordnung« – Merkmale komplizierter Systeme

Kennen Sie das deutsche Steuerrecht? Für rund 27 Millionen Steuerpflichtige ist es maßgebend. Es durchlief in den letzten Jahren rund zehn Reformen, die entsprechenden Gesetzesänderungen haben dabei Auswirkungen auf unzählige Bestimmungen. Mehr als 200 verschiedene Steuergesetze und mehr als 100 000 Verordnungen beinhaltet das Steuerrecht, für einen »normal« Steuerpflichtigen ist es nicht zu durchschauen. Oder wussten Sie, dass Herzschrittmacher und Prothesen mit ermäßigtem Umsatzsteuersatz angesetzt werden, deren Ersatzteile und Zubehör aber mit dem vollen? Für Vogeleier und Eigelb gilt übrigens auch der ermäßigte Umsatzsteuersatz. Ungenießbare Eier ohne Schale und ungenießbares Eigelb jedoch werden mit dem vollen Satz besteuert. Es gibt jede Menge Ausnahmen und Sonderregelungen, Ausnahmen von der Ausnahme und natürlich deren Ausnahme.

Das ist der Grund dafür, dass sich mehr als 75 000 Steuerberater als Experten auf diesem Gebiet tummeln. Ein kompliziertes Steuersystem hat durchaus auch Vorteile, denn es bietet jede Menge Schlupflöcher. Die Kaffeehauskette Starbucks beispielsweise hat 15 Jahre lang in Großbritannien keinen Cent Gewinnsteuer abgeführt. Dabei waren die Filialen erfolgreich und erwirtschafteten durchaus Gewinne. Jede von ihnen hat fortlaufend rund 6 Prozent der Einnahmen als Lizenzgebühr für geistiges Eigentum an die Europazentrale in den Niederlanden überwiesen. Damit waren sie raus aus der Verpflichtung zur Gewinnsteuer in Großbritannien. Welche Sinnhaftigkeit mag wohl hinter einer solchen Lizenzgebühr stecken? Gleichzeitig war Starbucks in den Niederlanden in weiten Teilen steuerbefreit, weil das Unternehmen eben dort seine Europazentrale führte. Mittlerweile ist die Zentrale für Europa in London und das Steuerschlupfloch an dieser Stelle gestopft. Die angeführten Beispiele zeigen, dass die Steuergesetzgebung – nicht nur in Deutschland – auf den ersten Blick verworren, undurchsichtig und unverständlich zu sein scheint. Warum ist sie dann nicht komplex, sondern »nur« kompliziert?

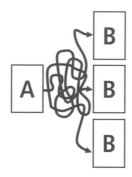

Analysen bereiten den Boden für Entscheidungen.

Komplizierte Systeme, Sachverhalte oder Aufgabenstellungen lassen sich leicht von anderen unterscheiden, wenn man sich die entsprechenden Merkmale bewusst macht.

 Das wesentliche Merkmal komplizierter Systeme ist die klare Ursache-Wirkungs-Relation.

Diese Relation lässt sich vorab beschreiben. Gesetze, auch die im Steuerrecht, bestehen in weiten Teilen aus von Menschen festgelegten Kausalitäten. Wenn ich Geschenke an meine treuesten Kunden verteile, dann kann ich die Kosten dafür von der Steuer absetzen. Das ist eindeutig und vorhersagbar. Dieser Tatbestand ist noch nicht einmal kompliziert, er wird es erst durch die Vielzahl an Regelungen. In einem komplizierten System bestehen zwar klare Kausalitätsbeziehungen, aber diese sind nicht eindimensional, d.h. es gibt eventuell verschiedene Wege zu einem Ziel. In dem genannten Beispiel würde ich meinen Steuerberater fragen, welche Regelung für mich die günstigste ist, denn er ist der Experte für genau diese Frage.

Im Klartext heißt das: Es gibt eventuell mehrere richtige Lösungswege, aber das Ergebnis steht im Vorfeld einer Expertenanalyse bereits fest.

Je tiefgründiger das Expertenwissen zum jeweiligen Sachverhalt ist, desto »einfacher« scheint uns die Relation. Kompliziert, das ist die Domäne der Experten. Sie analysieren das System und finden auf diesem Weg die möglichen Lösungen. Mein Steuerberater durchforstet das Steuerrecht nach allen Erlassen in Bezug auf Kundengeschenke und wendet sie auf meine Situation an. Am Ende treffen wir dann vielleicht gemeinsam die Entscheidung, wie die Angaben beim Finanzamt zu machen sind.

Analyse ist damit der Mechanismus, der uns dazu befähigt, Entscheidungen zu treffen. Geht es um komplizierte Sachgebiete, über die wir nichts oder nur wenig wissen, scheint uns das Thema zu überfordern. Dann nennen wir es gerne komplex. Es ist und bleibt aber kompliziert – und damit bleiben wir für diese Themenstellung in der geordneten Welt, in der eine klare Ursache-Wirkungs-Relation benannt werden kann. In dieser Welt kennen wir uns auch am besten aus und tummeln uns gerne dort. Lernen wir doch von der Einschulung an, dass man Probleme am besten über Analysen löst und dass sich für (fast) alles ein klarer kausaler Zusammenhang formulieren lässt. Schade ist nur, dass wir nicht auch lernen, wie ungeordnet die Welt sein kann und was uns dann zur Lösung führt. Dazu später mehr in diesem Kapitel.

 Analyse ist der Entscheidungsmechanismus in komplizierten Kontexten.

Wenn die komplizierte Welt das Universum der Experten ist, dann hat das natürlich Auswirkungen auf die Führung der Menschen. Zum einen sind ausgewiesene Fachexperten mitunter Diven, die für Höchstleistungen einen gewissen Umgang erwarten. Zum anderen sollte Ihnen als Führungskraft bewusst sein, dass Sie (mit Ihrem Team, Ihrer Abteilung, Ihrer Organisation) leicht in die Expertenfalle geraten können. In Lessons-Learned-Betrachtungen von Projekten, die nicht erfolgreich abgeschlossen wurden, ist die häufigste Diagnose: »Wir hätten mehr / andere / bessere Experten gebraucht.« Wir sind oft der

Überzeugung, dass Expertentum die Antwort auf alle Fragen, Probleme oder Schieflagen ist. Wir glauben an das Expertentum – hätten Sie doch jemanden gefragt, der sich damit auskennt! Schauen Sie in die Gelben Seiten. Wir honorieren tiefes Expertenwissen und hofieren oft die Experten selbst. Je tiefer und detaillierter das Wissen, desto »wichtiger« sind der Experte und seine Meinung.

Haben Sie auch ausgewiesene Fachexperten in Ihrem Team? Gut, dann schauen Sie doch einmal ganz genau hin. Viele Experten erliegen irgendwann sich selbst und ihrer Bedeutung und beginnen andere Meinungen und Sichtweisen auszuschließen. Neue oder fachfremde Kollegen werden nicht gehört beziehungsweise nicht für voll genommen. Haben sie doch aus der Sicht der Experten noch keinen entsprechenden Expertenrang erreicht und damit auch kein Recht, auf Augenhöhe zu diskutieren. Das geht sogar so weit, dass Sachverhalte oder Probleme kurzerhand als »nicht existent« deklariert werden, weil der Experte damit aus seinem Wissenssilo herausgucken müsste. Was der Experte nicht kennt, gibt es nicht.

»Erwarte das Unerwartete« – komplexe Systeme lassen sich nicht vorhersagen

Entscheidungen treffen und Menschen führen sind zu jeder Zeit zentrale Aufgaben im Management, egal ob es kompliziert oder komplex zugeht. Wie aber können wir Erfolg versprechend agieren, wenn wir die geordnete Welt verlassen und uns den komplexen Zusammenhängen widmen? Müssen wir etwa unsere persönliche Managementstrategie anpassen? Ein Beispiel aus der Natur hilft uns da weiter.

Schillernd bunte Schmetterlinge, exotische Vögel, Blumen in allen denkbaren Farbkombinationen. Ein grünes Meer aus Moosen, Farnen und Lianen, riesige Bäume: Wir befinden uns im südostasiatischen Regenwald, dem drittgrößten der Erde. Er ist mit rund 60 Millionen Jahren der älteste Regenwald und seine wesentlichen Waldgebiete liegen in Indonesien, Myanmar und Papua-Neuguinea.

Für uns Europäer ist die Tier- und Pflanzenwelt eine Fundgrube des Exotischen. Dort lebt mit dem Sumatra-Nashorn die wohl gefährdetste Nashornart überhaupt. Aber auch Nebelparder, Nasenaffen und Orang-Utans streifen durch die Waldgebiete, die unter anderem von der Würgefeige, der Rafflesia (der größten Schmarotzerpflanze der Erde) und der fleischfressenden Kannenpflanze besiedelt werden. Die Ureinwohner Borneos sind die Dajak. Sie setzen sich aus verschiedenen Gruppen mit unterschiedlichen Sprachen und Traditionen zusammen, aus vielen Beteiligten also. Die »grobe« Aufgabe des Regenwaldes besteht darin, den Treibhauseffekt gering zu halten. Dazu wird Kohlendioxid in Sauerstoff umgewandelt.

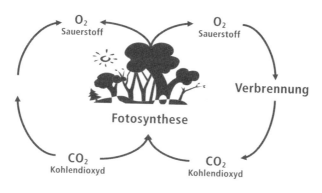

Wirkungen und Rückwirkungen sorgen für Dynamik.

Infolge der Zerstörung der Wälder steigt die Kohlendioxidkonzentration entsprechend an. Die zweite wichtige Aufgabe dieses Ökosystems ist das Speichern und durch Verdunstung wieder Abgeben von Wasser. Ein wesentliches Charakteristikum des Regenwalds sind die Wechselbeziehungen und die symbiotischen Beziehungen der Beteiligten. Diese Beziehungen, die sich über Millionen Jahre gebildet haben, sind ein Schlüsselkennzeichen für dieses Ökosystem. Der Wegfall einer Art kann die Überlebenschancen einer anderen Art dramatisch senken.

Ein gutes Beispiel findet sich in den Regenwäldern Mittel- und Süd-
amerikas in Form des Paranussbaums. Sein Weiterleben hängt von
einem Nagetier ab, das am Boden unterwegs ist – dem Aguti. Kein
anderes Tier hat derart scharfe Zähne und vermag die Samenkerne
der Paranuss zu knacken. Das Aguti frisst dabei nicht nur die Samen, sondern gräbt sie großzügig verteilt ein. So keimen die Samen
und wachsen zur nächsten Generation heran. Für die Bestäubung
der Paranussbäume ist eine weitere Tierart zuständig, die Orchideen-
biene. Ohne ihr Zutun würden die Bäume nicht überleben. Dies ist
ein ebenso einfaches wie klares Beispiel für die existierenden Wechselbeziehungen in den Tropen.

Bei einigen Beziehungen hängt das Überleben beider Beteiligter davon ab. Ameisen sind die Meister im Eingehen solcher Beziehungen.
Neben dem Austausch mit Pflanzen, Pilzen und anderen Insekten ist
ihre Beziehung zu Raupen eine ganz besondere. Eine spezielle Rau-
penart produziert süße chemische Stoffe über eine Rückendrüse, die
den Ameisen als Nahrung dient. Zum Dank beschützen die Ameisen
diese Raupen und gewähren ihnen mitunter auch Quartier im Amei-
senhaufen.

*»Der Versuch, die Zukunft vorauszusagen, gleicht dem Versuch,
nachts auf einer Landstraße ohne Licht zu fahren und dabei aus
dem Rückfenster zu schauen.«*
PETER DRUCKER

Es ist leicht vorstellbar, welchen Einfluss Veränderungen und Störungen auf das System Regenwald haben. Die Wechselwirkungen und
Beziehungen der Elemente müssen sich anpassen, wenn beispielsweise ein Agrarprojekt den Wasserfluss umleitet oder das Klima sich
verändert oder, oder, oder. Dieses komplexe System ist mehr als die
Summe seiner Teile. Die direkte Beziehung von Aguti und Paranuss-
baum kann leicht von einem Experten erläutert und durch ein Ur-
sache-Wirkungs-Gefüge beschrieben werden. Für das Gesamtsystem
Regenwald müssen wir jedoch alle sich ergebenden Wechselwirkungen mitbetrachten. Welche Auswirkungen hätte es, wenn der Aguti
aufhört, die Samen zu verteilen? Was bedeutet die dann veränderte

Vegetation für andere Pflanzen und Tiere? So ist der Einfluss einer Veränderung immer von vielen anderen dynamischen Faktoren bestimmt.

Komplexe Systeme lassen sich erst rückblickend in Ursache-Wirkungs-Relationen beschreiben.

Die meisten Situationen in unseren Organisationen sind komplex. Sie beinhalten Veränderungen und Unvorhersehbares. Das gilt für den Wechsel in der Geschäftsführung genauso wie für die Reorganisation des Vertriebes oder den Launch eines neuen Produktes.

Welche sind nun aber die wesentlichen Merkmale dieser Systeme und Situationen im Vergleich zu komplizierten Systemen? Das Unterscheidungsmerkmal, das am meisten abschreckt und extrem wichtig ist, ist die fehlende Möglichkeit zur Vorhersage. Ein komplexes System lässt sich vorab nicht vollständig beschreiben, weder in seinem Verhalten noch in seinem zukünftigen Zustand. Die Ursache-Wirkungs-Relation lässt sich erst im Rückblick finden und formulieren.

Im Nachhinein lässt sich sagen, ob das neue Produkt am Markt besteht und für Umsatzsteigerung sorgt. Im Nachhinein können wir feststellen, ob die Reorganisation des Vertriebes die gewünschte Wirkung entfaltet. Im Nachhinein wissen wir, welche Effekte der Wechsel in der Geschäftsführung gebracht hat. Auch wenn wir der festen Überzeugung sind, dass sich diese Situationen vorhersagen lassen, bleibt es Illusion – eine Illusion, die wir nur schwer loslassen können. Denn damit ist das Eingeständnis verbunden, dass in komplexen Systemen nicht Analysen zur Entscheidung führen, sondern Experimente.

Experimente? Ja, Sie haben richtig gelesen. In einem Kontext, in dem wir Ursache und Wirkung nicht mehr vorherbestimmen können, müssen wir ausprobieren (➡ Glossar) und experimentieren. Danach können wir betrachten, welche Ergebnisse produziert werden. Danach können wir entscheiden und gewünschte Ergebnisse möglicherweise verstärken beziehungsweise nicht gewünschte abschwächen oder abstellen. Wir sammeln Erfahrung und können diese Erfahrung im nächsten Durchlauf des Experiments einsetzen. Eine Garantie für ein exaktes Ergebnis entsteht dabei aber nicht.

 Wenn wir Ursache und Wirkung nicht mehr vorher-bestimmen können, müssen wir experimentieren.

Schauen wir für einen Moment auf Apple Inc. als ein Unternehmen, das für Erfolg und Innovation steht. Den meisten Menschen kommen sofort Produkte wie iPhone, iPad, iPod oder MacBook in den Sinn, allesamt Produkte, die sich überaus erfolgreich am Markt behaupten. Natürlich sind sie Teil eines Gesamtkonzeptes und Apple folgt einer klaren Produktstrategie. Daneben finden sich im Hause Apple jedoch auch eine Menge Beispiele für wenig erfolgreiche Produktlaunches und -versuche. Das erste Musikhandy von Apple war nicht etwa das iPhone, sondern »The Rokr«. Als es 2005 auf den Markt kam, konnte man damit 100 Lieder über iTunes synchronisieren. Ein Jahr nach dem Produktlaunch stellte Apple seine Bemühungen dazu wieder ein. Um ein gemeinsames Betriebssystem zu entwickeln, kooperierte Apple 1992 mit IBM. Die Firma Taligent (ein Kunstwort aus Talent und Intelligenz) wurde eigens dafür gegründet. Die Idee zündete nicht und das Unternehmen wurde 1995 still und leise wieder aufgelöst.

Dafür versuchte sich Apple in genau diesem Jahr 1995 als Hersteller einer Videospielekonsole. »Pippin« sollte unter Lizenz von Drittanbietern vermarktet werden. Die Konsole floppte. Erinnern Sie sich noch an den Power Mac G4 Cube? Der »technische Olymp des PC-Designs«, so Steve Jobs, sollte der in Würfelform gestaltete PC werden. Im Jahr 2000 vorgestellt, wurde das Produkt 2001 bereits wieder eingestampft. Die Liste mit Experimenten, die für Apple nicht zum gewünschten Erfolg wurden, lässt sich noch um einige Produkte verlängern.

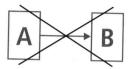

Komplexes ist nicht-linear und nicht vorhersagbar.

Der wesentliche Punkt dahinter: »Produkte erfolgreich am Markt platzieren« ist eine überaus komplexe Herausforderung. Niemand kann ernsthaft den Erfolg oder Misserfolg voraussagen. »Wir haben es doch gleich gewusst«, lässt sich immer erst rückblickend sagen und begründen, denn dann werden die Ursache-Wirkungs-Zusammenhänge deutlich. 100 Lieder auf dem Handy sind für die Benutzer zu wenig – Rokr abgelehnt. Ein würfelförmiger PC, der wesentlich mehr kostet als die sonstigen Modelle, wird von den Kunden nicht angenommen – G4 Cube zu teuer und abgelehnt.

Natürlich betrachten wir Erfolge und Misserfolge, um daraus die nächste Strategie abzuleiten. Oft haben wir damit Erfolg und manchmal eben nicht. Das ist keine Frage der richtigen oder falschen Strategie, sondern bleibt eine wesentliche Eigenschaft komplexer Systeme – hinterher sind wir schlauer. Es als eine reine Strategiefrage zu betrachten würde bedeuten, dass wir die Thematik als vorhersagbar ansehen und somit davon ausgehen, dass Apple mit allen »i-Produkten« für immer erfolgreich sein müsste. Eventuell wird das so sein. Dazu muss Apple zu jedem Zeitpunkt anpassungsfähig und experimentierfreudig bleiben. Denn der Markt und die Kunden sind weder statische Größen noch vorherbestimmbar.

Der Versuch, Komplexes auf die komplizierte Art zu lösen, ist weder ein Erfolgskonzept noch eine Brutstätte für Innovationen und neue Produkte. An diesem Punkt ist das Umdenken für Führungskräfte und Manager am schwierigsten. Die geordnete, vorhersagbare Welt verlassen und das Ausprobieren als Entscheidungswerkzeug zu betrachten, fällt vielen schwer und passt so gar nicht in die Managementdenke, die sich in den letzten Jahrzehnten etabliert hat.

Der erste wichtige Schritt im Umdenken liegt darin, Komplexität als Komplexität zu akzeptieren, mit allem, was dazugehört.

Kompliziertes und Komplexes managen

Die bisherigen Ausführungen haben deutlich gemacht, dass komplex und kompliziert nicht das Gleiche sind, sondern aus zwei verschiedenen Welten stammen. Das hat natürlich einen wesentlichen Einfluss auf das Treffen von Entscheidungen und die Mitarbeiterführung. Wie also können Sie in diesen beiden Kontexten Ihre Mitarbeiter sinnvoll führen? Zunächst sollte jede Führungskraft und jeder Manager sie unterscheiden können.

Kompliziert	Komplex
Ursache $\rightrightarrows$ Wirkung	(Ursache Wirkung)
Analysieren	Ausprobieren
geordnet	*ungeordnet*

Die Folgen der Verwechslung sind gravierend.

Oft stehen Sie in Ihrem Führungsalltag vor komplizierten Aufgaben oder Problemen. Sie werden also managen müssen, welche Experten welche Analysen durchführen. Vermutlich sind Sie nicht für alle Situationen der beste Fachexperte in Ihrem Team oder in Ihrem Unternehmen. Das macht nichts; fragen Sie doch jemanden, der sich damit auskennt. Ihre Experten werden Ihnen alle Möglichkeiten zu Analyse und Studium des Sachverhaltes nennen. Sie definieren die Leitplanken wie Budget, Zeitrahmen und die möglichen Lösungen. Sicher wissen Sie bereits vorab, nach welchen Kriterien Sie aus diesen Lösungen auswählen werden: kostengünstig, schnell, schön, einfach und so weiter. Das ist die Art von Aufgabenlösung, mit der wir vertraut sind, sie enthält nichts Neues oder Besonderes. Gleichzeitig liegt eine Herausforderung in der Führung von Experten. Wie Sie diese Herausforderung meistern, wird im nächsten Kapitel ausführlich erläutert. Hier fokussieren wir unseren Blick auf Führung in komplexen Situationen und Systemen.

»Was uns die außerordentliche Festigkeit des Glaubens an Kausalität gibt, ist nicht die große Gewohnheit des Hintereinanders von Vorgängen, sondern unsere Unfähigkeit, ein Geschehen anders interpretieren zu können als ein Geschehen aus Absichten.«
FRIEDRICH NIETZSCHE

Die meisten Mitarbeiter in Ihrem Team sind Fachexperten, die ihre Themengebiete in der Tiefe und im Detail beherrschen? Das ist natürlich sehr gut, stellt Sie jedoch auch vor eine Herausforderung. Fachexperten haben mitunter Schwierigkeiten in der komplexen Domäne. Sie können nicht gut mit Unsicherheiten und Nicht-Vorhersagbarem umgehen, da sie es gewohnt sind, über Analysen zu arbeiten und immer Klarheit zu haben. Fachexperten mit wenig Talent zum Allrounder werden Sie überfordern, wenn Sie sie damit konfrontieren, dass ab sofort Entscheidungen über das Experimentieren gefunden werden. Zu einem komplexen Umfeld gehört immer auch das Finden neuer Lösungen, die vorher nicht bekannt sind.

 Ihre Experten gewinnen Sie dafür, wenn Sie nicht mehr die Frage »Geht das überhaupt?«, sondern nur noch die Frage »Wie geht das?« diskutieren.

Ein anschauliches Beispiel liefert der Film »Apollo 13« in einer Szene, in der Experten unter hohem Zeitdruck eine Verbindung zwischen dem CO_2-Filter und dem Luftreinigungssystem finden müssen. Das eine ist eckig, das andere ist rund. Sogar als Nichtexperte kann ich Ihnen dazu sagen: »Das geht nicht!« Diese Antwort war jedoch nicht zulässig, da das Überleben der Kollegen in der Raumkapsel davon abhing. Also wurden die Experten mit jeder Menge Material, das in einer Raumstation zu finden ist, überschüttet und bekamen den Auftrag, eine Lösung zu finden, und zwar schnell. Am Ende gelang es den Experten, eine Verbindungsmöglichkeit unter Benutzung von Astronautenanzügen und Plastikteilen zu schaffen.

Nicht immer stehen wir in unserem Arbeitsalltag unter einem solchen enormen Druck wie die Experten im Mission Control Center in Apollo 13. Einige Aspekte gilt es jedoch immer zu bedenken, wenn Sie Teams besetzen und Gruppen zusammenstellen. Für die Lösungen komplexer Aufgaben brauchen Sie auch Generalisten, als Gegengewicht zu Ihren Fachexperten. Generalisten sind eben nicht auf der Detailebene der Wissenssilos zu Hause, sie können dafür leichter Zusammenhänge herstellen und achten mehr auf Wechselwirkungen. Und oft genug ist das naive Hinterfragen aufgrund mangelnden Tiefenwissens ein guter Anstoß für neue, innovative Gedanken.

Führung in komplexen Kontexten ist ganz klar nicht mehr vormachen, vorsagen und vordenken. Diesem Führungsanspruch werden Sie nicht genügen können – und das sollen Sie auch gar nicht.

 Führung bedeutet vielmehr das Schaffen der »richtigen« Umgebung und das Bewerten des Systems.

Damit die Umgebung in komplexen Situationen optimal ist, setzen Sie die richtigen Leitplanken und Regeln. Mit einem Set an klaren, transparenten und nachvollziehbaren Regeln ermöglichen Sie die Selbstorganisation Ihres Systems. Das Set sollte eine überschaubare Anzahl einfacher Regeln enthalten. Das Regelwerk sorgt dann für die Selbstregulation. Genauso funktionieren beispielsweise Fisch- oder Vogelschwärme (siehe dazu auch vorheriges Kapitel). Ihre simplen Regeln lauten:

1. Bewege dich in Richtung des Mittelpunkts derjenigen, die du in deinem Umfeld siehst.

2. Bewege dich weg, sobald dir jemand zu nahe kommt.
3. Bewege dich in etwa in dieselbe Richtung wie deine Nachbarn.

Selbstverständlich gibt es kein universell anwendbares Regelwerk für das Managen in komplexen Organisationen. Welche einfachen Regeln Ihr System zum Erfolg steuern, müssen Sie individuell herausfinden und immer wieder anpassen. Kein Regelwerk sollte starr definiert und angewendet werden. Verändert sich der Kontext oder das Team oder eine Bedingung, müssen eventuell auch die für Selbstregulation notwendigen Regeln angepasst werden. Als Führungskraft haben Sie normalerweise einen Spielraum zur Verfügung, der Ihnen von der übergeordneten Organisation zugestanden wird. Nutzen Sie diesen, um die Regeln weitestgehend mit Ihrem Team gemeinsam zu definieren. Geben Sie die Regeln vor, um die Sie nicht herumkommen. Nutzen Sie den Spielraum auch dafür, durch Ausprobieren die zielführenden Muster entstehen zu lassen.

Was Sie beachten sollten:

► In vielen Organisationen tut man sich noch schwer damit, die Begrifflichkeiten der Komplexität zu verwenden. Begriffe wie »ausprobieren«, »Experimente« und »Intransparenz« gehören oft nicht zum kulturellen Vokabular der Organisation.

► Nutzen Sie andere Begriffe, werden Sie der Übersetzer zwischen den Welten.

► Verordnen Sie nicht, sondern laden Sie ein.

► Das gilt für Ihre Mitarbeiter genauso wie für Ihr Management – im Grunde für alle, die mit dem Thema Komplexität noch Berührungsängste haben oder bestimmten Irrtümern unterliegen.

An dieser Stelle werde ich oft gefragt, ob das denn wirklich geht und ob man diesen Ansatz mit jedem Mitarbeiter leben kann. Die Antwort darauf ist: Ja, das geht. Ein gutes Beispiel für Selbstorganisation ist die Unternehmensberatung Vollmer und Scheffczyk in Stuttgart. Die eher kleine Beraterfirma gehört zu wenigen Organisationen, die ein solches Modell bislang in Deutschland nutzen.

Sie stimmen mir sicher zu, wenn ich behaupte, dass das erfolgreiche Führen einer Unternehmensberatung mit dem Fokus auf Maschinenbau eine komplexe Aufgabe ist. Schauen wir uns das Modell der Zusammenarbeit einmal näher an. Die Unternehmensführung hatte festgestellt, dass die gängige Steuerung der Mitarbeiter über ein handelsübliches Bonussystem auf Dauer nur zur individuellen Maximierung der Boni führte. Aus dieser Erkenntnis heraus hatte sich das Unternehmen entschlossen, einen ganz neuen Weg zu gehen. Bei Vollmer und Scheffczyk legt jeder Mitarbeiter sein Gehalt selbst fest. Darüber hinaus bestimmt er eigenständig, wann und wie viel Urlaub er nimmt. Die Details sind für alle anderen Kollegen transparent und müssen vor ihnen verantwortet werden.

Das führt selbstverständlich und gewollt zu intensivem Diskurs, an dessen Ende ein Gehalt durchaus auch wieder gesenkt werden kann. Jeder kann zu jedem Zeitpunkt in alle Bücher schauen. Die Unternehmenssituation ist somit immer klar und bekannt. Gefördert wird damit auch die Eigenverantwortung jedes einzelnen Mitarbeiters, denn er kann selber nachvollziehen, ob das Unternehmen sich sein Gehalt oder seinen Urlaub leisten kann. Auch in einer solchen Konstruktion gibt es natürlich hin und wieder Menschen, die versuchen, in erster Linie ihren eigenen Vorteil zu ziehen. Sie werden jedoch zeitnah vom »System« ausgeschieden oder gehen freiwillig. Auf Dauer werden hier jedoch Menschen andocken und bleiben, die diese Art der Verantwortung wollen, damit umgehen können und flexibel sind. Natürlich wird sich nicht jeder in diesem Beispiel mit seiner eigenen Situation wiederfinden. Es stellt lediglich einen von vielen möglichen Wegen dar, deshalb werden uns Formen und Ausgestaltung von Organisationen noch ausführlich im Kapitel »Irrtum Nr. 9« beschäftigen.

Eine komplexe Organisation zu managen bedeutet also in erster Linie, Selbstorganisation und -regulation zu forcieren. Die Führungskraft oder der Manager ist die Instanz, die bewertet, und, wenn es sein muss, entsprechend eingreift. Ein Eingriff ist nicht unbedingt nötig, um einzelne Ausreißer einzufangen, es geht in der Regel vielmehr darum, die Gesamtrichtung des Systems zu korrigieren. Sie oder er bewertet, ob sich das System in die richtige, zum Ziel führende Richtung bewegt beziehungsweise ob entsprechende Ergebnisse produziert werden. Der Weg zum Ziel wird nicht mehr vorgegeben. Damit ist auch klar, dass die Mitarbeiter im Team die Wege und Lösungen finden. Sie müssen sich einbringen, sie müssen sich trauen, Ideen zu liefern und etwas auszuprobieren – und sie müssen sich trauen, dabei eventuell zu scheitern.

 Scheitern ist ein notwendiges Mittel, um neue Lösungen zu finden oder Innovationen zu entwickeln.

Dies gilt vor allem am Anfang eines Prozesses, wenn der Erfahrungsschatz einer Organisation oder eines Teams noch gering ist. Wenn Ausprobieren und Experimentieren das Entscheidungsinstrument ist, dann darf es jedoch kein Ausprobieren nach dem Motto »Ein Experiment nach dem anderen, aber ohne Fehler« sein. Das würde ein Zurückfallen in das traditionelle Command & Control bedeuten. Die Bandbreite der Experimente sollte immer so groß sein, dass Fehler (also nicht erwünschte Ergebnisse) produziert werden müssen. Sonst endet das Ausprobieren in einem klassischen Trial and Error, in dem nacheinander Versuche abgearbeitet werden. Das kann Sie zeitlich in die Bredouille bringen, denn ein komplexes System wartet nicht auf Sie. Es entwickelt sich weiter und möglicherweise schneller, als Ihnen lieb ist. All diese Aspekte fordern viel von Führungskräften und Managern. Sie brauchen Mut, sie müssen Unsicherheit aushalten, das Bindeglied zwischen den verschiedenen Welten sein und eine passende Umgebung schaffen. Die wichtigsten Faktoren für eine solche Umgebung sind hier noch einmal zusammengefasst:

► Fehler sind erlaubt.
► Diskurs ist möglich und wird gefördert.
► Vernetzung wird zugelassen.
► Lernen ist möglich und erlaubt.

DIE ERKENNTNISSE IN KURZFORM:

- ► Kompliziert ist nicht das Gleiche wie komplex.
- ► Komplizierte Systeme lassen sich voraussagen. Es gibt mehrere richtige Antworten/Lösungen.
- ► Komplexe Systeme lassen sich erst in der Retrospektive in ihrer Ursache-Wirkungs-Relation beschreiben.
- ► Um komplexe Aufgaben zu lösen, müssen Fehler gemacht werden.
- ► Komplexe Systeme sind selbstorganisiert.
- ► Selbstorganisation braucht klare, einfache Regeln.

Irrtum Nr. 3:
Die Experten werden es
schon richten

W ann haben Sie das letzte Mal eine Arbeitsstelle gesucht und Stellenausschreibungen gelesen? Worauf haben Sie bei den Ausschreibungen zuerst geachtet? Wahrscheinlich auf die Auflistung der geforderten Kompetenzen und Fähigkeiten, richtig? Sie
haben zuerst abgeglichen, ob Ihr Expertenwissen zu dem Gesuchten passt. Denn Experte
sind Sie ja und genau die werden gesucht. Meist findet sich der Begriff schon im Jobtitel, aber spätestens in der Aufzählung »Was Sie mitbringen müssen« wird es deutlich:
Unternehmen suchen Experten mit tiefen Kenntnissen in klar benannten Fachgebieten.

So sucht beispielsweise ein Entwicklungsdienstleister der Automobilindustrie einen
»Experten (m / w) Zahnräder und Wellen«. Zu dessen Aufgaben gehört die Auslegung
von Makro- und Mikrogeometrien von Laufverzahnungen sowie Welle / Nabe-Verbin-
dungen. Als Kompetenzen werden unter anderem ein abgeschlossenes Ingenieurstu-
dium, Expertenwissen über Fahrzeuggetriebe und Serienerfahrung in der Spezifikation
von Zahnrädern und Wellen (Materialauswahl, Wärmebehandlung, Restschmutz) gefordert. Hier wird ein Experte gesucht.

Selbstverständlich finden sich in der Ausschreibung auch die Begriffe Flexibilität,
Einsatzbereitschaft, Belastbarkeit, Präsentation vor Kunden und Teamorientierung.
Aber mal ganz ehrlich, diese sind meist nicht mehr als Platzhalter. Die Experten-
aspekte werden in einem Gespräch dann oft intensiver hinterfragt und ausgeleuchtet.
Da will jeder Arbeitgeber auf Nummer sicher gehen. Im Worst Case ist der Experte
gar kein so lupenreiner Fachmann, das wäre schlimm. Was aber Flexibilität, Einsatzbereitschaft & Co. im Kontext des Unternehmens wirklich bedeuten und ob Sie, als
potenzieller Kandidat, das wirklich mitbringen, wird selten bis gar nicht thematisiert.
Das sind ja auch nur die weichen Faktoren. Was zählt, ist doch die Fachkompetenz,
oder? Daran glauben wir ganz fest und das soll auch so bleiben.

In dem Zusammenhang fallen mir unsere hochrangigen Politiker ein. Wie ist es
denn im Kabinett bezüglich der Passung von Expertise und Minister(in) bestellt? Es
gibt ja durchaus ein paar Ressort-Hopper (bei »normalen« Jobs ist das Jobhopping
übrigens nicht gut gelitten), die so ziemlich alles wegministern, was ihnen angeboten
wird. Schauen wir, als ein Beispiel, auf ein paar Aspekte in der Vita von Frau von der
Leyen. Sie studierte Volkswirtschaft und Medizin. Das erste Ressort, das sie als Bundesministerin verantwortete, war Familie. Danach war von der Leyen Bundesministerin
für Arbeit und Soziales, dann Verteidigungsministerin. Das Ressort Gesundheit war ihr
zwischendurch angeboten worden, sie lehnte jedoch ab. Böse Zungen behaupten, weil
man damit »keinen Blumentopf gewinnen kann«.

Aber zurück zur Frage der Qualifikation. Spätestens bei der Verteidigung fällt mir
nach der reinen Lehre der nachweislichen Fachkenntnis kein Argument für Frau von
der Leyen ein. VWL und Medizin verhalten sich zu Verteidigung wie »Irgendwas« zu

Eimer. Zum Ausgleich haben wir noch einen Juristen, der sich um Ernährung und Landwirtschaft kümmert, einen Gymnasiallehrer, der die Energiewende nebst Wirtschaft vorantreibt, und eine Finanzwirtin, die sich nun um Familie, Senioren, Frauen und Jugend kümmert. Glückwunsch an die Damen und Herren Bundesminister (m/w), im »echten« Leben wären sie in der ersten Bewerbungsphase rausgeflogen. Der Grund: mangelnde Expertise im Fachgebiet.

Vielleicht sollten wir das auch nicht zu eng sehen. Es geht schließlich um Politik, also um wirklich wichtige und weitreichende Entscheidungen und Strategien. Hier geht es nicht um irgendeinen Job in irgendeinem Unternehmen. Da werden Prioritäten gerne mal anders gesetzt. Es ist aber doch schön zu sehen, dass Expertentum nachhaltig zu sein scheint. Einmal Erworbenes hat Bestand, auch wenn sich das Umfeld verändert. So wird nicht nur die Familienpolitik familienfreundlicher, sondern auch die Bundeswehr.

Okay, eventuell haben wir in den letzten Jahren einfach gelernt und akzeptiert, dass Fachkenntnisse nicht alles sind, um einen Job gut zu machen. Wir brauchen nicht nur Experten, sondern auch andere. Wir brauchen Generalisten. Das scheinen auch viele Unternehmen so zu sehen und ändern flugs die Jobtitel der Stellenausschreibungen von »Experte für XY« zu »Generalist XY«.

So suchte kürzlich ein großes IT-Unternehmen einen »Generalist (m/w) für IT-Prozessberatung«. So weit, so gut, würde man den Rest der Anzeige nicht lesen. Im Fließtext wird deutlich, dass der Kandidat/die Kandidatin eine eierlegende Wollmilchsau sein sollte. Die Aufgaben gehen von der Vertriebsunterstützung über die Durchführung von Qualifizierungsworkshops und das Steuern komplexer Projekte bis zur Portfoliogestaltung. Selbstverständlich werden Kenntnisse in den gängigen IT-Themen vorausgesetzt, genauso wie ein Studium (oder eine vergleichbare Ausbildung) und mindestens fünf Jahre Berufserfahrung.

Und dann kommt die Aufzählung der Kompetenzen. Wenn Sie glauben, dass dort eben keine Tiefenkenntnisse mehr gefordert sind, liegen Sie leider falsch. Dieser Generalist muss auch noch über Expertise in diversen Methoden und Tools verfügen. Generalistentum? Weit gefehlt. Auch hier wird weiterhin nach einem Experten gesucht. Genauer gesagt nach einem Experten 2.0, mit jeder Menge Fähigkeiten für Querschnittaufgaben.

Das wird schwierig, denn erstens wollen Experten gerne (und gerne ausschließlich) in ihrem Themengebiet arbeiten und eine klare Rolle einnehmen; zweitens ist ein Generalist ein Generalist und kein getunter Experte; und drittens schreckt das Wort Generalist sicher einige Kandidaten ab. In einer Gesellschaft, die so fest an Expertentum glaubt (außer in der Politik), will niemand ein Nichtexperte sein.

Machen wir uns doch nichts vor – wie werden Stellen besetzt? Aufgrund nachgewiesener (also auf einem Stück Papier aufgedruckter) Expertise. Die erste Auswahlrunde wird oft von Praktikanten abgewickelt, denn eine Liste mit geforderten Fachkenntnissen und einen tabellarischen Lebenslauf abgleichen kann jeder. Nur wenn die Expertise stimmt, kann jemand eine Rolle ausfüllen, denken wir. Nur wenn die Expertise stimmt, kann es gute Ergebnisse geben, glauben wir. Können wir also nur erfolgreich sein, wenn wir die richtigen Experten haben? Wir haben offensichtlich noch nicht verstanden.

Sind wir nicht alle ein bisschen Experte?

Was für ein Experte sind Sie eigentlich? Ich vermute, zu dieser Frage fällt Ihnen mindestens eine Antwort ein. Wir alle sind, spätestens im Laufe unseres Arbeitslebens, zu Experten geworden. Wir alle haben uns spezialisiert. Wenn Sie ein Gymnasium besucht haben, begann in der Oberstufe, mit der Wahl der Leistungskurse, die Spezialisierung (mag sie auch in diesem Fall nicht immer ganz freiwillig gewesen sein). Ihre Ausbildung und Ihr Studium haben Sie weiterentwickelt – zu einem Experten für Betriebswirtschaft, Jura, Informatik, Medizin, Kraftfahrzeuge, Elektronik und dergleichen.

In all dieser Zeit wurde Ihnen, vor allem von den Medien, vermittelt, dass es immer Experten sind, die zurate gezogen werden. Experten dürfen in Reportagen, Artikeln und Talkshows ihre Statements abgeben. Sie lösen Probleme, auch die komplizierten. Sie bestechen durch ihre Analysefähigkeit und ihr Tiefenwissen. Expertentum ist also wichtig für den Karriereweg, denken Sie. Nach Ende des Studiums, in dem Sie sich innerhalb Ihres Fachgebietes bereits spezialisiert haben, suchen Sie nach dem passenden Job. In den Ausschreibungen wird ausnahmslos nach Experten gesucht. Da Sie sich längst als Experte fühlen, steigen Sie in eine hoch spezialisierte Rolle ein und werden für die Erfüllung Ihrer Aufgaben meist noch weiter qualifiziert. Jetzt ist Ihre Expertenlaufbahn skizziert. So werden Sie all das bekommen, wonach Sie trachten – Anerkennung, Karriere, Geld und Einfluss.

Wir glauben fest daran, dass nur Experten in ihren Jobs gute Ergebnisse erzielen. Es braucht tiefes Wissen, um Probleme zu lösen und neue Ideen zu generieren, das denken wir seit Jahrzehnten. Mit diesem Glauben wachsen wir auf, so werden wir erzogen und ausgebildet. In dem Maße, in dem unsere Welt komplizierter und spezialisierter wurde, haben auch wir Menschen uns fokussiert.

Das ist auch gut so. Wenn Sie körperliche Beschwerden haben, gehen Sie wahrscheinlich so schnell wie möglich zum passenden Facharzt, statt sich mit einem Allgemeinmediziner zu begnügen. Wohin bringen Sie Ihr Auto, wenn es irgendwo raschelt und rumpelt? Sehr wahrscheinlich zum Händler Ihres Vertrauens oder einer nachweislich für das Fabrikat zertifizierten Stelle. Das Gleiche gilt im sportlichen Bereich. Wir suchen uns Trainer, die für genau unsere Sportart spezialisiert sind. Wir lesen Fachbücher von ausgewiesenen Experten. Wir würden nie auf die Idee kommen, ein Buch über HR-Strategien beispielsweise von einem »Fachfremden« zu lesen. Wir vertrauen nur dem Experten, und das gilt auch für uns selbst.

Experten haben schließlich ein tiefes Fachwissen und sie verfügen über das nötige Verständnis für das jeweilige Thema. Sie sind gute Analytiker und kennen die verschiedenen Lösungsmöglichkeiten. Sie schöpfen aus langjähriger Erfahrung mit genau diesem Problem in genau diesem Themenbereich. Das gibt uns Sicherheit und das Vertrauen darauf, dass alles gut wird. Ja, das sind die Vorteile des Expertentums. Gleichzeitig ist es auch die Basis für einen großen Irrtum: Nur Experten lösen die komplexen Probleme unserer Zeit.

»Lass dir von keinem Fachmann imponieren, der dir erzählt: ›Lieber Freund, das mach ich schon seit 20 Jahren so!‹ Man kann eine Sache auch 20 Jahre lang falsch machen.«
KURT TUCHOLSKY

Für Experten ist die Welt immer kompliziert

Die Domäne, in der Experten sich zu Hause fühlen, ist »kompliziert«. Sie lösen Aufgaben und Probleme, indem sie sie analysieren. »Wenn – dann« ist dabei die Vorlage für ihre Gedanken. Die gestellte Aufgabe darf durchaus kompliziert sein und der Experte kann gut mit vielen Wenns und Danns umgehen und um die Ecke denken. Der Punkt dabei ist: Experten haben es gerne linear und vorhersehbar, also kompliziert. Die Differenzierung von kompliziert und komplex haben Sie bereits kennengelernt, weshalb hier nur auf die wesentlichen Aspekte verwiesen wird.

Komplizierte Sachverhalte

- ▶ besitzen einen klaren Ursache-Wirkungs-Zusammenhang,
- ▶ sind vorhersagbar,
- ▶ können mehrere richtige Lösungen besitzen,
- ▶ lassen sich durch Analyse zur Entscheidung bringen,
- ▶ brauchen Expertenwissen.

Unsere erlernte und antrainierte Art zu denken und Probleme zu lösen eignet sich wunderbar für komplizierte Aufgaben. Wenn die Aufgabe sich dann auch noch auf unser Spezialgebiet bezieht, können wir all das erworbene Fachwissen und unsere Erfahrungen einbringen. Als echte Experten bewegen wir uns auf sicherem Terrain. Genau hier liegt die Krux. Der Experte ist so sehr gewohnt, diesem einen Denkmuster zu folgen, dass es vollautomatisiert ist und somit ignoriert, ob es sich um ein kompliziertes, komplexes oder eventuell einfaches Problem handelt. Komplexe Sachverhalte aber lassen sich nicht vorhersagen, ihre Ursache-Wirkungs-Relation wird erst im Rückblick klar. Damit ist die Analyse nicht mehr das passende Entscheidungsinstrument.

Innerhalb ihres Fachgebietes bekommen Spezialisten von uns in der Regel einen Vertrauensvorschuss. Wir glauben an ihre Kompetenz, ihr Fachwissen und ihre Vertrauenswürdigkeit. Dieser Glaube gibt uns Sicherheit und entlastet uns. Wenn der Kollege Meier, der ja Experte für Marketing ist, genau analysiert hat, wie wir neue Kunden gewinnen, dann geben wir ihm (zumindest im Kopf) auch gleich die volle Verantwortung dafür. Wenn es dann nicht klappt, sind wir fein raus. Gleichzeitig befriedigen Experten unseren Wunsch nach Einfachheit. Sie erklären uns, wie die Welt tickt und wie welche Probleme zu lösen sind. Das klingt alles sehr plausibel und die Analyse überzeugt uns. So wissen wir vermeintlich, woran wir uns orientieren können. Oft halten wir Experten für unfehlbar, aber genau an dem Punkt sollten wir vorsichtig sein.

Auch Experten irren sich

Die meisten von uns glauben tatsächlich, dass Experten sich in ihrem Fachgebiet so gut auskennen, dass ihre Prognosen und Analysen immer ins Schwarze treffen. Jede Menge Beispiele widerlegen diese Annahme jedoch:

► *»In zwei Jahren wird das Spam-Problem gelöst sein.«*
BILL GATES, 2004

► *»Nächstes Weihnachten wird der iPod tot, am Ende, weg, kaputt sein.«*
ALAN SUGAR, BRITISCHER GESCHÄFTSMANN & MULTIMILLIONÄR, 2005

► *»E-Mail ist ein Produkt, das sich einfach nicht verkaufen lässt.«*
IAN SHARP, SHARP-GESELLSCHAFTER, 1979

► *»Der Fernseher wird sich auf dem Markt nicht durchsetzen. Die Menschen werden sehr bald müde sein, jeden Abend auf eine Sperrholzkiste zu starren.«*
DARRYL F. ZANUCK, CHEF DER FILMGESELLSCHAFT 20TH CENTURY FOX, 1946

► *»Das Pferd wird es immer geben, Automobile hingegen sind lediglich eine vorübergehende Modeerscheinung.«*
DER PRÄSIDENT DER MICHIGAN SAVINGS BANK, 1903

»Das sind ein paar wenige Ausrutscher«, denken Sie? Nein, das sind einfach populäre Beispiele für die Expertenfalle. Die so wichtige und anerkannte Spezialisierung hat ihren Preis, und wir zahlen ihn, indem wir in diverse Denkfallen laufen:

1. Selbstüberschätzung

Menschen glauben in der Regel mehr zu wissen, als sie tatsächlich wissen. Sie überschätzen sich und ihre Kenntnisse. Die Fähigkeit zu prognostizieren ist in dem sogenannten Overconfidence-Effekt ebenfalls mit eingeschlossen. Gerade Experten neigen zu starker Selbstüberschätzung und diese führt oft direkt zu allzu positiven Planungen für Projekte und Vorhaben. Arbeiten Sie mit den pessimistischen Szenarien.

2. Kontrollillusion

»Wir haben alles unter Kontrolle«, hört man häufig aus diversen Besprechungsräumen, Büros oder Projektleitstellen. Ist das wirklich so? Haben wir alles unter Kontrolle? Nein, das ist deutlich seltener der Fall, als uns lieb ist. Wir neigen dazu, an unsere Kontrollfähigkeit zu glauben, selbst wenn es objektiv nicht möglich ist. Das gibt uns ein Gefühl von Sicherheit und Selbstregulation, auch wenn das Umfeld chaotisch und unvorhersehbar wird. Machen Sie sich die Dinge bewusst, die Sie wirklich beeinflussen können, und akzeptieren Sie Dinge außerhalb Ihres Einflussbereiches.

3. Hindsight Bias

Als Experten glauben wir, dass unsere Vorhersagen und Prognosen gut sind. Schließlich sind wir vom Fach und bringen viel Erfahrung mit. Das macht uns jedoch mitunter hochnäsig und führt zum sogenannten Rückschaufehler. Nachdem wir das Ergebnis eines Ereignisses kennen, erinnern wir uns falsch an unsere früher gemachte Prognose. Wir verschönern sie unbewusst in Richtung des tatsächlichen Ergebnisses. Dieser Denkfalle zu entgehen ist schwierig. Ein erster Schritt könnte so aussehen: Immer wenn Sie sich bei typischen Aussprüchen wie »Ich habe ja gleich gewusst, dass ...« oder »Das konnte ja nicht klappen« ertappen, halten Sie kurz inne und fragen sich, ob Sie gerade dem Hindsight Bias erlegen sind.

4. Verfügbarkeitsheuristik

Menschen setzen sie häufig unbewusst ein, um Situationen beurteilen zu können, zu denen ihnen eigentlich grundlegende Informationen fehlen. Dabei ist es irrelevant, ob die Informationen wegen Zeitmangel, Desinteresse oder Nicht-Verfügbarkeit unvollständig sind. Das Urteil wird in einer solchen Situation maßgeblich von den Erinnerungen beeinflusst, die für uns noch schnell und leicht zugänglich sind. In der Regel erinnern wir uns an Dinge, die laut, bunt und spektakulär waren. Wir schätzen die Wahrscheinlichkeit, Opfer einer Gewalttat zu werden, höher ein, wenn wir gerade entsprechende Artikel in der Zeitung gelesen haben. Die Wahrscheinlichkeit, an Diabetes zu sterben, unterschätzen wir hingegen häufig. Um aus dieser Denkfalle herauszufinden, brauchen Sie den Diskurs mit »Andersdenkenden«, die ihre Erinnerungen mit in den Ring werfen.

5. *Induktion*

Aus einzelnen Beobachtungen schließen wir auf allgemeine Aussagen, aufgrund von Indizien gelangen wir zu Schlussfolgerungen. Ein Beispiel: Herr Z. ist ITler. Herr Z. arbeitet gerne mit den neuesten Technologien. Daraus folgern wir, dass alle ITler immer nur die neuesten Tools im Sinn haben. Diese Art, zu Bewertungen zu kommen, kann gefährlich werden – wenn wir auch Dinge, die sich mehrfach beobachten ließen, mit einer vermeintlichen Gesetzmäßigkeit versehen, die es gar nicht gibt. Auf der anderen Seite steckt im induktiven Denken eine große Chance – wenn man aus mehreren Beobachtungen eine Regel ableitet und darin ein Muster zu erkennen glaubt. Das ist gerade für das Steuern komplexer Systeme wichtig. Es ist jedoch nur dann nützlich, wenn die erkannten Regeln zunächst als Hypothesen und nicht als Wahrheiten betrachtet werden.

6. *Unfehlbarkeit*

Experten halten sich nicht unbedingt deswegen für unfehlbar, weil sie mit einer zu großen Portion Selbstsicherheit zur Welt gekommen sind. Sie sind der Überzeugung, dass sie unfehlbar sein müssen. Sie sind die Experten auf ihrem Gebiet, werden um Rat gefragt, treffen Entscheidungen oder bereiten sie vor. Dabei dürfen sie bloß keine Fehler machen, glauben sie. Also analysieren sie sorgfältig, überlegen noch einmal, rechnen nach und schätzen

»sicher« ab. Sie sind ihrer Meinung nach so gründlich, dass kein Fehler mehr entstehen kann, sie sind unfehlbar. Geben Sie Ihren Experten vorsichtig zu bedenken, dass sie möglicherweise in eine oder mehrere Denkfallen (nicht nur für Experten) tappen. Experten sind nicht grundsätzlich unfehlbar. Das gilt sowohl für das jeweilige Fachgebiet (in dem sie Wissenslücken haben können) als auch für die Art, wie sie ihre Wahrheit kreieren (und das gilt nicht nur für Experten).

Am Anfang dieses Kapitels hatte ich Ihnen die Frage gestellt, worin Sie Experte sind. Da Sie also ebenfalls zu dieser Gruppe spezialisierter Menschen gehören, sollten Sie Ihre eigene Art zu denken, zu schlussfolgern und zu bewerten reflektieren und gegebenenfalls hinterfragen.

Adaptation versus Exaptation

Viele Experten beschränken sich auf ihr Fachgebiet. Sie bewegen sich bei ihrer Suche nach Lösungen innerhalb ihres Terrains und schauen eher selten über den Tellerrand. Das Silodenken, das in vielen Organisationen weit verbreitet ist, stützt diesen Ansatz. Hinzu kommt das starke Bedürfnis nach Sicherheit und die ist am ehesten gegeben, wenn der Experte in bekannten Themenfeldern denkt und entscheidet. Es handelt sich um eine Spielart der kognitiven Verzerrung, die uns dazu bringt, Sachverhalte auch dann im Kontext der eigenen Expertise zu interpretieren, wenn sie dort gar nicht hingehören.

»Wenn alles, was du hast, ein Hammer ist, werden bald alle Probleme wie Nägel aussehen.«
FREI NACH ABRAHAM MASLOW

Nun stehen wir jedoch vor der Herausforderung, komplexe Aufgaben und Probleme lösen zu müssen. Wir wollen neue Produkte kreieren, Technologien weiterentwickeln, verteilte Organisationen erfolgreich machen und globale Probleme lösen. Nur mit Fachexperten wird das

nicht gelingen. Als Experten neigen wir dazu, in unserem Lösungs-
raum zu verharren. Wir sind gut darin zu adaptieren. Das heißt, dass
Neuerungen und Lösungen auf Basis des Bekannten gemacht werden. Schwarz-weiß gesprochen: Ein ITler wird jede Aufgabe mit IT lösen, ein Organisationsentwickler auf der organisationalen Ebene und
ein Prozessberater durch neue/geänderte Prozesse. Das springt jedoch
zu kurz – vor allem in komplexen Kontexten.

**Es braucht einen holistischen Ansatz, der interdisziplinär
alle Facetten berücksichtigt.**

Adaptation (➡ Glossar) als wesentlicher Ansatz für Weiterentwick-
lungen und Innovationen reicht nicht aus, zumal wesentliche Er-
findungen und Errungenschaften gerade nicht durch zielgerichtete
Forschung durch Experten entstanden sind. Sie sind vielmehr das
Ergebnis von Exaptationen (➡ Glossar). Manche Menschen nennen
es auch Zufall oder Irrtum. Versteht man unter Adaptation die funk-
tionsgebundene Anpassung, so ist Exaptation die zweckentfremdete
Nutzung einer Funktion. Den Menschen stehen immer mehr Informationen zur Verfügung, womit die Wahrscheinlichkeit für zweckentfremdete Nutzungen, vor allem durch interdisziplinäre Ansätze,
steigt. Wer sich nur auf Adaptation verlässt, läuft Gefahr, überholt zu
werden.

Der Teebeutel beispielsweise ist nicht mit Absicht durch das Grübeln
von Verpackungs- oder Teebrühexperten entstanden. Bereits vor dem
Ersten Weltkrieg füllte der amerikanische Teehändler Thomas Sul-
livan seinen Tee in kleinen Seidenbeutelchen ab. Das tat er lediglich
zu Transportzwecken, um Kunden mit Teeproben zu versorgen. Diese
aber vermuteten eine Absicht dahinter und nutzten die Beutel gleich
zum Aufgießen. Sie ersparten sich so das Umfüllen und Abseihen.

Wissen Sie, wie Eis am Stiel entstanden ist? Frank Epperson vergaß,
als er elf Jahre alt war, eines Abends ein Glas Limonade samt Löffel
auf der Veranda. Am nächsten Morgen war die Limonade gefroren,

schmeckte aber immer noch. Das war im Jahr 1905. 18 Jahre später ließ Epperson die Idee patentieren. In den 1940er Jahren arbeitete Percy Spencer an der Entwicklung von Magnetrons zur Erzeugung von Radarwellen. Der Kontext seiner Arbeit war die Nutzbarmachung für amerikanische Kampfflugzeuge. Zu diesem Zeitpunkt war bereits bekannt, dass Magnetrons Wärme erzeugen, es gab jedoch keinen Anwendungsfall dafür. Eines Tages näherte sich der Ingenieur, der einen Schokoriegel in der Hosentasche hatte, einem Magnetron. Die Schokolade schmolz und Spencer kreierte aus diesem Zufall die Idee für die Mikrowelle.

Die Liste ließe sich noch beliebig fortschreiben. Die Aussage dahinter ist folgende: Die besten Lösungen oder neuen Ideen lassen sich nicht immer absichtlich durch Analysen und systematische Weiterentwicklung generieren. Exaptation ist kein strukturierter Prozess, sondern nützliche Koinzidenz. Gerade in komplexen Kontexten brauchen wir einen weiten Blick für die Dinge rechts und links unseres Weges, für die Ergebnisse von Fehlern und Irrtümern und für Ideen außerhalb unserer Expertise. Experten sind wichtig in unseren Organisationen und Projekten, ihr Wissen ist unverzichtbar. Gleichzeitig stellen sie eine besondere Herausforderung für ihre Führungskräfte dar.

Artgerechter Umgang mit Experten

► Experten haben Zeit und Energie in den Aufbau ihres Wissens investiert. Geben Sie Ihnen Zeit und Raum, um das Wissen kundzutun und einzusetzen.

► Experten möchten ihren Status gewahrt wissen. Heizen Sie keine unnötigen Konkurrenzkämpfe an, bei denen ein Experte sein Gesicht verlieren kann.

► Experten möchten Anerkennung – ihrer Expertise und ihrer Person. Geben Sie ihnen genug davon.

► Experten suchen auf Dauer nach höherer Kompliziertheit in ihrem Fachgebiet. Fordern Sie die Expertise Ihrer Fachleute in komplizierteren Aufgaben.

► Experten wollen gefordert werden. Machen Sie es knifflig.

- Experten neigen dazu, Dinge immer als kompliziert anzusehen. Halten Sie das aus und bringen Sie den Experten langsam bei, auch unkompliziert zu denken.

- Experten können komplexe Herausforderungen mitunter weniger gut meistern, die Analyse ist ihr liebstes Instrument. Setzen Sie niemals einen Experten alleine vor eine komplexe Aufgabe.

- Unterstützen Sie Ihre Experten dabei, ihre Wahrnehmung zu hinterfragen und neue Blickweisen und Gedanken zuzulassen.

Wenn Expertentum nicht der alleinige Ansatz für die komplexen Herausforderungen in unseren Organisationen sein kann, was braucht es dann noch? Die Antwort lautet: Generalisten, verschiedene Kompetenzen, Sicht- und Denkweisen. Kurz: Es braucht Diversität (➡ Glossar).

Kognitive Diversität steigern

Kennen Sie die Red Team University? Das sollten Sie, denn es ist ein spannendes Beispiel für die erfolgreiche Umsetzung des Diversitätsgedankens, und das in einem Umfeld, in dem man das nicht vermuten würde – der U.S. Army. Die Erfahrungen, die man im Chaos des Irak-Krieges gemacht hatte, brachten den Verantwortlichen des Militärs eine wesentliche Erkenntnis: Die Armee benötigt weniger Jasager. Diese Erkenntnis kam einer Revolution gleich und stellte das konventionelle Denken über die Art, wie Militär funktioniert, auf den Kopf.

Im Jahr 2004 wird auf dem Armeestützpunkt Fort Leavenworth in Kansas die Red Team University unter der Leitung von Colonel Greg Fontenot gegründet. Ihr Ziel ist es, Soldaten zu Advocati Diaboli auszubilden; sie sollen Befehlshaber in Einsatzgebieten dabei unterstützen, nicht in typische Denkfallen zu tappen. Die Red-Team-Soldaten hinterfragen Entscheidungen mit dem Ziel, den Befehlshabern die zugrundeliegenden Denkmuster bewusst zu machen und sie auf Validität zu prüfen. Dabei stehen Aspekte wie Unfehlbarkeit, starke Vereinfachung, Stereotypisierung und Gruppendenken im Vordergrund.

Wie nicht anders zu erwarten, wurden die ersten Absolventen zunächst misstrauisch beäugt und in den Einsatzgebieten von ihren Kollegen mit Zurückhaltung begrüßt. Das ging so weit, dass einigen Absolventen bei ihrer Ankunft in Bagdad keine Sicherheitsausweise von den amerikanischen Kollegen ausgestellt wurden. Man hatte Sorge, sie würden sich in das Netz der Armee hacken. Den Beginn ihrer beratenden Tätigkeit beschreibt der Programmdirektor Fontenot in etwa so: »Was wir wirklich tun, ist, eine interne Skepsis zu etablieren, und das produziert sofort Antikörper.«

Der Ansatz der Red Teamer ist jedoch niemals hinterhältig und ihr Ziel nicht die Suche nach Schuldigen, im Gegenteil. Sie unterstützen die Befehlshaber bei Bewertungen und Entscheidungen dadurch, dass sie wie ein Spiegel fungieren und die Prozesse verlangsamen. Sie stellen Meinungen, Bewertungen und schnelle Urteile infrage, um bessere Entscheidungen möglich zu machen. Wir alle wissen aus eigener Erfahrung, wie schwer es ist, »in Ruhe« gute Entscheidungen zu treffen, wenn die Situation um uns herum chaotisch und undurchsichtig ist. Stecken wir mittendrin, verengt sich unser Blick und wir greifen auf schnell verfügbares Wissen zurück, also auf bewährte Muster, Vorurteile, Stereotype und Glaubenssätze. Diese Mittel sind in der aktuellen Situation aber nicht notwendigerweise die besten. Die Red-Team-Soldaten helfen dabei, die Sicht wieder zu weiten.

Die Ausbildung in Fort Leavenworth ist hart und intensiv. Während des 18-wöchigen Kurses arbeiten die Teilnehmer jeden Abend rund 220 Seiten Dokumente durch. Sie beschäftigen sich mit westlicher Militärtheorie, Terrorabwehr und Aufstandsbekämpfung. Östliche Philosophie und Fallstudien aus dem Zweiten Weltkrieg gehören ebenso zum Lernstoff wie Verhandlungsstrategien, kreatives Denken und Verhaltensökonomie. Bob Topping, der das Curriculum an der Universität entwickelt hat, sagt: »Wir wollen, dass die Absolventen verstehen, wie eng ihre Sicht auf die Welt ist. Wir sehen sie durch einen Strohhalm.«

Genau diese Sichtweise versuchen die Red Teamer in die Einsatzgebiete zu transportieren. Alle Verantwortlichen sind sich bewusst, dass der Ansatz gegenläufig zur bisher gelebten Militärkultur ist. Der Grad, auf dem die Red Teamer in ihrer Arbeit wandern, ist schmal. Sie sollen die Befehlshaber beim Treffen guter Entscheidungen unterstützen, dürfen dabei aber den Befehlenden selbst nicht infrage stellen. Das könnte fatale Folgen für dessen Glaubwürdigkeit und Durchsetzungskraft haben. Insistieren sie zu vehement, besteht die Gefahr, dass gar keine Entscheidungen getroffen werden und die Organisation zum Stillstand kommt. Damit das nicht passiert, müssen auch die Red Teamer regelmäßig ihre eigenen Sicht- und Denkweisen reflektieren und hinterfragen.

Nach wie vor ist die Red Team University dabei, ihren Ansatz und ihre Arbeit unter Beweis zu stellen. Vorbehalte gibt es auch nach zehn Jahren noch und wird es wohl auch weiterhin geben. Der Ansatz ist, auch für nichtmilitärische Organisationen, deshalb so spannend, weil er für kognitive Diversität sorgt. Er sorgt für Vielfalt in den Denk- und Sichtweisen.

Sechs gute Gründe, warum jede Organisation ihr Red Team haben sollte:

1. Red Teamer helfen Ihnen, gute Entscheidungen zu treffen, indem sie die komplexen Situationen aus verschiedenen Perspektiven betrachten.

2. Red Teamer bieten Tools und Methoden, um die eigene Wahrnehmung und Bewertung zu hinterfragen. Außerdem besitzen sie entsprechendes Hintergrundwissen über theoretische Modelle aus verschiedenen Disziplinen.

3. Red Teamer unterstützen Sie bei der Entwicklung von Alternativen. Das können Planungen, Vorhaben, Konzepte, Prozesse oder auch die Organisationen sein.

4. Red Teamer fördern kritisches und kreatives Denken.

5. Red Teamer bringen herausragende analytische Fähigkeiten sowohl auf der taktischen als auch auf der strategischen Ebene ein.

6. Red Teamer machen verkrustete Strukturen und Verhaltensweisen bewusst.

Kognitive Vielfalt erhöht die Anzahl der Denkweisen und gleichzeitig die Menge an Handlungsoptionen. Wird Vielfalt in einem Team zugelassen, so entsteht Varietät. Genau die ist notwendig, wenn es um das erfolgreiche Managen komplexer Aufgaben geht. In einem komplexen System versteht sich Varietät als die Anzahl der Wechselwirkungen und damit als Grad der Komplexität. Eine der zentralen Erkenntnisse der Kybernetik ist das Gesetz der Varietät. William Ross Ashby beschreibt darin, dass ein System, welches ein anderes System steuert, umso mehr Störungen ausgleichen kann, je größer seine eigene Varietät ist. Das leuchtet ein. Und wie sieht es in den Organisationen heute tatsächlich aus? Schauen wir dazu erst einmal auf ein prominentes Beispiel aus der Vergangenheit.

Kapitän James Cook stach am 26. August 1768 mit der Endeavour in See – das Ziel: die Südsee. An Bord des Schiffes gab es eine 94 Mann starke Crew, die sehr divers war: 62 Engländer, sieben Iren, neun Schotten, fünf Walliser, zwei Afrikaner, drei Amerikaner, zwei Brasilianer, ein Finne, ein Schwede, ein Italiener und ein Tahitianer. Acht von ihnen waren Offiziere und 77 Seeleute. Auch neun Wissenschaftler gehörten der Crew an. Insgesamt brachten die verschiedenen Menschen ebenso viele unterschiedliche Auffassungen bezüglich Religion und Politik mit.

Unterschiedlichkeit, andere Sichtweisen und Meinungen gibt es in jedem Team, immer. Eine sehr häufige Form, mit dieser Diversität umzugehen, ist das Verschweigen. Das geschieht nicht etwa mit böser Absicht; es ist vielmehr dem Bedürfnis nach Harmonie geschuldet und dem Wunsch, schnell das Ziel zu erreichen. Der Schuss geht allerdings nach hinten los, denn die nicht thematisierten Unterschiede bilden ein enormes Konfliktpotenzial. Dinge, die nicht offen besprochen werden, sind trotzdem da. Werden sie nicht dort geklärt, wo es sinnvoll ist (z. B. in Besprechungen, Meetings), dann kommen sie an anderer Stelle hoch.

So entstehen kleine Grüppchen Gleichgesinnter, es gibt die ersten Lästereien in der Mittagspause oder Getuschel in der Teeküche. Oft führt der fehlende Meinungsaustausch (und damit auch das mangelnde Verständnis für Andersdenkende) auf Dauer dazu, dass die Menschen anfangen zu taktieren und Informationen sehr dosiert und pointiert zu vergeben. Die Intransparenz, die komplexe Situationen sowieso mitbringen, wird durch das Vorenthalten von Information noch verstärkt.

»Nur im Widerstreit gegensätzlicher Meinungen
wird die Wahrheit entdeckt.«
HELVETIUS

Aber wie soll es dann gehen? Muss man nur alle Meinungen und Denkweisen offenlegen und alles wird leichter? Leider ist es nicht so einfach. Zunächst braucht es einen offenen und wertschätzenden Umgang miteinander, in dem jeder Einzelne lernt, die Diversität des Teams auszuhalten und dann zu schätzen. Natürlich ergibt sich Konfliktpotenzial auch durch das Thematisieren der Unterschiedlichkeiten. Die Verschiedenartigkeit ist keine andere, ob nun angesprochen oder nicht. Der wesentliche Punkt hier ist, dass nur in einem offenen Umgang mit der Diversität alle Beteiligten lernen können. Die Nutzung der zusätzlich entstehenden Ressourcen und die Entwicklung (sowohl des Einzelnen als auch des Teams) sind nur im Diskurs möglich. Die Basis dafür ist Vertrauen. Um eine gute Grundlage für gelebte Vielfalt zu schaffen, sollten Sie die folgenden Aspekte mit Ihrem Team verabreden und etablieren:

▶ *Offenheit:*
  – Lust auf fremde Denkweisen und Erfahrungen
  – Bereitschaft, die Meinungen der anderen zu hören
  – Der Wille, andere ernst zu nehmen
▶ *Einladung:*
  – Neue Kollegen willkommen heißen
  – Der Wunsch, die Sichtweisen der neuen Kollegen zu erfahren
▶ *Wertschätzung:*
  – Ausrichtung auf grundlegende gemeinsame Werte
  – Respekt und Toleranz für andere Menschen

- *Verständnis:*
  - Reflexion des eigenen Denkens und Handelns
- *Selbstwahrnehmung*
  - Bewusstsein für die Unterschiedlichkeit
- *Kommunikation:*
  - Bewusstsein für die verwendeten Sprachmuster (Begriffe, Phrasen et cetera) im Team
- *Individualität statt Anpassung:*
  - Gruppendenken vermeiden
- *Diskurs ist willkommen:*
  - Lust auf Auseinandersetzung im Team

DIE ERKENNTNISSE IN KURZFORM:

- Wir werden zu Experten erzogen und ausgebildet.
- Kompliziert ist die Domäne der Experten.
- Komplizierte Probleme sind linear und lassen sich durch Analysen lösen.
- Komplexe Aufgaben brauchen verschiedene Meinungen, Sichtweisen und Ideen.
- Gelebte Diversität braucht Vertrauen und Offenheit.

Irrtum Nr. 4:
Wir dürfen keine Fehler machen

Kennen Sie Malu Dreyer? Wenn nicht, stelle ich Ihnen die Dame gerne vor. Sie ist die erste Frau, die Rheinland-Pfalz als Ministerpräsidentin regiert. Das tut sie als Nachfolgerin von Kurt Beck seit 2013. Die Juristin Dreyer war davor einige Jahre im Kabinett von Kurt Beck als Ministerin für Arbeit, Soziales und Familie aktiv. Im Herbst 2013 wurde Malu Dreyer schlagartig öffentlicher, als ihr lieb gewesen sein dürfte. Ihr Name stand in den gewichtigen Zeitungen und Zeitschriften wie »Die Welt«, »Der Spiegel« und natürlich in der »Bild Zeitung«.

Was war geschehen? Frau Dreyer hatte einen Brief an die Bundeskanzlerin geschrieben. Am 6. September 2013 bat sie Frau Merkel darin um ein Spitzengespräch von Bund und Ländern bezüglich der NSA-Affäre. Um den Inhalt des Briefes ging es aber keineswegs, sondern um die Schreibfehler darin. Sie glauben gerade, Sie lesen nicht richtig? Doch, doch, Frau Dreyer hat Rechtschreib- und Grammatikfehler in einem Brief an die Kanzlerin gemacht. Die »Bild« kommt auf sechs Fehler in sechs Sätzen. Spiegel Online zählt acht Fehler.

Wie auch immer, der Skandal ist groß. So groß, dass »Die Welt« eine Kopie des Briefes abdruckt, die Fehler rot markiert und im feinsten Oberlehrermodus am Seitenrand anmerkt. Dann wird ein riesiger Kübel Häme, Inkompetenzvermutung und Schuld über Frau Dreyer ausgekippt. Ihre Mitarbeiter werden selbstverständlich gleich für »mitschuldig« befunden. Die Presse stellt viele Fragen: Wer zeichnet denn solche Briefe ab? Wie kann das geschehen? Wer ist schuld? Wie peinlich ist das denn? Da frage ich mich: Puh, geht's denn auch eine Nummer kleiner?

Natürlich sollten Briefe, egal an wen sie adressiert sind, korrekt sein. Das wäre schön. Aber mal ehrlich, dieser Vorfall spiegelt doch eigentlich nur haarklein wider, wie wir zum Thema »Fehler machen« stehen. Fehler sind nicht erlaubt, nicht in Briefen, nicht in Handlungen, nicht in Aussagen, nicht in Entscheidungen. Entdecken wir Fehler bei anderen Menschen, kommt postwendend das Lehrersyndrom zum Vorschein. Wir zücken den Rotstift und merken an – »falsch!«. Anders kann ich mir den Abdruck des Briefes in der »Welt« nicht erklären. Schließlich lernen wir spätestens in der Schule, dass Fehler unerwünscht sind, dass wir nur richtig sind, wenn wir keine Fehler machen. Das lernen wir gründlich und fürs Leben.

Haben Sie in Ihrer Schulzeit auch einmal eine Arbeit zurückbekommen, in der vor lauter Rot fast nichts anderes mehr zu sehen war? Ich persönlich habe dann nach dem Muster gesucht, das die roten Markierungen ergeben. Wissen Sie auch, wie es sich anfühlt, wenn man vorne an der Tafel einen Fehler macht und dieser für Lachkrämpfe bei den anderen Schülern sorgt? Wahrscheinlich kennen Sie auch diesen besonderen Blick und das tiefe Einatmen Ihrer Eltern, wenn Sie das »nicht so gelungene« Diktat vorlegten – und so weiter ...

»Das ist falsch.« »Das ist nicht richtig.« »Du bist falsch.« »Du bist nicht richtig.« Hallt sie in Ihrem Kopf auch noch nach – die Stimme der Fehlersanktion, die wir aus der Schulzeit kennen? Natürlich ist das lange her. Aber bei den meisten Menschen ist diese innere Haltung – »bloß keinen Fehler machen« – sehr tief verankert und wirkt immer noch. Denn die Schule ist erst der Anfang. In der Ausbildung, an der Universität, im Unternehmen findet im Prinzip noch immer derselbe Umgang mit Fehlern statt. Sie sind nicht erwünscht, nicht erlaubt und sie werden sanktioniert.

Der »klassische« Umgang mit Fehlern, wie wir ihn als Erwachsene pflegen, lässt sich besonders gut in der Politik beobachten. Das gilt für beide Richtungen – Fehler machen und Fehler bei anderen sehen. Zwei Seiten einer Medaille, die viel mit Moral zu tun haben.

Am 18. Februar 2011 tritt Karl-Theodor zu Guttenberg im Verteidigungsministerium vor eine Gruppe ausgewählter Pressevertreter. Der sonst so eloquente CSU-Politiker gibt ein sehr unsicheres Bild ab, als er zu erklären versucht, dass seine Dissertation keine Fälschung sei. An den Stellen, an denen er über Täuschung, Fälschung oder sich selbst spricht, richtet er den Blick weder auf die Kameras noch auf die Journalisten. Er sieht jedes Mal zu Boden.

Sie (die Dissertation) enthalte Fehler, aber nicht er habe einen (oder mehrere) gemacht, so von Guttenbergs Statement. Auch in den diversen Runden im Deutschen Bundestag spricht er es nicht aus: Ich habe einen Fehler gemacht oder: Ich habe etwas falsch gemacht. Stattdessen wechselt er in die unpersönliche »Man-Form«, wenn er über sich spricht, und schafft so Distanz zum Gesagten. Er kämpft so sehr darum, keine Fehler einzugestehen, und hinterlässt dabei den Eindruck, er würde sich schämen. »Der soll sich ja auch was schämen«, entrüsten wir, die Zuschauer, uns derweil.

Fast kann er einem leidtun. Eigentlich aber möchte ich ihm zurufen: »Jetzt red' doch mal Tacheles, das ist ja nicht auszuhalten!« Fehler zugeben hieße jedoch den Tatbestand des Betrugs einzuräumen. Da bleibt zu Guttenberg lieber bei der Darstellung, er habe weder bewusst noch vorsätzlich Fehler gemacht. Am Ende tritt er zurück, begleitet von viel Häme und erhobenen Zeigefingern. Wir empören uns: »Das geht doch nicht. So ein Schnösel. Andere arbeiten hart und so ein Adeliger ...« Auch die damalige Forschungsministerin Annette Schavan schämt sich »nicht nur heimlich« für den Verteidigungsminister. Zwei Jahre später muss sie sich mit denselben Vorwürfen in Bezug auf ihre Doktorarbeit auseinandersetzen.

Solche und ähnliche Szenen hat es vor Herrn zu Guttenberg und nach ihm immer wieder gegeben. Es gab sie in all den politischen Affären, mit wechselnden Hauptdarstellern. Was lernen wir daraus? Beim Fehlermachen: zunächst Empörung äußern, leugnen, wenn möglich ablenken, umlenken, erst dann Fehler zugeben und Sanktionen hinnehmen. In Kurzform: Wenn du Fehler machst, lass dich nicht erwischen, sonst gibt's Ärger! Ergo: Am besten machen wir keine Fehler oder geben sie zumindest nicht zu. Genau das haben wir in der Schule schon gelernt, erleben es fast täglich in Politik und Wirtschaft und handeln dann selber genauso. Wir alle fordern zwar authentische, ehrliche Politiker und Wirtschaftsgrößen, aber wehe, sie sind es tatsächlich!

Warum wir Angst vor Fehlern haben

Ein Fehler ist passiert. Sofort beginnt die Suche nach dem Schuldigen. Die erste Frage lautet meistens: »Wie konnte das nur passieren?« Anschließend fragen wir uns, wie wir zukünftig solche Fehler vermeiden können. Dabei spielt es kaum eine Rolle, worin der Fehler besteht – ob ein Produkt nicht richtig funktioniert, ob ein Kollege eine Information zu spät übermittelt hat, ob ein technisches System eine Störung meldet oder ein Projekt nicht im Zeitplan liegt. Ist der »Fehlermacher« gefunden, wird gleich eine entsprechende Sanktion verhängt. Damit lässt sich vermeintlich die Ordnung wieder herstellen. Alle Beteiligten sind beruhigt. Bis auf den Fehlermacher, der schämt sich in Grund und Boden. Das nächste Mal wird er besser aufpassen, das schwört er sich.

Es ist wie ein Reflex – Naming, Blaming, Shaming. Die Schuld für Fehler, Irrtümer und Abweichungen wird fast ausschließlich Individuen, einem Einzelnen zugeschrieben. Diese Person ist definitiv schuld und soll sich »was schämen«. Für die anderen Beteiligten ist diese Sichtweise nicht nur praktisch, im Sinne von »nicht schuldig«, sondern auch einfach und linear. Es gibt uns eine gewisse Sicherheit, wenn schnell und eindeutig Grund, Ursache und Verursacher benannt werden können. Wir wiegen uns jedoch in falscher Sicherheit, denn an dieser Stelle unterläuft uns selbst ein Fehler – der »Es gibt immer eine Kausalität«-Fehler.

Warum aber entziehen wir uns nicht einfach dem Naming-Blaming-Shaming-Spiel? Wir haben von Kindheit an gelernt, dass Fehlermacher nicht anerkannt werden. Schlimmer noch, wenn wir Fehler machen, werden wir abgelehnt. Fehlermacher werden verstoßen und für ihr Verhalten und Handeln bestraft. Viele Menschen bringen einige Energie auf, um diese Ablehnung nicht (wieder) zu erleben. Sie vermeiden Fehler, wo und wie es nur geht. Eines unserer Grundbedürfnisse ist der Wunsch nach Zugehörigkeit und Anerkennung. Ausgestoßen werden ist die Höchststrafe. Im Arbeitsalltag bedeutet das häufig, dass wir lieber Aufgaben vorschriftsmäßig abarbeiten, als uns der Gefahr des Fehlermachens auszusetzen.

»Ich habe in meiner Karriere 9000 Würfe daneben geworfen. Ich habe fast 300 Spiele verloren. 26 Mal wurde mir der alles entscheidende Wurf anvertraut – und ich habe ihn verfehlt. Ich bin immer wieder gescheitert in meinem Leben. Darum bin ich so erfolgreich.«
MICHAEL JORDAN

Das Zitat von Michael Jordan zeugt von einem hohen Selbstbewusstsein. Ganz sicher besitzt dieser Ausnahmesportler ein starkes Selbstwertgefühl. Er weiß, für welchen Anteil an seinen Erfolgen und Misserfolgen er selbst verantwortlich ist. Ihm ist bewusst, dass er in seinem Expertengebiet immer Fehler machen wird. Schließlich ist er keine Maschine und Basketball ein komplexes Spiel. Den meisten Menschen fällt es leicht, die Sichtweise von Michael Jordan nachzuvollziehen.

Wie aber sehen Sie es, wenn es um die Führung einer Organisation geht? Wenn das Ziel eine bestimmte Marktdurchdringung oder Umsatzgrößenordnung ist? Wenn es darum geht, ein neues Produkt zu entwickeln oder ein Unternehmen neu zu strukturieren? Gilt dann auch der Ansatz »Erfolg durch Scheitern«? Vermutlich denken Sie jetzt: »Das ist doch etwas ganz anderes. Das kann man nicht vergleichen.« Aber Führung und Management sind ebenso komplexe Aufgaben wie das Basketballspielen. Um in komplexen Kontexten Erfolg zu erzielen, müssen Vorgehensweisen, Prozesse, Materialien, Ansprachen et cetera ausprobiert werden. Das wird Fehler (also nicht erwünschte Reaktionen und Ergebnisse) hervorrufen.

Noch haben wir jedoch Angst davor und folgen einem bestimmten Verhaltensmuster. Auf der persönlichen Ebene schützen wir unser

Selbstwertgefühl, indem wir Irrtümer und Fehler einfach nicht machen. Wir schützen es auch, wenn wir Fehler gemacht haben, sie aber nicht eingestehen. Das ist ein weitverbreitetes Phänomen in unseren Organisationen. Scham, das Gefühl, nicht richtig zu sein, und die Sorge vor Sanktionen bringen uns dazu, Fehler lieber zu leugnen als sie einzugestehen. Der Umgang mit Fehlern ist immer ein Teil der Unternehmenskultur und gehört zu den impliziten Regeln, die wir sehr schnell lernen.

Die Kultur des Unternehmens bestimmt den Umgang mit Fehlern

In der Fehlerkultur steckt eine große Ambivalenz. Da gibt es zum einen die Unternehmensleitlinien, in denen Sätze wie »Wir gehen offen und konstruktiv mit Fehlern um« oder »Wir lernen aus unseren Fehlern« zu finden sind. Zum anderen ist da die Realität, in der Fehler sanktioniert und Fehlermacher an den Pranger gestellt werden. Der Umgang mit und die Einstellung zu Fehlern ist bei jedem Menschen von zwei wesentlichen Aspekten geprägt: der Fehlerkultur der Organisation und der individuellen Sozialisierung in Bezug auf das Fehlermachen.

Wie gehen Sie und Ihre Organisation mit Fehlern um – mal ehrlich?

	Ja	Nein
Wir lernen aktiv aus unseren Fehlern.		
Für die Fehler meines Teams übernehme ich die Verantwortung, auch meinen Vorgesetzten gegenüber.		
Bei einem Fehler konzentrieren wir uns auf den entstandenen Schaden.		
Wir beschäftigen uns intensiv mit der Suche nach dem Schuldigen.		
Wir konzentrieren uns auf die zukünftige Vermeidung eines Fehlers.		

	Ja	Nein
Mitarbeiter, die Fehler offen eingestehen, werden anerkannt.		
Ich selber gestehe Fehler ein, statt sie auf andere abzuwälzen.		
Fehler sind ein wichtiges Feedback und dienen somit der Weiterentwicklung.		
Lernen durch Fehlermachen ist besser als Stillstand ohne Fehler.		

Der Glaubenssatz »Wir dürfen keine Fehler machen« ist für das Agieren in komplexen Kontexten nicht nur hinderlich, sondern verhindert ernsthaft den Erfolg. Zur Erinnerung: In komplexen Situationen oder bei komplexen Problemen führt uns die klassische Analyse nicht zur Entscheidung. Die Mittel der Wahl sind Ausprobieren und Experimentieren. In einem System, dessen zukünftiger Zustand nicht vorhersagbar ist, kann ein Manager Impulse setzen, um Verhalten zu provozieren. Das ist Ausprobieren. Das sich zeigende Verhalten wird dann bewertet. Ist dieses Verhalten erwünscht, kann es verstärkt werden. Ist es unerwünscht, können wir entsprechend intervenieren. Das ist Reagieren, also Entscheiden. In vielen Situationen läuft der Entscheidungsprozess bereits so ab, das ist uns nur nicht bewusst.

AUSPROBIEREN

WAHRNEHMEN

REAGIEREN

Experimente statt Analysen führen zu guten Entscheidungen.

Wir müssen Fehler machen, sonst werden wir die Komplexität nicht meistern.

Ein gutes Beispiel für das Ausprobieren als Entscheidungsgrundlage ist die Teamentwicklung. Wird eine Abteilung verändert, initiiert die Führung häufig ein Teamevent. Die Teammitglieder sollen sich besser kennenlernen und es soll ein Wir-Gefühl hergestellt beziehungsweise gestärkt werden. Die möglichen Aktivitäten reichen vom Floßbauen über Kartfahren bis zum Team-Cooking. Erst im Nachhinein lässt sich sagen, ob der Event den gewünschten Einfluss auf das Teamgefüge gehabt hat. A priori ist das nicht möglich. Eine Kausalität zwischen Event und Verhalten beziehungsweise Denken kann niemand vorherbestimmen.

Der Anspruch der Veranstalter sieht aber oft ganz anders aus: »Lieber Moderator / Berater / Coach, unternehmen Sie etwas, damit das Team das und das denkt und tut!« Man unterliegt dem Irrtum, das Denken könne determiniert werden. Ein solches Ergebnis kann jedoch nicht zugesagt oder versprochen werden – zumindest nicht seriös. Verhaltens- und Denkmuster zeigen sich schließlich erst während des Events und im Nachhinein. Passen die Muster zum Anspruch – Glück gehabt. Passen sie nicht, gibt man gerne dem Moderator / Berater die Schuld. Ein unpassender Moderator mit unpassendem Thema bei einem unpassenden Team hat natürlich einen Anteil am Scheitern des Events, aber eben nur einen Teil. An dieser Stelle wäre es sinnvoller, bewusst auf das Blame-Game zu verzichten und mit den sichtbaren Verhaltens- und Kommunikationsmustern im Team zu arbeiten. Geben Sie Impulse, betrachten und bewerten Sie die entstehenden Muster und reagieren Sie entsprechend. Genau darum geht es, wenn Sie Komplexität meistern wollen. Immer wieder kommen Sie dabei an Punkte, an denen die entstehenden Muster unerwünscht sind und an denen sich Fehler zeigen.

Die Veränderungen, Probleme und Herausforderungen, vor denen Sie stehen, sind hochkomplex. Das letzte Quartal war schlecht, es gibt einen Wechsel im Vorstand oder der Wettbewerb überrascht mit einem tollen Produkt. Warum etwas geschehen und genauso abgelaufen ist, können wir erst in der Retrospektive erkennen.

Meister der Komplexität beherrschen die Disziplinen Mut und Geduld.

Als Manager und Führungskraft brauchen Sie daher zwei wichtige Eigenschaften – Mut und Geduld. Sie brauchen Mut, um notwendige Experimente auszuwählen und zu initiieren, und Geduld, um die Musterbildung abzuwarten, bevor Sie entscheiden und reagieren. Der wesentliche Knackpunkt in vielen Organisationen ist, dass die Experimente nach dem Motto »Wir machen nur die, die garantiert zum Erfolg führen« ausgewählt werden dürfen. Damit versuchen Sie eine komplexe Aufgabe linear und ausfallsicher zu lösen – nach dem Fail-safe-Prinzip. Experimente, die eine komplexe Aufgabe lösen sollen, müssen aber vielmehr Safe-fail sein.

Fail-safe oder Safe-fail – eine Frage der Kultur

Jede Organisation liegt auf der Achse »Fehlerkultur« irgendwo zwischen »ausfallsicher« (Fail-safe ➡ Glossar) und »sicher ausfallen« (Safe-fail ➡ Glossar). Es geht um Schadensvermeidung versus Schadensbegrenzung. Organisationen und Systeme, in denen Ausfallsicherheit an vorderster Stelle steht, sind durch Ersatzkomponenten, Redundanzen und doppelte Böden abgesichert. Damit unterstellen wir ihnen eine Unanfälligkeit gegen Fehler und wiegen uns in (vermeintlicher) Sicherheit.

Der Safe-fail-Ansatz geht davon aus, dass Fehler passieren werden und gar nicht zu vermeiden sind. Fehler sind unterstellt und das Augenmerk liegt darauf, trotz der Fehler Zweck, Ziel und Struktur des Systems zu erhalten. Meiner Erfahrung nach geht es den meisten Organisationen darum, möglichst »ausfallsicher« zu sein. Nichts darf schiefgehen und es sollten keine Fehler passieren. Null-Fehler-Toleranz ist das angestrebte Ziel, und zwar unabhängig davon, ob wir über einen standardisierten Produktionsprozess oder über Projektmanagement sprechen. Die Systeme werden so robust, narrensicher und gegen alle Eventualitäten gewappnet aufgesetzt, dass (eigentlich) nichts mehr danebengehen kann. Es wird alles Erdenkliche unternommen, um die Wahrscheinlichkeit von Fehlern, Irrtümern oder Scheitern radikal zu reduzieren. Die Manager verhalten sich so, als liege die Wahrscheinlichkeit bei null Prozent.

Ein gutes Beispiel dafür sind Kernkraftwerke und Flugzeugproduktionen. Jedes AKW hat eine Fail-safe-Sicherung für die Energieversorgung. Bei Stromausfall wird durch eine Hydraulik sichergestellt, dass eine zweite Stromversorgung übernimmt und die Steuerstäbe in den Reaktor einschießen. Das System bleibt sicher. So haben auch die Betreiber des AKW Fukushima gedacht. Nachdem das Erdbeben am 11. März 2011 die Hauptenergieversorgung lahmgelegt hatte, übernahm zunächst das Ausfallsystem. So weit lief alles nach Fail-safe-Plan. Der nachfolgende Tsunami jedoch zwang das Ausfallsystem in die Knie. Die Kühlung fiel aus, der Rest der Geschichte ist bekannt. Selbstverständlich wurde in dem Zusammenhang die Frage laut, warum es keinen dritten Sicherungsmechanismus gegeben habe. Die Antwort: Die Wahrscheinlichkeit, dass ein Erdbeben und ein Tsunami gemeinsam auftreten, sei zu gering.

Da liegt der Denkfehler. Wir denken linear und richten uns nach den Wahrscheinlichkeiten möglicher Fehler, statt zu antizipieren, wie wir verschiedene Zukunftsszenarien meistern können, ohne in eine Katastrophe oder Schieflage zu geraten. Wir stecken viel Zeit und Energie in die Überlegung, was auf dem Weg in die Zukunft alles schiefgehen könnte und welche Reaktionsmöglichkeiten wir haben. Dabei lassen wir außer Acht, dass die Zukunft selbst eine ganz andere sein kann. Wenn es darum geht, Systeme zu gestalten, setzen wir immer noch auf Robustheit und Fehlerunanfälligkeit als wesentliche Eigenschaften. Auf Dauer führt dies aber dazu, dass der Preis für Fehler steigt. Die Folgen und Konsequenzen sind entsprechend schwerwiegend und die Behebung ist aufwendig und teuer.

Gleichzeitig zahlt eine Organisation für diese Fehlerpolitik fortwährend eine Gebühr in Form von Flexibilität und Anpassungsfähigkeit. Die Adaptivität sinkt, denn die Organisation ist maximal auf das Auftreten der naheliegenden Störungen vorbereitet. Bei einem unvorhergesehenen Zwischenfall wird das System empfindlich gestört und gerät womöglich aus der Bahn. Bei einer hohen Adaptivität ist das System darauf eingestellt, dass es immer Störungen und Vorgänge geben wird, die man nicht vorher benennen kann. Es ist hochgradig anpassungsfähig – es passt sich dem an, was es nicht kennt. Diese Anpassungsfähigkeit entsteht vor allem aus der entsprechenden inneren Haltung der Menschen. Erst im zweiten Schritt entstehen daraus Maßnahmen und Vorkehrungen.

 Adaptive Systeme (⇒ Glossar) überleben, »egal was kommt«.

Das Prinzip Safe-fail unterstellt hingegen, dass Fehler und Scheitern immer stattfinden. In einem komplexen Umfeld, in dem es auch um neue Lösungen und Innovationen geht, ist die Suche nach der einen richtigen Lösung reine Zeitverschwendung. Es braucht zu viele lineare Versuche, um eventuell eine gute Lösung zu finden. Erfahrungswissen und eine Ahnung, wie eine Lösung aussehen könnte, sind der Input für das Ausprobieren. Dieser Ansatz wird immer Fehler hervorbringen. Zudem lässt sich ein komplexes System nicht designen oder nach Vorgaben gestalten. Wir können es stimulieren, um Muster zu erzeugen und so die evolutionären Möglichkeiten zu erkennen. Stimulation wiederum geschieht über viele parallele Safe-fail-Experimente, die es ermöglichen, aus verschiedenen Blickwinkeln auf ein Problem oder Thema zu schauen. Diese Experimente sind gekapselt und klein. Die Kosten im Fall ihres Scheiterns halten sich entsprechend in Grenzen und das System gerät nicht ins Wanken. Komplexität erfordert eine höhere Toleranz der Organisation gegenüber Fehlern; nur so gelingt es, anpassungsfähig zu sein.

 Safe-fail bedeutet nicht, Fehlerwahrscheinlichkeiten zu verringern, sondern die Kosten dieser Fehler gering zu halten.

Fehler werden nicht nur hingenommen oder akzeptiert, Fehler (bzw. Konflikte, die zu Fehlern führen) werden kontrolliert forciert. Der kanadische Ökologe Buzz Holling macht in seiner Publikation »Fail-Safe vs. Safe-Fail Catastrophes« (Holling / Jones / Peterman 1975) dieses Prinzip am Ritual einer Bevölkerungsgruppe in Neuguinea deutlich. Dort dient ein Ritual dazu, das System zu regulieren. Die Menschen beziehen ihre Nahrung hauptsächlich aus den umliegenden Wäldern und ihren Gärten. Außerdem ist der Verzehr von Schweinefleisch wichtig, das allerdings nur zu bestimmten zeremoniellen Anlässen gegessen werden darf. Diese Zeremonie findet immer dann statt, wenn die »Betriebstemperatur« in der Bevölkerung einen bestimmten Punkt erreicht hat und Konflikte entstehen. Sie dient dazu, die Götter um Versöhnung zu bitten. Die Schweine werden geschlachtet und gegessen.

Der Hauptgrund für die entstehenden Konflikte ist die hohe Schweinepopulation. Die vielen Schweine beginnen irgendwann die Gärten zu verwüsten, der Ärger unter den Nachbarn ist vorprogrammiert. Nach der festlichen Zeremonie sind die Probleme, wie von Zauberhand, gelöst. Das Ritual dient weniger dazu, die Schweinepopulation unter Kontrolle zu halten; es geht vielmehr darum, die Bevölkerungsgruppe vor unkontrollierter Instabilität durch Konflikte zu bewahren.

»Der Mensch, mit seiner nahezu einzigartigen Fähigkeit, aus den Fehlern anderer zu lernen, ist ebenso einzigartig in seiner festen Weigerung, genau das zu tun.«
DOUGLAS ADAMS

Wäre die Kultur hier fail-safe, so gäbe es vermutlich Richtlinien, in denen die maximale Anzahl an Schweinen pro Haus, Familie oder Dorf geregelt ist. Damit wäre die vermeintliche Sicherheit gegeben, dass die Schweine keine Konflikte unter den Bewohnern hervorrufen könnten. Der Freiheitsgrad jedes Einzelnen und der gesamten Gemeinschaft wäre in Bezug auf die Schweinehaltung entsprechend gering. Vielleicht gäbe es weiterhin eine Zeremonie, die dann aber zu festen Zeitpunkten stattfinden würde und für die es im Grunde keinen konkreten Anlass mehr gäbe. Sie wäre der Versuch, Konflikte auszuschließen und das System »Bevölkerung« zu steuern.

Statt die Wahrscheinlichkeit von Problemen zu minimieren, haben diese Menschen aber eine Methode gefunden, kontrollierte Ausfälle zu generieren. Die verwüsteten Gärten und die daraus entstehenden Konflikte unter den Nachbarn sind das klare Signal, dass das System einer Korrektur bedarf. Also wird die Zeremonie durchgeführt. Sie dezimiert die Anzahl der Schweine und ist die Gelegenheit, Konflikte zu bereinigen. Das System ist nicht überreguliert, sondern selbstorganisiert. Es existieren einige wenige Restriktionen, die für die Regelung im System sorgen. Diese Form der Instabilität, die durch die gestiegene »Betriebstemperatur« deutlich wird, entsteht regelmäßig und erhält die Flexibilität dieser Gesellschaft. Gleichzeitig sorgt sie für die notwendige Bereinigung.

Die Fehlerkultur in Ihrer Organisation bestimmt, wie leicht oder schwer Sie Safe-fail-Experimente aufsetzen und durchführen können. Genau diese brauchen Sie, um komplexe Aufgaben adäquat zu lösen.

 Eine lineare Abarbeitung der mit höchster Wahrscheinlichkeit erfolgreichen Versuche im Sinne des »Trial and Error« braucht zu viel Zeit. Die Lösung komplexer Aufgaben braucht viele Iterationen in kurzen Intervallen.

Wenn Sie keine Fehler produzieren und nie scheitern, schöpfen Sie nicht alle Möglichkeiten aus, über den Kontext zu lernen. Zur Erinnerung: Fehler werden als unerwünschte Ergebnisse (Muster) verstanden. Von dem Punkt eines unerwünschten Ergebnisses müssen wir wieder zurückgehen können, um zu korrigieren.

In der Softwareentwicklung bedeutet das beispielsweise, dass die Methode »Anforderungen benennen – Konzept schreiben – Software entwickeln – testen – Abnahme« als ungeeignet ausscheidet. An deren Ende steht zu oft die Erkenntnis, nicht das entwickelt zu haben, was der Auftraggeber wollte. Die Entwicklung von Software in kleinen Modulen, die über den gesamten Entwicklungsprozess immer wieder mit dem Auftraggeber betrachtet, besprochen und korrigiert werden, ist zielführender. Korrekturen an der Software sind »unterwegs« deutlich einfacher und günstiger. Nicht umsonst erfreut sich das Konzept der agilen Softwareentwicklung in den letzten Jahren großer Beliebtheit. Dazu später mehr.

Grundprinzipien für Safe-fail-Experimente:

1. *Führen Sie kleine, aussagekräftige Experimente durch.*
Experimente dienen dazu, Muster entstehen zu lassen. Dazu braucht es die Betrachtung einer Aufgabe/eines Problems aus verschiedenen Blickwinkeln.

2. *Erwarten und produzieren Sie Fehler.*
Fehler sind ein Feedback in das System und ermöglichen Lernprozesse.

3. *Führen Sie verschiedene Experimente im selben Kontext durch.*
Verschiedene Versuche erzeugen Varietät (Wirk-, Handlungs-, Kommunikationsmöglichkeiten).

4. *Führen Sie ein Experiment in verschiedenen Kontexten durch.*
Ein Experiment erzeugt in einem anderen Zusammenhang möglicherweise völlig andere Ergebnisse.

5. *Definieren Sie klare Bedingungen für Erfolg und Misserfolg eines Experimentes.*
Es braucht klare Entscheidungskriterien, um die zukünftige Ausrichtung zu definieren.

6. *Führen Sie Experimente parallel durch, nicht sequenziell.*
Modulare, gekapselte Experimente sollten gleichzeitig laufen, um zeitliche Verzögerungen zu vermeiden. Erfolglose Experimente werden beendet und weitere zeitgleich angestoßen.

Google – Meister der Safe-fail-Experimente

Kennen Sie den Ortungsdienst Dodgeball? Oder Jaiku? Aber Wave, die Kollaborationsplattform, sagt Ihnen etwas. Nein? Auch nicht Google Catalogs, das Notebook CR48 oder der Mashup Edito? Das macht nichts, denn bei diesen Diensten und Produkten handelt es sich um fehlgeschlagene Experimente. Alle kamen aus dem Hause Google – ein Unternehmen, das für seine Erfolge und (mittlerweile) für seine Unternehmensführung bekannt ist. Hinter diesem Erfolg steckt, neben vielen bemerkenswerten strukturellen Aspekten, die Fähigkeit, Fehler zu machen und daraus zu lernen. Projekte werden beendet, sobald sie als Misserfolg gewertet werden. Scheitern ist also ein wesentlicher Teil des Erfolgskonzeptes. Die Beendigung eines Produkts oder Projekts bedeutet auch Ressourcen wieder freizusetzen – gedankliche, zeitliche, finanzielle.

Google räumte seinen rund 20 000 Mitarbeitern viele Jahre lang freie Zeit für das Experimentieren ein. Während 20 Prozent der Arbeitszeit konnte und sollte jeder »Ingenieur« sein und sich Innovationen ausdenken, bauen und ausprobieren. Auf diese Weise wurden viele mögliche Produkte entworfen. Ideen, die sich im Unternehmen durchsetzten, wurden am Markt getestet. Oft befanden sie sich noch in einem Beta-Stadium und waren entsprechend unfertig. Dass nicht alles, was auf diese Weise erdacht und konzipiert wurde, ein Erfolg werden konnte, versteht sich von selbst. Googles Ansatz: Man wollte eben nicht die Risiken der einzelnen Projekte betrachten und einem klassischen Risikomanagementschema folgen. Die Kosten für Fehlschläge und Scheitern waren für die Strategie ausschlaggebend. So machte das Unternehmen viele modulare, überschaubare Experimente, die einzeln betrachtet keinerlei Risiko für den Gesamterfolg bedeuteten. Ein anderes Beispiel: An der Gestaltung von Twitter haben sich auch aktive User beteiligt. Das berühmte #(Hashtag)-Symbol haben die Benutzer dem Dienst beschert, nicht umgekehrt.

Die Fehlerkultur à la Google lässt sich folgendermaßen zusammenfassen:

- ► Probiere viele Dinge aus.
- ► Gehe davon aus, dass einige fehlschlagen.
- ► Begrenze die Kosten des möglichen Fehlschlages.
- ► Gestehe Fehler und Scheitern frühzeitig ein.

»Wir feiern unsere Fehlschläge.«
ERIC SCHMIDT, EX-CEO GOOGLE

Vom sinnvollen Umgang mit Fehlern

Nun leben wir in einer Leistungsgesellschaft, in der wir an unseren Erfolgen gemessen und für Fehlschläge verurteilt werden. Auch wenn das Konzept des Scheiterns seinen Weg in die Managementliteratur gefunden hat, ist der Anspruch an die eigene Leistung (und das Nicht-Scheitern) nach wie vor sehr hoch. Der Wirtschaftspsychologe Michael Frese hat ausführlich untersucht, wie in verschiedenen Ländern mit Fehlern umgegangen wird. Deutschland schneidet mit seiner Fehlerkultur dabei schlecht ab und liegt auf dem vorletzten Platz von 61.

Die Kultur prägt das Denken und Handeln der Menschen im jeweiligen Land, in der Organisation und im Team. Bedeutet ein anderer Umgang mit Fehlern immer automatisch auch eine Veränderung der Kultur? Ja, langfristig schon. In Diskussionen mit Führungskräften kommt an dieser Stelle oft das Argument, dass Kulturveränderungen langwierig, schwierig und selten erfolgreich seien. Die Erfahrung habe ich mit Ansätzen à la »Wir verändern jetzt mal fix unsere Kultur« auch gemacht. Kulturen entstehen, sie werden nicht gemacht. Sie sind die Summe aller Werte, Normen und Regeln in einem System. Verändern wir also unsere Haltung, Sicht- oder Handlungsweise, so wird sich auf Dauer auch die Kultur wandeln. Es gibt also kein schlagendes Argument gegen einen anderen Umgang mit Fehlern und Irrtümern.

Um in komplexen Situationen und trotz komplexer Probleme erfolgreich zu sein, ist Folgendes zu beachten, zu überdenken und zu tun:

▶ *»Ich ~~bin~~ mache ein(en) Fehler«*
»Ich habe nicht versagt. Ich habe mit Erfolg zehntausend Wege entdeckt, die zu keinem Ergebnis führen«, wird Thomas Alva Edison zitiert. Tun Sie es Edison gleich und betrachten Sie Fehler und Fehlschläge als Lernchancen. Trennen Sie die Bewertung des (unerwünschten) Ergebnisses von Ihrer Person.

- *»Fehler sind Rückkopplungen in das System«*
  Schauen Sie nicht nur rückwärtsgerichtet auf Fehler, um Schuldige auszumachen. Stellen Sie sich die Frage: »Was sagt der Fehler über das Gesamtsystem und was bedeutet er für die Zukunft und unser Handeln?«

- *»Aus Fehlern wird man klug«*
  Schaffen Sie in Ihrer Organisation ein Umfeld, in dem alle aus Fehlern lernen dürfen. Damit Mitarbeiter Fehler zugeben können, braucht es Vertrauen als Basis der Zusammenarbeit. Gehen Sie als Manager und Führungskraft in Vorleistung und geben Sie Vertrauen, statt es nur einzufordern.

- *»Irgendwas ist immer«*
  In einer komplexen dynamischen Umwelt kann es keine hundertprozentige Fehlerlosigkeit geben. Nach dem Motto »Erwarte das Unerwartete« akzeptieren Sie die Unsicherheit und Intransparenz.

- *»Gerade noch mal gut gegangen«*
  Nutzen Sie Beinahe-Fehler als einen Hinweis auf mögliche Schwachstellen im System, statt sie als Bestätigung Ihrer Unverwundbarkeit zu sehen.

- *»Mit dem Ohr an der Wand«*
  Trainieren Sie Ihre Achtsamkeit bezogen auf frühe Signale und Hinweise. Fehler und Turbulenzen kündigen sich an. Seien Sie aufmerksam.

- *»Probieren geht über Studieren«*
  Zur Lösung komplexer Aufgaben nutzen Sie Safe-fail-Experimente. Einige davon müssen scheitern, sonst nutzen Sie den Spielraum nicht voll aus.

- *»Stopp das Spiel«*
  Beenden Sie in Ihrer Organisation das Blame-Game und ermuntern Sie Ihre Mitarbeiter, ihre Fehler öffentlich zu machen. Disku-

tieren Sie Auswirkungen, Konsequenzen und Bedeutung, nicht den Schuldigen.

► *»Lernen durch Wiederholung«*
Darf man einen Fehler nur einmal machen? Nein, man darf (und in manchen Fällen sollte man) einen Fehler mehrfach machen. In einem anderen Kontext ist die Bedeutung möglicherweise eine völlig andere.

► *»Nicht in die Falle tappen«*
Achten Sie darauf, nicht in die Kausalitätsfalle zu geraten und Fehler rein linear zu betrachten. Denken Sie in Wechselwirkungen.

DIE ERKENNTNISSE IN KURZFORM:

► Wollen wir Komplexität meistern, müssen wir Fehler machen.

► Fehler sind wichtige Rückkopplungen.

► Wir brauchen Safe-fail-Experimente statt Fail-safe-Versuche.

► Trial and Error ist linear und dauert zu lange.

► Die Fehlerkultur bestimmt das Denken und Handeln der Mitarbeiter

► Fehlermachen braucht Mut.

► Experimentieren braucht Geduld. Muster entstehen nicht ad hoc.

Irrtum Nr. 5:
Gute Planung
ist alles

W enn jemand eine Reise tut, so kann er was erzählen«, heißt es im Volkslied von Matthias Claudius. Das gilt natürlich auch für die Art der Reiseplanung. Ich persönlich kenne da ein paar ganz spezielle Exemplare! Ein guter Bekannter von mir, nennen wir ihn Konrad, der gerne, oft und viel reist, braucht gefühlt circa achtmal so viel Zeit für die Planung wie für die eigentliche Reise. Dabei mangelt es ihm beim besten Willen nicht an Erfahrung, hat er doch im Laufe der vergangenen Jahrzehnte schon alle Kontinente bereist.

Das Prozedere ist immer das gleiche. Die Reise wird mindestens ein Jahr im Voraus gebucht. Von diesem Zeitpunkt an kauft und studiert Konrad alle wichtigen Reiseführer. Nun weiß er bereits, mit welchen Temperaturen morgens, mittags und abends am Urlaubsort zu rechnen ist und welche Sehenswürdigkeiten auf seine To-see-Liste kommen. Mehrere Wochen vor Abfahrt oder Abflug schreibt er eine Liste mit den Dingen, die in seinen Koffer müssen. Von A wie Anti-Schuppen-Shampoo bis Z wie Zeckenzange finden sich alle möglichen und unmöglichen Dinge auf der immer länger werdenden Liste. Konrad will auf keinen Fall etwas Wichtiges vergessen. Unnötig zu erwähnen, dass er in all seine Jacken und Mäntel ein Namensschild einnähen lässt. Schließlich hängen diese Kleidungsstücke mitunter unbeaufsichtigt in Restaurants und da weiß man nie …

Rückt der Abreisetag näher, checkt Konrad täglich die bereits seit Langem fixierten Taxi-, Bahn- und Flugverbindungen. Schließlich streikt die Deutsche Bahn gelegentlich und Flugzeiten können sich ändern. Gibt es auf der Bahnverbindung Baustellen, rechnet er einen entsprechender Zeitpuffer ein und diskutiert ausführlich mit Mitarbeitern der Bahn-Hotline. Das geht so lange, bis die Bahn »verspricht«, Konrad auf jeden Fall pünktlich zum Flughafen zu bringen. Pünktlich heißt in diesem Fall gute dreieinhalb Stunden vor Abflug. Lieber noch einen Kaffee am Flughafen trinken, als den Flieger verpassen (ist ihm übrigens noch nie passiert). Kürzlich hatte er ein Taxi bestellt, das ihn morgens um 3:30 Uhr zum Bahnhof bringen sollte. Nach dem Hinweis einer Kollegin, die ein einziges Mal (!) auf ein solches Nachttaxi warten musste, rief er die Taxizentrale an und bestellte auf 3 Uhr um. Nur zur Sicherheit.

Sein Gepäck ist bestens verpackt, der Koffer gegen Aufspringen doppelt gesichert und mit einem Wiedererkennungszeichen versehen. Diese Koffer sehen ja heutzutage alle gleich aus. Konrads Gepäck ist nicht zu schwer und wurde vor der Abreise mindestens viermal gewogen, um auch ja im Rahmen der Bestimmungen für Fluggepäck zu bleiben.

Nachdem er es am Schalter aufgegeben hat, kann er bis zum Abflug entspannen. Dann nimmt er seinen Gangplatz ein (er bucht immer am Gang, wegen der Beinfreiheit) und hebt ab. Wenn alles nach Plan läuft, wird Konrad nun einen tollen Urlaub haben. Er weiß, was er an welchem Tag sehen will und wie seine Reise verläuft. Es ist alles durchdacht und geplant.

Und dann passiert das Unvorstellbare: Konrads Gepäck kommt nicht am Urlaubsort an. Es ist verschwunden. Die größtmögliche Katastrophe ist eingetreten. Dabei war doch alles so gut vorbereitet. Wie konnte das geschehen? Was soll er denn jetzt nur tun? Da ist doch alles drin, was er braucht. Wie kommt er jetzt an seinen Koffer? Fragen über Fragen und der Ärger wird immer größer.

Der Urlaub ist hin, Erholung wird er keine finden. Konrad ist so intensiv mit der Tatsache beschäftigt, dass sein Gepäck nicht bei ihm ist, dass es nur ein Ziel für ihn geben kann: alles zu tun, um es zurückzubekommen. Koste es, was es wolle. Zwei Tage, viele Telefonate und Besuche an der Hotelrezeption später werden ihm seine Habseligkeiten nachgeschickt. Alles wieder da. Entspannen kann er trotz allem nicht mehr richtig, denn das hätte nicht passieren dürfen. Er hatte doch alles so gut geplant ...

Planen kommt vor Handeln

Es spielt keine Rolle, ob wir eine Urlaubsreise, das nächste Großprojekt, die Entwicklung einer Software, das kommende Quartal oder den Markteintritt eines neuen Produktes planen. Wichtige, schwierige und komplizierte Dinge möchten wir wohl durchdacht und systematisch geplant wissen. Das gibt uns Sicherheit und erhält die Illusion aufrecht, dass die Ergebnisse und die Zukunft immer vorhersagbar sind.

Verstehen Sie mich bitte nicht falsch, Planung ist grundsätzlich gut. Wir sollten aber differenzieren, wo genau Planung sinnvoll ist und wo dieser Sinn endet. Wir sollten uns bewusst machen, welche Auswirkungen Komplexität auf unsere Planungsfähigkeiten hat. Je undurchsichtiger oder turbulenter die Situation, desto kleinmaschiger planen wir normalerweise. Aber – je undurchsichtiger oder turbulenter die Situation, desto schlechter wird oft unsere Planung. Das ist weder Willkür noch böser Wille, es hat eher mit der Frage zu tun, wie jeder Einzelne mit komplexen Situationen umgeht.

Der Psychologe Dietrich Dörner hat genau dazu viele spannende Versuche durchgeführt, die er unter anderem in seinem Buch »Die Logik des Misslingens« (2011) beschreibt. Ein Experiment greife ich heraus und skizziere es kurz, um wesentliche Facetten im Zusammenhang von Planung und Komplexität zu verdeutlichen. Es geht um eine Computersimulation, in der 48 Teilnehmer als Bürgermeister die Geschicke des fiktiven Ortes Lohhausen steuern dürfen. Über zehn Jahre der Stadtgeschichte konnten sie nahezu diktatorisch schalten und walten. Einschränkungen wie beispielsweise eine Abwahl aus ihrem Amt oder Ähnliches gab es bei diesem Experiment nicht. Die größtmögliche Freiheit und Macht sollte der Nährboden für den Erfolg sein.

> *»Planen ist Handeln auf Probe. Beim Planen tut man nicht, man überlegt, was man tun könnte.«*
> DIETRICH DÖRNER

Zu Lohhausen: Die Stadt hat rund 3700 Einwohner und ihr wirtschaftlicher Fixpunkt ist die örtliche Uhrenfabrik. Die meisten Lohhausener arbeiten dort. Die Infrastruktur entspricht dem Durchschnitt. Für jeden Bürgermeister (Teilnehmer) wurden wesentliche Kenngrößen wie Kapital der Stadt, Arbeitslosenzahl, Produktion der Uhrenfabrik, Zahl der Wohnungssuchenden und Zufriedenheit der Einwohner über den Simulationsverlauf berechnet und verfolgt. Es ging Dörner und seinem Team vor allem darum, die Denk- und Planungsstrategien und die Hypothesenbildung der Teilnehmer zu extrahieren. Dabei zeigten sich wesentliche Unterschiede im Denken und Planen zwischen den sogenannten »guten« Versuchspersonen und den »schlechten«. »Gut« und »schlecht« bezieht sich auf die oben erwähnten Kenngrößen.

»Gute« Bürgermeister ...

- ▶ treffen mehr Entscheidungen.
- ▶ finden mehr Möglichkeiten, um Einfluss zu nehmen.
- ▶ durchdenken ihre Entscheidungen systemisch und betrachten Wirkzusammenhänge.
- ▶ finden mehr Alternativen pro Absicht.

- ▶ prüfen und hinterfragen ihre Hypothesen.
- ▶ erfragen viele Kausalitäten.
- ▶ fokussieren sich in Gesprächen und bei der Entwicklung von Lösungen auf das jeweilige Thema.

»Schlechte« Bürgermeister ...

- ▶ treffen weniger Entscheidungen.
- ▶ betrachten Einzelaspekte und Auswirkungen isoliert.
- ▶ produzieren statt Hypothesen subjektive Wahrheiten ohne weitere Überprüfung.
- ▶ nehmen Ereignisse als gegeben hin.
- ▶ springen in Gesprächen zwischen Themen hin und her.
- ▶ lassen heiße Eisen schnell fallen und lenken auf harmlosere Themen um.

Auf den Aspekt der Planung bezogen lautet das Fazit dieser Untersuchung: Die »Guten« finden die richtigen / wichtigen Betätigungsfelder und bleiben dort am Ball. Die »Schlechten« neigen hingegen zum Verkapselungsverhalten, wie Dörner es nennt. Ein Bürgermeister beispielsweise rechnete die durchschnittliche Wegstrecke eines »normalen« Rentners zu einer Telefonzelle aus, um auf dieser Basis die Standorte für neue Telefonzellen zu bestimmen. Er löste lieber ein Problem, das er lösen konnte, statt sich auf diejenigen zu fokussieren, die er lösen sollte. Außerdem bearbeiten die »Schlechten« gerne schnell und oberflächlich verschiedene Themen, statt die wirklich wichtigen ausreichend zu behandeln. An dieser Stelle sei deutlich gesagt, dass die Zugehörigkeit der Versuchspersonen zu einer der beiden Gruppen keineswegs eine Frage der Intelligenz war. Dafür gab es andere Gründe.

 Unsere Fähigkeit, mit Unbestimmtheit umzugehen, bestimmt, wie »gut« oder »schlecht« unser Planungsverhalten ist.

Unsicherheit führt zu mehr Planung. Mehr Planung führt zu Unsicherheit

Können wir Situationen oder Probleme nicht vollständig erfassen und sind sie für uns undurchsichtig, neigen wir dazu, noch genauer und akribischer zu planen. Alle Möglichkeiten sollen erkannt, alle Störfälle mit einkalkuliert werden. Das führt leider oft dazu, dass die eigene Unsicherheit steigt, denn die Menge an Information und Szenarien nimmt weiter zu. Damit scheint eine Situation noch weniger fassbar zu sein. Auch hier tendieren wir dazu, nach dem Motto »Mehr vom Gleichen« noch detaillierter zu planen und uns so immer weiter in die Komplexitätsfalle zu manövrieren.

In dieser Falle landen wir zunächst, ohne es überhaupt zu bemerken, denn es entsteht eine Art positives Feedback in uns als System. Aus Unsicherheit besorgen wir mehr Informationen, dieses »Mehr« macht uns unsicher, weshalb wir uns zusätzliche Informationen besorgen und so weiter. Diese Rückkopplung sorgt für Aufschaukelung, bis entweder »genug« Informationen zusammengekommen sind oder wir einfach nicht mehr können und deshalb den Kreislauf beenden. Das Ende mündet dann entweder in eine Starre – es wird nichts entschieden, nichts getan, der Plan komplett verworfen, ein Projekt gestoppt. Oder wir verfallen in blinden Aktionismus. Als Folge der Komplexitätsfalle handeln wir überstürzt, deklarieren dies als intuitiv und handeln jedoch im Grunde nur um des Handelns willen. Die Qualität und meist auch alle Beteiligten leiden darunter zuerst.

Wie gehen Sie mit solchen undurchsichtigen Planungssituationen um? Welche »Strategie« verwenden Sie für sich? Eventuell finden Sie Ihre Strategie in der folgenden Auflistung wieder.

Ausweichmanöver für komplexe Planungsvorhaben:

- *Ablenken:* Sind Planung und Entscheidung in komplexen Zusammenhängen schwierig, dann richten Sie Ihre Aufmerksamkeit auf andere (Kollegen, Abteilungen, Lieferanten), die etwas zuliefern sollen, noch tun müssen oder entscheiden möchten. Oder Sie lenken Ihren Fokus auf Themen und Probleme ganz außerhalb Ihres momentanen Entscheidungsraumes.

- *Verkapselung:* Um dem Gefühl von Unsicherheit zu entgehen (zumindest für eine Weile), fokussieren Sie auf ein einzelnes Detail, das Sie gut planen und bearbeiten können. Das vermittelt Ihnen ein Gefühl von Überblick und Sicherheit. Es schützt Sie eine Zeitlang auch davor, Entscheidungen treffen zu müssen und ins Tun zu kommen.

- *Kleinschrittig planen:* Der vermeintliche Überblick soll durch mehr Details und kleinere Planungsschritte entstehen. Das sorgt gefühlt für Sicherheit. So laufen Sie jedoch Gefahr, das Ganze zu vereinfachen, denn Komplexität lässt sich durch Zerlegen nicht linearisieren.

- *Formale Methodik fokussieren:* Auch das ist ein gängiges Ablenkungsmanöver, das vermeintlich für Sicherheit sorgt. Ist man einer bestimmten Methodik gefolgt, muss die Planung doch gut gewesen sein, oder? Es droht ebenfalls die Gefahr, zu stark zu vereinfachen.

- *»Das haben wir schon immer so gemacht«:* Das Zurückgreifen auf ein bewährtes Rezept sieht auf den ersten Blick Erfolg versprechend aus. Auf den zweiten schon weniger, denn alte Rezepte wurden meist in einem anderen Kontext verwendet und passen nun nicht mehr. Die Sicherheit, die Sie hieraus beziehen, ist nur von kurzer Dauer.

Unsicherheit ist also ein wesentlicher Faktor, der uns die Planung von Vorhaben erschweren kann. Das führt oft dazu, dass wir im Endeffekt weder entscheiden noch handeln. Unsicherheit ist jedoch nicht der einzige Grund für gescheiterte Projekte und Unternehmen. Das Planen unter der Prämisse der Komplexität hält noch einige weitere Fallstricke bereit.

Guter Plan – geht trotzdem nicht

Bei den zahlreichen öffentlichen Großprojekten, die von der Presse gerne als Desaster deklariert werden, gab es schon in der Planungsphase oft Unkenrufe, die vorhersagten, dass ein Projekt ordentlich schieflaufen würde. Wie wir heute wissen, steckte viel Wahrheit in diesen Rufen. Schließlich legt die Planung einen wichtigen Grundstein und basiert auf Annahmen, Hypothesen, Zielen und Interessen. Wenn darin viel Diversität steckt, entsteht ein wunderbarer Nährboden für Planungskatastrophen. Dazu ein aktuelles Beispiel.

Als der Jade-Weser-Port im September 2012 eröffnet wurde, glaubte fast niemand mehr an einen Erfolg von Deutschlands einzigem Tiefwasserhafen. Er hat alles, was dazu nötig ist: eine Größe von circa 500 Fußballfeldern, eine eigene Autobahnabfahrt, 16 Gleise für den Bahnverkehr, acht gigantische Containerbrücken und 1,7 Kilometer Hafenkaje. Die Bauherren Bremen und Niedersachsen verfolgten ambitionierte Ziele und versprachen Arbeitsplätze. Der Hafen sollte mit 2,7 Millionen umzuschlagenden Containern den dritten Platz unter den deutschen Überseehäfen belegen. Damit auch die größten Containerschiffe wie die Emma-Maersk-Klasse dort abgefertigt werden können, wurden Sandaufspülungen auf einer Fläche von rund 390 Hektar vorgenommen. Der Jade-Weser-Port entstand als neuer Stadtteil von Wilhelmshaven. 1000 neue Arbeitsplätze prognostizierte man allein für den Hafenbetrieb, 1000 weitere bei Speditionen, in Lagerhaltung und Bahnverkehr. Der strukturschwache Nordwesten sollte durch den Hafen neuen Schwung bekommen. Wilhelmshaven und Umgebung können selber wenig dazu beitragen, da das Ladungsaufkommen dort denkbar gering ist.

Das Fazit nach zwei Jahren Betrieb: ein Milliardengrab mit wenig Aussicht auf Besserung. Es legen rund zwei Schiffe pro Woche am Hafen an. Meist haben sie wenig Ladung dabei, weil sie Wilhelmshaven nur als Zwischenstopp nutzen. Im ersten Jahr wurden weniger als 64 000 Container umgeschlagen. Bereits 2013 gingen fast alle Mitarbeiter des Mitbetreibers Eurogate in Kurzarbeit. Bis Ende 2014 hatte sich das noch nicht verändert. Die Firma Nordfrost klagt mittlerweile gegen den Betreiber, weil sie für zig Millionen investiert hat, um ihr florierendes Geschäft mit Obst und Gemüse zu erweitern. Da kaum Schiffe kommen, sind die Kühlhallen leer und der Umsatz bleibt aus.

Von den bereits für das erste Jahr versprochenen 700 000 Containern ist der Jade-Weser-Port weit entfernt. Ungeachtet dessen ist der weitere Ausbau des Hafens noch immer nicht vom Tisch. Die Politik fordert mehr Liegeplätze und verweist auf die großen Containerschiffe der Triple-E-Klasse. Die Reedereien sehen diesen Bedarf nicht, die Schiffe können auch Hamburg oder Bremerhaven ansteuern. Sogar Maersk, als zweiter Betreiber mit im Boot, sieht keinen Erweiterungsbedarf. Im Gegenteil, sein Hauptgeschäft läuft immer noch über die beiden anderen Häfen im Norden.

Selbstverständlich sind Naturschützer Sturm gelaufen gegen den Bau dieser gigantischen Anlage. Zwei Strände wurden dafür zerstört und die Brutgebiete von seltenen Wattvögeln gefährdet. Die langfristigen Auswirkungen auf die Natur spielen in den Überlegungen der Beteiligten keine Rolle. Die Risse in den Spundwänden, die zwischenzeitlich das Projekt verzögerten, mussten aufwendig repariert werden. Es gibt auch keine (veröffentlichten) Betrachtungen zu den Langzeitauswirkungen des massiven Eingriffs auf die Strömungsverhältnisse im Jadebusen. Längst klar ist jedoch, dass der Tourismus in Wilhelmshaven leidet, weil nun die beiden Strände und ein Teil des Campingplatzes fehlen.

So weit einige Fakten zum Jade-Weser-Port in Kurzform. Bezogen auf die Planung ist vor allem interessant, welche Prognosen und Hypothesen dem Bauprojekt zugrunde lagen. Auf welcher Basis wurde geplant, gebaut und festgehalten? Als das Projekt 1993 initiiert wurde, sah die wirtschaftliche Prognose so aus, dass der Containerverkehr um circa 6 Prozent pro Jahr steigen würde, und das bis 2025. Das war jedoch vor der Wirtschaftskrise. Die Milchmädchenrechnung lautete also: Bedarf ist da, Wilhelmshaven braucht Schwung, Tiefwasserhafen muss her.

All diese Fakten werfen einige Fragen auf. Wurde das Umfeld nicht betrachtet oder wurden die Informationen ausgeblendet, weil sie so gar nicht zur blauäugigen Prognose passten? Auch der Jade-Weser-Port ist keine Insel und ein Blick ins Umfeld förderte viele Aspekte zutage, die man hätte berücksichtigen müssen. Rotterdam plante schon lange eine Hafenerweiterung. Mittlerweile ist sie fertig und übertrifft Wilhelmshaven in der Größe um den Faktor fünf. Bei London war ebenfalls ein neuer Containerhafen geplant. Maersk arbeitet in Hamburg und Bremerhaven unter Vollauslastung. Würde die Reederei ihre Geschäfte nach Wilhelmshaven verlegen, bedeutete das Verluste. Daran hat sich bis dato nichts geändert. Die Elbvertiefung in Hamburg ist aus Sicht der Hamburger unverzichtbar, weil sie für die Region Arbeitsplatzsicherung bedeutet.

Das Fazit der Verantwortlichen: Der Hafen ist leider zur falschen Zeit gestartet, wird aber langfristig gebraucht.

Der Plan – Helferlein oder stählernes Korsett?

Das Beispiel des Jade-Weser-Ports macht mehr als deutlich, worunter die klassische lineare Planung, wie sie sich in fast allen Bau-, IT-, Organisationsentwicklungsprojekten und Unternehmen wiederfindet, leidet. Ein Plan, auf Basis von Prognosen zum Zeitpunkt X erstellt, skizziert eine Zukunft. An diese Zukunft glauben wir, so soll und wird sie aussehen. Uns ist bewusst, dass auf dem Weg dorthin einiges passieren kann. Aus diesem Grund betreiben wir systematisch Risikomanagement und arbeiten durchaus mit Change Requests. Was wir so gut wie nie bedenken: dass die Zukunft eine ganz andere werden kann.

 Einmal im Plan festgeschrieben, steuern wir stur auf dieses eine Zukunftsbild zu.

Am Fazit der Verantwortlichen im Fall Jade-Weser-Port ist gut zu erkennen, dass der Glaube an diese Zukunft auch dann noch aufrechterhalten wird, wenn für jeden seit geraumer Zeit ersichtlich ist, dass die Prognosen nicht gehalten haben. Wir planen auf Basis der »bewiesenen Vergangenheit« und berücksichtigen nicht, dass morgen alles anders aussehen kann als gestern.

Neben einer klaren Skizze über die Zukunft soll jeder gute Plan eindeutig Auskunft geben über die Kosten, die Zeitschiene, die Risiken, die entsprechenden Gegenmaßnahmen (inklusive Erfolgsversprechen) und die Qualität. Für all diese Aspekte verlangen wir belastbare und glasklare Aussagen. Wir wollen schließlich genau wissen, wo wir landen mit unserem Projekt, unserem Unternehmen, unserem Vorhaben. Zweifel, Alternativen, Überraschung und Vielfalt stehen dabei nur im Weg. Wir haben es eben gerne so einfach wie möglich. Kompliziert ist auch noch okay, aber es fällt uns schwer zu akzeptieren, dass komplexe Vorgänge nicht in einem linearen Plan beschrieben und abgearbeitet werden können.

Gerade bei Projekten lässt sich immer wieder beobachten, dass die Beschäftigung mit dem Plan selber überhandnimmt. Die Beteiligten beschäftigen sich mehr mit dem Plan und dem Prozess des Planens als mit der Realität. Da wird in jeder Besprechung der Plan auf den Tisch gelegt und alle hangeln sich an ihm entlang. Der Plan muss passen, vollständig sein und immer aktuell. Der Plan wird zum Selbstzweck. Kommt es dann aber doch zu Überraschungen, Turbulenzen oder unerwarteten Wendungen, fällt es vielen schwer, damit umzugehen. Gerne richten wir dann den Fokus auf das Schiefgelaufene, suchen nach dem Schuldigen und halten währenddessen weiter am Plan fest. Es fällt den Verantwortlichen unsagbar schwer zuzugeben, dass ihre Prognosen nicht zutreffen (oder auch einfach falsch waren), dass sie einen Fehler gemacht haben. Stattdessen weichen sie gerne auf Nebenschauplätze aus und geben die Verantwortung ab. »Der Hafen ist leider zur falschen Zeit gestartet.«

 Ein weiteres Problem dieser »üblichen« Pläne ist ihre Statik. Sie werden bis zum Ende durchgezogen, komme was wolle.

Im Folgenden habe ich die häufigsten Ursachen für Schieflagen und gescheiterte Vorhaben zusammengestellt, die schon in der Planungsphase wurzeln.

Die häufigsten Ursachen für Planungskatastrophen:

- ► Unerwartete Hindernisse (die kein Risikomanagement erfasst hat)
- ► Neben- und Wechselwirkungen
- ► Isolierte Betrachtungsweise
- ► Unvollständige Informationen (im Sinne der Relevanz)
- ► Stolz der Planer und Stakeholder
- ► Fokus auf harte Daten
- ► »Alte« Erfolge als Rezepte und Planungsbasis

Jetzt fragen Sie sich vielleicht, was man mit einem Tiefseehafen anfangen soll, dessen ursprünglich geplante Nutzung nicht funktioniert hat. Erste Ansätze gäbe es da schon. Schließlich finden auf der Hafenanlage Theateraufführungen statt und in einigen Bereichen werden Rotoren für Windkraftanlagen montiert (inklusive An- und Abtransport). Wenn die Verantwortlichen diese Ansätze weiterdenken, würden sie damit auch akzeptieren, dass das Vorhaben so keinen Sinn macht (ohne dass sie sich dessen hundertprozentig sicher wären) und dass es sinnvoll wäre, etwas anderes daraus entstehen zu lassen. Der Preis für dieses Akzeptieren wäre quasi das Loslassen der bisherigen Pläne – und dieser Preis ist hoch. Im nächsten Abschnitt geht es darum, wie es gelingt, diese »Kosten« erst gar nicht so hoch steigen zu lassen. Das setzt voraus, dass man mit einem anderen Planungsverständnis auf komplexe Vorhaben schaut.

Aber nun ist es zunächst Zeit für eine wichtige Frage: Wie gehen Sie mit Plänen und Planungsverfahren um?

Planung für Komplexität

Wie flexibel handhaben Sie Planung? Wie initiieren Sie Projekte, gehen das nächste Vertriebsintervall an oder formulieren die Ziele für das kommende Fiskaljahr? Es kommt dabei auf Ihre Haltungen und Sichtweisen an, denn dementsprechend werden Sie entscheiden, wie Sie vorgehen. Das Stichwort »vorgehen« führt uns schnell zu den Themen Vorgehensweisen, Verfahren und Systematik. Ach, gäbe es doch nur passende Tools und Techniken, die die »menschlichen Schwächen« ausgleichen!

Im Bereich der Softwareentwicklung glauben einige Menschen, eine solche Lösung in Form agiler Methoden (➡ Glossar) gefunden zu haben. Eine davon ist das Framework Scrum (➡ Glossar), das kein Vorgehensmodell definiert, sondern Rollen, Aktivitäten und Artefakte (Dokumente) – mit dem Ziel, ein flexibles Arbeiten möglich zu machen. Agile Methoden sind grundsätzlich anders aufgestellt als das traditionelle Planen. Geplant wird zwar noch, aber anders. Organisiert wird auch, aber anders. Klare Rollen und Verantwortlichkeiten gibt es auch, aber anders. Aus meiner Sicht ist der agile Ansatz durchaus ein guter – aber auch (noch) nicht mehr als das. In vielen Projekten wird beispielsweise Scrum als Engineering-Methode benutzt. Die Haltungen und Sichtweisen dahinter entsprechen immer noch dem ingenieurmäßigen Herstellen von Software. Und somit scheitern viele der so ambitioniert gestarteten agilen Projekte und der Ansatz droht zu verbrennen.

Es würde den Rahmen dieses Kapitels sprengen, wollte ich die agilen Methoden, oder auch nur Scrum als ihren populärsten Vertreter, im Detail vorstellen. Ich werde im Folgenden einige wenige essenzielle Aspekte herausstellen und den Vergleich zur klassischen Vorgehensweise in Projekten ziehen. Der Fokus bleibt auf dem Thema Planung.

»Always run a changing system«, ist das Motto der agilen Community. Es spiegelt die bereits angedeutete Grundhaltung wider. Das Entwickeln von Software wird als »wicked problem« verstanden, als eine Aufgabe mit unvollständigen, widersprüchlichen und sich ändernden

Anforderungen. Damit stellt sie sich in eine Reihe mit anderen komplexen Aufgaben, unabhängig davon, ob sie in Projektorganisationen bearbeitet werden oder nicht. Bereits 2001 wurden die Leitprinzipien der agilen Methoden von 17 renommierten Softwareentwicklern unterzeichnet.

Das agile Manifest

»Wir zeigen bessere Wege auf, Software zu entwickeln, indem wir es selbst tun und anderen dabei helfen, es zu tun. Durch unsere Arbeit sind wir zu folgender Erkenntnis gekommen:

1. *Menschen und Interaktionen* sind wichtiger als Prozesse und Werkzeuge.

2. *Funktionierende Software* ist wichtiger als umfassende Dokumentation.

3. *Zusammenarbeit mit dem Kunden* ist wichtiger als die ursprünglich formulierten Leistungsbeschreibungen.

4. *Eingehen auf Veränderungen* ist wichtiger als Festhalten an einem Plan.

Das heißt: Obwohl die Punkte auf der rechten Seite wichtig sind, rechnen wir den Punkten links mehr Wert zu.«

Planung ist keine Wertschöpfung. Aus dieser Erkenntnis heraus gilt in agilen Vorhaben das Motto »Plane nur so viel, wie nötig ist«. Es geht in erster Linie darum, die Erwartungen zu managen und zu jedem Zeitpunkt flexibel zu bleiben. Das Herzstück der agilen Methoden sind die kurzen Iterationen, an deren Ende jeweils ein lauffähiges Produkt entstanden sein muss. Im Vergleich zum Big-Bang-Ansatz klassischer Vorgehensweisen wird hier inkrementell in vielen kurzen Zyklen gearbeitet. Jeder Zyklus produziert dabei ein »brauchbares« Ergebnis, das vom Kunden (Auftraggeber) abgenommen oder verworfen wird.

Jedes Ergebnis ist gleichzeitig wieder Input für die folgende Iteration. Zu jedem Iterationsbeginn werden alle Beteiligten auf das Ziel eingeschworen. Die meiste Zeit wird auf die Umsetzung verwendet, nicht darauf, den Plan zu verfeinern oder zu vervollständigen. Während einer Iteration gibt es keine weiteren Anforderungen von außen, diese Zeit soll störungsfrei und stabil sein. Dafür liegt die Dauer einer Iteration üblicherweise auch nur zwischen einer und acht Wochen. Jede Iteration bedeutet eine Abnahme und ein Review. In einer Retrospektive können und sollten auch die Teamdynamik und die Zusammenarbeit mit dem Kunden reflektiert werden.

Die Planung für das Vorhaben und die einzelnen Iterationen macht das Team und nicht der Projektleiter oder Manager. Um den jeweiligen Aufwand einzuschätzen, gehen die Verantwortlichen einen anderen Weg als sonst. Sie bestimmen zunächst den Umfang (Größe und Komplexität). Das ist viel leichter, als ihn sofort in absoluten Zahlen (in Tagen, Wochen oder Ähnlichem) anzugeben. Barry W. Boehm hat mit seiner Function-Point-Analyse den Grundstein für dieses Vorgehen gelegt. Wurde der Umfang einer Aufgabe oder eines Problems geschätzt, lässt sich der Aufwand daraus ableiten. Es hat sich gezeigt, dass dieses Vorgehen auch wesentlicher schneller zu Ergebnissen führt. Diese sind zudem realistischer, weil die Experten aus dem eigentlichen Team mit am Tisch sitzen. Der Plan wird im Laufe der Zeit immer genauer. Er passt sich der Realität an, nicht umgekehrt.

»Eine der am besten entwickelten Fähigkeiten in der westlichen Zivilisation heute ist Zerlegung: die Aufspaltung von Problemen in ihre kleinstmöglichen Komponenten. Wir sind gut darin. So gut, dass wir oft vergessen die Stücke wieder zusammenzusetzen.«
ALVIN TOFFLER

An dieser Stelle taucht oft die Frage auf, wie man sich ein Projekt ohne Kosten- und Zeitabschätzung vorstellen soll. Genau darin liegt ein großes Missverständnis in Bezug auf agiles Vorgehen. Termin und Budget stehen fest, die »bewegliche Masse« ist die Leistung beziehungsweise die Funktionalität. In der klassischen Planung wird (mehr oder weniger gut) formuliert, was gewünscht ist, und aus der Planung soll hervorgehen, wann es fertig ist.

Beim agilen Vorgehen sind Termin und Budget fix. Gemeinsam mit dem Kunden wird definiert, was in diesem Rahmen geliefert wird.

Gerade deshalb ist das Erwartungsmanagement so wichtig. Der erste Plan ist demnach immer sehr grob. Was ihn aber vom Start weg sinnstiftender macht, ist, dass er im Verlauf entsteht und nicht davor. Er entsteht aus dem Diskurs der Experten und verfeinert sich mit den ersten Iterationen, wenn bereits Dinge entwickelt und ausprobiert werden. Gerade die ersten Zyklen dienen dem Experimentieren, es geht darum, Lösungsansätze zu finden und auch wieder zu verwerfen. Es werden Safe-fail-Experimente durchgeführt.

 Wenn Sie so wollen, ist agiles Planen eher dynamisches Handeln als reines Planen.

Am Ende sind es nicht Methoden oder Tools, sondern die Haltungen der Menschen, die über Erfolg oder Misserfolg entscheiden. Dennoch ist die agile Philosophie eine sehr gute Basis, um komplexen Aufgaben und Vorhaben zu begegnen. Das agile Vorgehen ist weit mehr als nur Planung und hat in der Produktion von Software für ein neues Verständnis gesorgt: dass Software von Menschen erstellt wird und damit Teamdynamiken grundlegend darauf einwirken. Zum agilen Verständnis gehört auch, dass Teams komplex und unvorhersehbar sind. Diese Prämissen sind in einem sehr strukturierten und mechanistischen Arbeitsbereich geradezu eine Revolution.

Softwareentwicklung ist ein ganz spezieller Bereich und die dort verwendeten Methoden lassen sich sicher nicht auf andere Organisationsbereiche übertragen. So denken viele Führungskräfte, Manager und Mitarbeiter. Das ist meiner Meinung nach genauso richtig, wie es falsch ist. Die agile Philosophie und viele methodische Aspekte lassen sich hervorragend auf andere komplexe Kontexte übertragen. Wie immer, wenn es um Komplexität geht, muss der jeweilige Kontext beachtet und das agile Vorgehen entsprechend angepasst werden.

»Pläne machen ist mehrmalen eine üppige, prahlerische Geistes-
beschäftigung, dadurch man sich nie ein Ansehen von schöpferi-
schem Genie gibt, indem man fordert, was man selbst nicht leisten,
tadelt, was man doch nicht besser machen kann, und vorschlägt,
wovon man selbst nicht weiß, wo es zu finden ist.«
IMMANUEL KANT

Scrum & Co. finden allmählich ihren Weg in andere Bereiche des
Arbeitslebens. Sehr bekannt sind sie in der Organisationsentwicklung
und im strategischen Management allerdings noch nicht. Dabei lassen sich die Prinzipien leicht aus der Softwareentwicklung lösen. Das
möchte ich abschließend in diesem Kapitel tun und die Aspekte um
einige Facetten ergänzen, die Planung in komplexen Kontexten unterstützen.

Impulse für erfolgreiche Planung trotz und in Komplexität

- ► Flexibilität beginnt im Kopf.
- ► Akzeptanz für »Irgendwas ist immer«.
- ► Ständiger Austausch mit Kunden, Markt et cetera.
- ► Kleine Iterationen mit konkreten Ergebnissen.
- ► Selbstorganisation zulassen, mindestens Selbstmanagement als
  ersten Schritt.
- ► Ständige Reviews/Lessons Learned.
- ► Transparenz herstellen über Ergebnisse, Prozesse, Vorgehen.
- ► Rückfallmöglichkeiten und Redundanzen planen.
- ► Szenarioarbeit in Bezug auf die Zukunft.

Ich persönlich halte nichts von den zum Teil sehr massiven Forde-
rungen nach »Nur noch agil« oder »Ganz weg mit der Planung«. Es
ist immer eine Frage Ihres jeweiligen Organisationskontexts, welche
Themen Sie weiterhin klassisch planen können und wo eine andere
Sicht- und Vorgehensweise sinnvoll wäre. Eines ist für mich jedoch

unumstößlich: Komplexes lässt sich nicht linear planen und umsetzen, denn Überraschungen gibt es immer. Und egal wofür Sie sich entscheiden: Jedes Modell ist nur so gut wie die Menschen, die es anwenden.

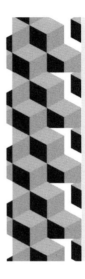

DIE ERKENNTNISSE IN KURZFORM:

► Planen ist Handeln in Gedanken.

► Je größer die Unsicherheit, desto akribischer der Plan. Das führt direkt in die Komplexitätsfalle.

► Komplexes lässt sich nicht linear planen.

► Komplexität erfordert iteratives statt sequenzielles Vorgehen.

► Es braucht Flexibilität im Kopf, bei den Methoden und Entscheidungen, um komplexe Situationen zu meistern.

Irrtum Nr. 6:
Viele Daten sorgen für Durchblick

I ch fordere zügige und lückenlose Aufklärung!« Wie oft haben wird diesen Satz schon aus dem Mund eines Politikers gehört? BND-Affäre, NSA-Affäre, Bahn-Affäre, NSU-Affäre, Spendenaffäre, Spiegel-Affäre, Visa-Affäre, EnBW-Affäre, Euro-Hawk-Affäre und so weiter und so fort. Und immer heißt es:»... fordere ich zügige und lückenlose Aufklärung.« Aber was bedeutet dieser Satz und was passiert, nachdem er ausgesprochen wurde?

Er bedeutet erst einmal so viel: Wir finden jetzt schnell jemanden, auf den wir mit dem Finger zeigen können. Gleichzeitig fangen wir an Daten zu sammeln. Anschließend wird ein Untersuchungsausschuss einberufen und es werden Unmengen an Daten produziert – für den Durchblick. Und auch, um den oder die Schuldigen zu finden. Im Moment interessiert uns vor allem der Durchblick, der angeblich durch die vielen Daten entsteht.

Nehmen wir zum Beispiel die Euro-Hawk-Affäre. Zur Erinnerung: Mitte Mai 2013 wird das Projekt zur Beschaffung der Aufklärungsdrohne offiziell gestoppt. Die Gründe sind massive Zulassungsprobleme und eine weitere Kostenexplosion. Die Unternehmen EADS und Northrop Grumman entwickelten die Aufklärungsdrohne in Zusammenarbeit. EADS lieferte die Aufklärungssensoren, Northrop Grumman das Fluggerät. Das US-amerikanische Unternehmen brachte am Ende nicht die notwendigen Dokumente bei und die Drohne bekam die luftfahrttechnische Zulassung für Deutschland nicht. So weit alles bekannt. Das Warum und Wieso der Affäre ist zwar hochgradig unterhaltsam, aber wir beschäftigen uns hier mit dem wichtigen Punkt der Informationsmenge.

Vom 26. Juni bis zum 26. August 2013 arbeitet der Euro-Hawk-Untersuchungsausschuss an der lückenlosen Aufklärung. Er sammelt also Daten – jede Menge Daten. Mehr als 770 Aktenordner sollen dem Ausschuss als Grundlage gedient haben. Die Dokumente in den Ordnern haben bis zu 400 Seiten. Sie werden von den rund 30 Mitarbeitern des Ausschusses (vielleicht) gesichtet, gelesen und bearbeitet. In den Befragungen werden weitere Daten erhoben und beleuchtet. Es geht um Daten, um Details, um Informationen wie »Herr de Maizière benutzt keinen grünen Textmarker ...«.

Am Ende der Datenflut steht die Erkenntnis: Alles war lange bekannt und klar. Was lernen wir daraus? Dass viele Daten vollen Durchblick bedeuten? Nein, höchstens, dass ausschließlich die relevanten Daten gesehen und verarbeitet werden sollten. Die Arbeitsgruppe Systemkonzeptstudie legte bereits im Jahr 2002 ihren Ergebnisbericht »Weiträumige luftgestützte Überwachung und Aufklärung« vor. Darin heißt es: »Das Problem der Zulassung für eine Teilnahme am kontrollierten Luftverkehr muss gelöst werden.« Die Daten waren also da, nur lernen wollte daraus anscheinend niemand.

Es kann schon mal passieren, dass ein Risiko übersehen wird – denken Sie das auch? Ich glaube nicht, dass hier einfach ein Risiko nicht gesehen wurde. Das Ganze hat System. Es passiert etwas (oder eben nicht) und wir verfallen sofort in einen Datensammelrausch – genährt aus der Hoffnung auf Durchblick und Erleuchtung. Dann sammeln wir alles, Hauptsache viel. Relevanz? Egal.

Handelt es sich um einen Einzelfall? Keineswegs! Allein der Abschlussbericht zur NSU-Affäre, der im August 2013 vorgelegt wurde, umfasst 1357 Seiten. Im Ernst, wer liest (und vor allem verarbeitet) das? Der Untersuchungsausschuss zur Visa-Affäre 2005 befragte 58 Zeugen und sichtete 1600 Aktenordner. Für den 9/11 Commission Report wurden rund 2,5 Millionen Seiten aus Dokumenten ausgewertet und 1200 Personen befragt. Mit dem Ergebnis, dass mangelnde Zusammenarbeit zwischen Institutionen den Terroranschlag möglich machte. Die Konsequenz – mehr Daten sammeln. Und am Ende interpretieren alle Beteiligten die Daten jeder für sich und in seinem Sinne.

Ganz ehrlich, dieses Viel ist zu viel für das menschliche Gehirn. Es geht schließlich nicht um die Menge, sondern um Relevanz. Die allerdings übersehen wir leicht, wenn es zu viel wird. Dann sind wir verwirrt und sehen den Wald vor lauter Bäumen nicht. Vielleicht ist das ein gewünschter Effekt. Das Sammeln von Daten sieht ja auch nach geschäftigem Treiben aus. Es wird also etwas getan. Das beruhigt doch, oder?

Informationsmangel – ein zentrales Problem im Informationszeitalter

Leiden wir wirklich unter Informationsmangel (➡ Glossar)? Entsteht daraus unser Antrieb, immer mehr Daten zu sammeln? Die Antwort auf diese Fragen lautet »Ja«. An dieser Stelle müssen wir zunächst Daten und Informationen unterscheiden. Das jüngste Urlaubsfoto auf dem Smartphone, die Musik auf dem MP3-Player, das Protokoll auf der Festplatte sind erst einmal gespeicherte Daten, nicht mehr und nicht weniger. Eine Information wird erst daraus, wenn ein Sinn erzeugt wird, wenn diese Daten für uns eine Erkenntnis ergeben.

Signale, Daten, Worte, Bilder, Bits und Bytes sind nicht unbedingt auch Informationen. Folgt man bei der Definition des Begriffes »Information« dem Kybernetiker Gregory Bateson, so wird auch gleich deutlich, wo der Irrtum liegt: »Information ist ein Unterschied, der einen Unterschied macht.«

 Entsteht aus Daten eine Erkenntnis in unserem Kopf, sprechen wir von Informationen.

Die Entschlüsselung von Daten passiert erst im Kopf des Menschen

Führungskräfte sollen in ihrer Organisation Entscheidungen treffen. Dabei ist der Kontext undurchschaubar und hochdynamisch und sie bekommen das Gefühl, nicht genügend Informationen zur Verfügung zu haben. Also sammeln sie mehr Daten, in der Hoffnung, so zu einer guten und sicheren Entscheidung zu kommen. In einem komplexen Umfeld werden sie jedoch nie alle Informationen erfassen beziehungsweise die Situation vollständig begreifen können. Solange ihnen das nicht bewusst ist, sammeln sie weiter. Eine mögliche Fehlentscheidung will kein Manager und kein Vorgesetzter auf seine Kappe nehmen.

Letztendlich verbirgt sich hinter dem »Mehr« an Daten die Sorge, Fehler zu machen und Sanktionen zu erleiden. Es entsteht ein Dilemma, das im schlimmsten Fall zur Entscheidungslosigkeit führt: Mehr Daten sollen für den Durchblick sorgen, bringen aber neue Informationsdefizite an die Oberfläche, was das Sammeln von weiteren Daten nach sich zieht. Ein Teufelskreis.

Wir erliegen immer noch dem Glauben, dass wir komplexe Systeme durchschauen und voraussagen können, wenn wir nur alle verfügbaren Daten sammeln. Es ist letztendlich auch immer ein Kampf um Kontrolle und Macht. Wer das Wissen besitzt, kann kontrollieren und regieren. In komplexen Organisationen gibt es diese Art allumfassendes Wissen nicht mehr, aber diese Erkenntnis muss in vielen Köpfen von Managern und Führungskräften noch reifen.

Die Bestätigung des eigenen Wissens ist wichtig

Es existiert noch ein weiteres Motiv, das für das Sammeln von Daten sorgt und uns davon abhält, eine Entscheidung zu treffen. Jeder Mensch neigt dazu, neue Informationen so zu interpretieren, dass sie zu den bereits gemachten Erfahrungen, den erprobten Glaubenssätzen und Überzeugungen passen. Damit sich das auch gut nach außen argumentieren lässt, suchen wir mitunter so lange nach neuen Daten, bis wir die passenden Informationen zusammenhaben. So können wir nicht nur uns selbst bestätigen, was wir sowieso schon immer wussten, sondern auch unsere Umwelt überzeugen. Dieses psychologische Phänomen ist seit Langem bekannt und wurde in vielen Experimenten immer wieder nachgewiesen. Peter Cathcart Wason, ein führender englischer Kognitionspsychologe, hat den sogenannten Bestätigungsfehler (➡ Glossar) in diversen Experimenten nachgewiesen und beschrieben. Eine seiner bekanntesten Experimente ist die 2-4-6-Aufgabe.

Ein Versuchsleiter legt Probanden das Zahlentripel 2-4-6 vor und bittet sie, eine eigene, passende Zahlenfolge zu benennen. Die Probanden bekommen zu ihrer Folge entweder die Aussage »Ja, passt zur Regel« oder »Nein, passt nicht zur Regel«. Anschließend werden sie aufgefordert, die geltende Regel zu nennen. Die Regel, die der Versuchsleiter für seine 2-4-6-Folge definiert hat, lautet: drei Zahlen in aufsteigender Reihenfolge.

Die Probanden müssen also Hypothesen bilden und diese testen. Die meisten Menschen starten mit der Folge 8-10-12, für die sie die Antwort »Ja, passt zur Regel« bekommen. Sie vermuten daraufhin »Zahl plus 2« oder »gerade Zahlen«, was jedoch nicht der Regel entspricht. Es zeigt sich, dass die meisten Probanden eine positive Teststrategie nutzen. Das führt dazu, dass sie richtige Zahlentripel nennen, dafür ein »Ja, passt zur Regel« bekommen, aber die Regel selbst nicht finden. Eine falsifizierende Strategie, also bewusst nach vermutlich »falschen« Zahlenreihen zu suchen, führt sehr viel schneller zum Ziel, weil sie letztendlich das Denken weiter öffnet als das wiederholte Bestätigen richtiger Zahlenfolgen.

Daten und Informationen sammeln wir also auch, um unsere subjektive Wahrheit zu beweisen. Damit verschiebt sich das Relevanzkriterium. Es werden vor allem diejenigen Daten beachtet, die unsere vorgefasste Meinung bestätigen, wobei andere für weniger relevant gehalten werden, obwohl sie möglicherweise zielführender sind. Damit ist auch nachvollziehbar, wieso gerade in öffentlichen Untersuchungsausschüssen am Ende das Ergebnis steht, das wir »schon immer gewusst haben«.

 Der Bestätigungsfehler (Confirmation Bias) sorgt dafür, dass wir aus der Datenflut genau die Informationen auswählen, die unsere Meinung bestätigen.

Das Datenvolumen wächst unaufhaltsam

Dass jeder von uns täglich eine große Datenmenge benutzt, verteilt, analysiert und verwirft, ist uns klar. Aber ist Ihnen auch klar und bewusst, wie viele Daten Sie tagtäglich erzeugen? Lassen Sie uns das näher betrachten. Stellen Sie sich einfach vor, Sie sind Herr oder Frau K., ein ganz »normaler« Bürger. Gegen 6:30 Uhr klingelt Ihr Wecker (oder Ihr Smartphone) Sie aus dem Schlaf. Ihre erste Handlung: Handy einschalten. Nun bucht sich Ihr Gerät in die lokale Funkzelle ein und hält fest, wo Sie gerade aufgewacht sind. Nach dem Zähneputzen fahren Sie Ihren Laptop hoch, um beim Kaffee Ihre E-Mails zu checken und sich die neuesten Nachrichten anzuschauen. Ihre Online-Zeit wird, zusammen mit den von Ihnen besuchten Webseiten, beim Provider gespeichert.

Sie verschicken die ersten E-Mails. Empfänger und Inhalte werden auf der lokalen Platte des Laptops abgelegt. In der E-Mail eines Kollegen finden Sie den Link zu einem Impulsvortrag zum Thema Komplexität. Sie klicken darauf und schauen sich den Clip an. Die Daten werden ebenfalls bei Ihrem Provider gespeichert. Der Vortrag gefällt Ihnen so gut, dass Sie den Link weiterempfehlen – über XING, Facebook und Google+. Diese Empfehlungen hinterlassen genauso einen Fingerabdruck wie Ihre bisherigen Aktivitäten im Internet.

Nun machen Sie sich auf den Weg ins Büro. Wie jeden Tag parken Sie Ihr Auto am Bahnhof und schicken vor dem Einsteigen noch schnell eine SMS an Ihren Bruder. Ihr Handy ist fortlaufend im Netz eingebucht und Ihr Standort jederzeit bekannt. Im Büro angekommen fahren Sie dort Ihren Rechner hoch und wählen sich in die Telefonkonferenz ein. Diese Daten werden gespeichert. Dass Sie parallel zur Telefonkonferenz noch Ihren Facebook-Account prüfen und zwei WhatsApp-Nachrichten verschicken, lässt sich leicht anhand Ihrer Daten recherchieren.

Auf dem Heimweg gehen Sie noch in den Supermarkt, um die Zutaten für das Abendessen einzukaufen. Sie zahlen mit EC-Karte und lassen sich Treuepunkte auf Ihrer Paybackkarte gutschreiben. Die Daten zu Ihrem Einkauf werden gespeichert. Die Produktion von Daten geht auch am Abend bei Ihnen zu Hause weiter. Sie surfen im Internet, nutzen Ihr Handy, spielen Online-Spiele und schauen einen Film on demand. So produzieren wir jede Menge Daten, und das täglich. Sind wir es also gewohnt, mit solchen Datenmengen umzugehen? Ja und nein. Ja, weil wir glauben, wir leben im Informationszeitalter und Information ist Trumpf. Je mehr Daten, desto besser! Wirklich? Nein, weil wir dennoch gleichzeitig das Gefühl haben, unter Informationsmangel zu leiden.

Im April 2014 veröffentlicht der führende Anbieter von Marktinformationen zu Informationstechnologie und Telekommunikation IDC (International Data Corporation) seine Studie »The digital universe of opportunities: rich data and the increasing value of the internet of things«. Darin schreiben die Analysten, dass sich das Datenvolumen bis 2020 auf rund 44 Zettabytes erhöhen wird. Das sind 44 Billionen Gigabyte. 2014 liegt die globale Datenmenge bei rund 4,4 Billionen Gigabyte. Das ist die Summe all der Fotos – Urlaubsbilder, Selfies und Mittagessen-Schnappschüsse –, die wir auf Facebook veröffentlichen, all der Fernsehsendungen, die wir via Streaming anschauen, all der Daten, die von Sonden (ob vom Mars oder von Kraftwerken) an Kontrollzentren gesendet werden. Enthalten sind darin natürlich auch all die Daten, die in Unternehmen erzeugt und bearbeitet werden. Das sind große Zahlen mit großem Gewicht. Die spannende Frage dahinter ist: Wie viele dieser Daten sind relevant? Und für wen? Und für was?

Laut IDC waren 2013 nur etwa 22 Prozent der gesamten Daten nutzbar im Sinne der Verarbeitung (Kategorisierung, Analyse). Lediglich 5 Prozent wurden überhaupt analysiert. Viele Daten, wenig Informationen. Bis 2020, so die Analysten, steigt der Anteil der nutzbaren Daten auf 35 Prozent. Der Löwenanteil dieser gigantischen Datenströme wird von Verbrauchern und Arbeitnehmern, also von Individuen, erzeugt. Unternehmen sind heute für gut 85 Prozent des digitalen Universums verantwortlich beziehungsweise in der Haftung.

In dieser Studie wird, wie in vielen IT-lastigen Medien, weder der Trend zu noch größeren Datenmengen noch die steigende »Güte« der Daten hinterfragt. Das Ganze wird wie eine Art Naturgesetz formuliert, dem wir Menschen zu gehorchen haben. Die Lösung, die IDC gleich mitliefert, ist überall dieselbe und hört auf den Namen »Big Data«. Big Data wird zum Hype erklärt, zum Must-have, an dem kein Weg vorbeiführt, wenn ein Unternehmen erfolgreich sein will. Zitat: »The more data and analytics diversity, the better« (IDC 2014). Besser für was? Das bleibt leider offen, wird aber implizit durch die Marktkennzahlen für Data Analytics benannt. Dieser Markt ist circa. 40 Milliarden Dollar schwer und weist ein jährliches Wachstum von 10 Prozent auf. Unabhängig davon, für wen dieses unglaubliche Datenvolumen am meisten Mehrwert bringt, müssen wir in unseren Organisationen mit einer wachsenden Menge an Daten und Informationen umgehen.

Heute leben wir noch weitestgehend in einer systematisierten Data-Warehouse-Welt. Die Daten sind aufbereitet, kategorisiert und »analysefähig«. Die Volumina, die wir in der Zukunft vermehrt erzeugen werden, sind unstrukturierter, verschiedenartig formatiert und in ihrem Wert uneindeutig. Darauf werden wir aus Unternehmenssicht reagieren und uns um die notwendigen Technologien bemühen (müssen). Das heißt, wir investieren in relationale Datenbanken, Volltextanalyse-Tools, Ontologie-Editoren, Schema Extractor Tools, parallele Dateisysteme et cetera. Wir stellen gar nicht erst infrage, ob wir all diese Daten wirklich brauchen, sondern suchen uns technische Lösungen, um der Datenmenge Herr zu werden.

 Die Datenmenge macht uns Angst, weil wir genau wissen, dass wir sie nicht verarbeiten können.

Gleichzeitig sitzt der Glaube, »dass alle Antworten irgendwo im Meer der Daten liegen«, so tief, dass wir uns nicht trauen, den Trend nicht mitzugehen. Wir müssen aufpassen, dass wir nicht Lösung und Hilfsmittel verwechseln. Big Data ist höchstens ein Hilfsmittel. Und auch das trifft nur zu, wenn wir aus der ständig wachsenden Datenmenge die relevanten Daten herausfiltern, sie interpretieren, ihnen eine Bedeutung geben und sie damit zu Informationen machen.

Ein »Meer der Daten« führt paradoxerweise zu einem Informationsmangel. Aus erhobenen Daten wird erst eine Information, wenn wir ihnen eine Bedeutung geben. Irrelevanten Daten können wir keine Bedeutung geben, das heißt, sie bleiben einfach nur Daten ohne Informationsinhalt. Genau daraus entsteht das Gefühl des Informationsmangels – mit der Folge, dass wir noch mehr Daten sammeln wollen, anstatt die irrelevanten Daten zu ignorieren. Die Aufgabe, die relevanten Daten zu extrahieren, lässt sich nicht technisch lösen, sie bleibt in der Hand des Managements.

An dieser Stelle sei mir eine Frage gestattet: Was fangen Sie mit all den erhobenen und ausgewerteten Daten in Ihrem Arbeitsalltag heute an? Was fangen Sie wirklich damit an? Natürlich brauchen wir Daten und Kennzahlen, um einen Bereich, eine Organisation, ein Unternehmen erfolgreich zu managen und Mitarbeiter zu führen. Betriebswirtschaftlich relevante Zahlen sind notwendig und richtig. Wir haben den Bogen aber längst überspannt. In den früheren Jahren meines Wirkens habe ich als Führungskraft und Vertriebsverantwortliche viel Zeit damit vertan, Opportunities mit Prozentangaben und Zieltermin in den Forecast zu schreiben. Halbwertszeit: eine Woche bis zum nächsten Sales Meeting.

Es ist durchaus sinnvoll, Informationen über seine Kunden zu sammeln. Es ist sinnvoll, diese Informationen in einem CRM-System (oder einem ähnlichen Tool) zentral zu speichern, damit sie übergreifend genutzt werden können und erhalten bleiben, auch wenn der zuständige Mitarbeiter nicht mehr im Unternehmen ist. Es ist ebenso sinnvoll, diese Daten zu betrachten und Ideen, Konsequenzen, Angebote oder Ähnliches daraus abzuleiten. Es ist jedoch ohne jeden erkennbaren Sinn, Informationen über Kunden zu sammeln, nur um eine möglichst große Datenbank zu füllen und sich im Glauben zu wähnen, damit ihr Denken und Handeln vorhersagen zu können.

 Egal wie viele Daten Sie sammeln, Sie können lediglich Tendenzen erkennen.

Dafür müssen Sie jedoch die relevanten Informationen in dem Datenwust erkennen. Und das ist der zentrale Punkt: Wir sammeln Datenmengen, brauchen aber Datenrelevanz. Diese ergibt sich aber nicht automatisch aus der Menge. Unklarheit oder Intransparenz lässt sich nicht über die Menge auflösen, sondern nur über Relevanz (➡ Glossar).

Entscheidungen brauchen relevante Informationen

Als Individuum sind wir Menschen nicht dafür geschaffen, große Datenmengen zu verarbeiten. Unser Gehirn ist ein Organ zur Problemlösung, nicht zur Mengenverarbeitung. Es ist jedoch hervorragend dafür geeignet, Relevanz zu erkennen. Wir müssen es nur so nutzen (wollen). Was tun Sie, liebe Leser, wenn Sie in der afrikanischen Savanne einem Löwen begegnen? Sie könnten nach dem Prinzip »erst mal alle möglichen Daten erheben« Ihr Wissen über Löwen zusammentragen: Durchschnittsalter, Körpergröße und -gewicht, Jagdverhalten, Aufzucht der Jungtiere und so weiter. Vermutlich werden Sie nicht alle Daten vollständig erheben können, weil Sie vorher vom

Löwen ausgeschaltet worden sind. Sie könnten – und das werden Sie instinktiv auch tun – in Sekundenbruchteilen die »relevante Information« zu Löwen (oberstes Ende der Nahrungskette = akute Gefahr) aktivieren und weglaufen. Das geht wesentlich schneller und ist in diesem Fall auch zielführender.

Das, was wir in der Savanne tun – die relevanten Informationen nutzen –, haben wir im Managementalltag verlernt. Hier glauben wir, dass »mehr Information« gleichbedeutend ist mit »mehr Durchblick«. Es gibt selbstverständlich auch Situationen, in denen zu wenige Informationen vorliegen, um gut entscheiden und führen zu können.

 Die Konsequenz aus zu viel und zu wenig Information ist jedoch gleich – ein Mangel an Erkenntnis.

Wie lassen sich die relevanten Informationen finden in der Datenflut? Wie kann man als Manager die richtige Auswahl treffen? Gute Fragen, vor allem vor dem Hintergrund, dass wir mit den verschiedensten Aufgaben konfrontiert sind und eine genaue Vorhersage nicht möglich ist. Vielleicht geht es gerade darum, ein neues Produkt erfolgreich bei den Kunden zu platzieren oder den Umsatz in diesem Quartal zu erhöhen, oder wir sind gefordert, eine technische Lösung zu finden oder Menschen im Rahmen eines Veränderungsprozesses zu bewegen.

Gehen wir noch einmal zurück in das Raumfahrtkommando im Film »Apollo 13«. Als klar wird, dass im Space Shuttle die Stromzufuhr heruntergefahren werden muss, um überhaupt eine Chance auf Rettung der Mannschaft zu haben, beginnt die Suche nach einer Lösung. Eine solche Situation gab es bisher noch nie, sie war noch nicht einmal angedacht, geschweige denn simuliert worden. Also fahren die Verantwortlichen eine mehrspurige Strategie: Simulationen zur neuen Situation starten, alle Experten (auch die für die kleinsten Bestandteile der Raumkapsel) zusammenrufen, das große Ganze betrachten. Die groß angelegte Analysephase startet.

Schnell zeigt sich ein weiteres Problem – die Mondlandefähre, in die das Team umsteigen muss, ist nicht dafür ausgelegt, die Crew über mehrere Tage mit Sauerstoff zu versorgen. Etwas Unmögliches scheint die einzige Lösung zu sein: Der eckige CO_2-Filter des Raumschiffes muss mit dem runden Lüftungssystem der Mondlandefähre verbunden werden. Um diese Aufgabe zu lösen, arbeitet eine Gruppe von Experten nur mit den im Shuttle verfügbaren Materialien und Dingen. Die Diskussion der Beteiligten ist während der Arbeit extrem fokussiert auf die für das Ziel relevanten Informationen.

Sie könnten nun argumentieren, dass in diesem Fall das Problem ja auch glasklar und damit die Relevanz leicht auszumachen war. Wie aber sieht es aus, wenn beispielsweise ein Produkt am Markt platziert werden soll? Das geht doch nur mit entsprechenden Markt-, Kunden-, Zielgruppen-, Trend-, und Zukunftsanalysen, oder? Klare Antwort: Auch diese machen das komplexe System »Markt« nur bedingt vorhersagbar.

 Der Erfolg eines Produktes oder einer Maßnahme kann a priori nicht garantiert werden.

Rückblickend lässt sich leicht feststellen, welche Ursache-Wirkungs-Zusammenhänge den Erfolg produziert haben. Es braucht also andere Informationen, um nicht einfach »ins Blaue« zu probieren, sondern fundierte Experimente am Markt zu machen. Dafür können Sie beispielsweise bewährte Muster kopieren. Wenn Sie die Verbindung von Tiergeräuschen und Klingeltönen erkannt haben, dann bieten Sie eben Seehundjaulen als Klingelton an. So werden Sie ein »me too«.

Um richtungweisende Neuerungen am Markt zu etablieren, reicht das nicht aus. Statt der reinen Analyse von Berichten und Reports brauchen Sie ein Gespür für die Geschehnisse in Ihrem Umfeld. Sie brauchen Empathie für den Markt. Die Firma Apple mit ihrem langjährigen Visionär Steve Jobs ist ein Paradebeispiel für Marktempathie. Die Erfolgsgeschichte des iPod beginnt im Oktober 2001, als Steve

Jobs auf einer Pressekonferenz überraschend einen MP3-Player vorstellt, auf dem 1000 Lieder gespeichert werden können. Im Design unterscheidet sich das Gerät völlig von seinen Konkurrenten, es ist klein, hat wenig Knöpfe, besitzt eine Festplatte und passt in die Hosentasche. Der iPod bereitet den Weg zum Erfolg für die späteren Produkte der i-Serie.

Um die Zusammenhänge zu beleuchten, braucht es zunächst einen Zeitsprung in die Vergangenheit. Als Steve Jobs 1997 zu Apple zurückkehrt, liegt das Unternehmen fast am Boden. Ein Jahr später, im Mai 1998, wird der iMac vorgestellt. Der All-in-one-Desktopcomputer verkauft sich in den ersten 45 Tagen mehr als 300 000 Mal. Er ist anders als all die anderen grauen und langweiligen Computer. Der iMac ist bunt, gilt als cool und spricht als erster Computer die Jugend an. Es ist unter anderem Steve Jobs' Gespür für genau diesen Anspruch zu verdanken, dass dieser Rechner so erfolgreich wird.

»Der intuitive Geist ist ein heiliges Geschenk und der rationale Verstand ein treuer Diener. Wir haben eine Gesellschaft erschaffen, die den Diener ehrt und das Geschenk vergessen hat.«
ALBERT EINSTEIN

1999 geht mit Napster die erste Musiktauschbörse online und wird schnell weltweit erfolgreich. Sie markiert den Trend, Musik im MP3-Format aus dem Internet zu laden. Schnell gibt es die ersten MP3-Player auf dem Markt, damit die Musik auch unterwegs verfügbar ist. Sony übrigens, das als erstes Unternehmen den Walkman auf den Markt gebracht hatte, verschläft diese Entwicklung vollständig. Apple hingegen nicht. Im Januar 2001 stellt Apple mit iTunes seine eigene Musiksparte vor und bedient damit die Anforderung (vor allem der jungen Generation) nach MP3-Musik. Jetzt vergehen nur noch neun Monate bis zum Produktlaunch des iPod.

Der Zeitpunkt ist denkbar ungünstig. Napster verliert einen Prozess gegen die Musikindustrie, die Dotcom-Blase ist längst geplatzt und die Anschläge vom 11. September dämpfen den Sinn für Konsum bei den Menschen. Aber, und das ist das Entscheidende, Apple hat durch die Kombination von coolem Design und der Verfügbarkeit von MP3-Dateien eine Resonanz erzeugt. Das Designkonzept des iMac (leicht zu bedienen, klar, schlicht), kombiniert mit iTunes, kreiert ein Momentum und löst Begeisterung nicht nur unter den Mac-Usern aus.

»Du kannst nicht einfach Kunden fragen, was sie wollen, und dann versuchen, ihnen das zu geben. In dem Moment, in dem du es gebaut bekommen hast, werden sie längst etwas anderes wollen.«
STEVE JOBS

Vielleicht stehen Sie gerade vor der Herausforderung, eine wesentliche Veränderung in Ihrem Unternehmen umsetzen zu müssen, und beschäftigen sich deshalb mit Change Management. Sie haben dabei erfahren und gelernt, wie wichtig Information in Veränderungsprozessen ist. Ich persönlich mache jedoch häufig die Erfahrung, dass auch im Change Management mehr mit Daten als mit Informationen gearbeitet wird. Viele Manager fragen sich: Welche Informationen leiten wir an wen, wann und in welcher Form weiter? Es darf nicht zu viel sein, die Mitarbeiter sollen nicht überfordert werden. Es darf nicht zu wenig sein, alle sollen wissen, worum es geht.

Leider schauen die Verantwortlichen dabei oft nur durch die Brille des Managements. Sie geben also politisch gefilterte Informationshappen aus, die dann in Form von Broschüren oder Roadshows vorgestellt werden. Die Resonanz ist dementsprechend gering und auf diese Weise erreicht man nur einen kleinen Teil der Menschen wirklich. Nur wenige Menschen lassen sich so begeistern und zu Veränderungen bewegen. Wo aber liegt die Krux? Wählen wir einfach nicht richtig aus? Oder zu wenig?

Wir wissen vorab meist nicht, wie wir eine Resonanz in unserem System »Organisation« erzeugen können. Solange wir das nicht wissen, ist die Informationsverteilung ein »Trial and Error«. Es kann gut gehen, muss es aber nicht. Wie sich die Resonanzpunkte herausfinden lassen, hat die Otto Group mit ihrem globalen Projekt »Stärken des Wir-Gefühls« gezeigt.

Die Otto Group bewegt Zehntausende

Wir schreiben das Jahr 2004. Verantwortliche aus der Personalentwicklung, dem Marketing und der Unternehmenskommunikation beschließen, dass eine Stärkung des Unternehmensverbundes bei Otto zwingend notwendig ist. Die Organisation beschäftigt rund 55 000 Mitarbeiter in 19 Ländern, organisiert in mehr als 100 Unternehmen.

Das Wir-Gefühl einer Organisation stärken bedeutet Wertearbeit, denn gemeinsame Ziele und/oder Werte verbinden die Menschen miteinander und führen zur Vernetzung. Ein gängiger Ansatz für diese Art Projekt ist die Ausarbeitung von Leitwerten durch die Unternehmensführung. Daran schließen sich entsprechende Kommunikationsmaßnahmen an, um die Werte in die Organisation zu tragen. So werden zwar viele Daten produziert und verteilt, aber der Effekt ist oftmals eher gering. Besser ist es, die Menschen zu involvieren und auf diese Weise herauszufinden, was sie genau anspricht.

Otto wählte deshalb einen anderen Weg. Die mittleren Führungskräfte der Otto Group werden interviewt und so die gelebten Werte in den einzelnen Unternehmen erhoben. Ein Analyseverfahren ermittelt aus all den Ergebnissen die gemeinsame Wertelandkarte. Die konkret ermittelten Werte sind Leidenschaft, Innovation, Arbeit in Netzwerken und Nachhaltigkeit. Damit kennen die Projektverantwortlichen die markanten Resonanzpunkte in der Organisation. An diese müssen die Maßnahmen adressiert werden, um die Mitarbeiter zu einer stärkeren Identifikation zu bewegen.

Auch dafür wählt Otto einen unüblichen und im Endeffekt sehr erfolgreichen Weg. Unter dem Motto »Otto Group Meilensteine – gemeinsam mehr erreichen« werden die Mitarbeiter aufgefordert, Steine zu bemalen und an die Zentrale in Hamburg zu schicken. Als Multiplikatoren und Motivatoren stehen die Geschäftsführer der einzelnen Unternehmen in der Verantwortung. Jedes Unternehmen setzt die Aktion individuell um. Das reicht von der Bereitstellung von Farbeimern über besonderes Essen in der Kantine (Steinpilze mit Steinbeißer) bis zu einer Steinparty. Für jeden Stein investiert Otto drei Euro in ein Kinderhilfsprojekt. Die drei besten Steine werden von einer Jury mit je 5000 Euro ausgezeichnet.

Am Ende säumen mehr als 33 600 Steine die Eingangshalle der Otto Group in Hamburg. Das Projekt bildet die ermittelten Werte ab: Nachhaltigkeit (Steine), Vernetzung (Zusammenarbeit und Party), Innovation (die Aktion an sich) und Leidenschaft (in vielen Stunden Arbeit sind wahre Kunstwerke entstanden). Otto hat seine Mitarbeiter involviert und ihre bereits gelebten Werte angesprochen, um sie mit einer gemeinsamen Aktion stärker zu binden.

 Wenn wir wissen, was die Menschen bewegt, können wir diese Punkte triggern, um Resonanz zu erzeugen. Ohne die vorherige Erkenntnis dieser Punkte bleibt unser Bemühen womöglich ein bloßer Datenfluss.

Die relevanten Informationen zu finden und zu extrahieren ist eine Sache. Wie aber lassen sich die Dinge bestimmen, die eventuell relevant werden? Wie lässt sich aus dem Rauschen der Informationsflut genau »der« Informationsschnipsel herausfiltern, der sich möglicherweise in Zukunft zu etwas Relevantem entwickelt?

Schwache Signale – die Vorboten von Chancen und Risiken

Egal auf welche Affäre oder Krise der letzten Jahre man zurückschaut, keine von ihnen entstand ohne Vorwarnungen. Von Euro-Hawk bis 9/11: All diese Ereignisse kündigten sich lange vorher durch schwache Signale an. Wie aber kann es sein, dass intelligente Menschen in einem Verteidigungsministerium und in den beteiligten Unternehmen das Projekt um die Aufklärungsdrohne bis zum Eklat laufen lassen? Haben sie die Signale nicht gehört oder nicht hören wollen?

Im November 1999 besuchen Beobachter des Verteidigungsministe-
riums und der Bundeswehr die Edwards Air Force Base in Kalifornien, um den Testflug der Global-Hawk-Drohne (so ihr damaliger
Name) zu sehen. Zwei Tage vor dem Termin wird der Testflug wegen
Softwareproblemen abgesagt. Und diese Art Probleme taucht nicht
zum ersten Mal auf. Bereits im März 1999 war eine Drohne in der
Wüste zerschellt, nachdem sie falsche Signale empfangen hatte und
ins Absturzprogramm gegangen war. Nichtsdestotrotz fällt im März
2000 der Startschuss, um offizielle Gespräche aufzunehmen und Global Hawk zu bewerten. In einem Papier aus dem Dezember 1999 an
den damaligen Staatssekretär wird auf die möglichen Zulassungsprobleme erstmals hingewiesen:»Als problematisch für den Einsatz von
hochfliegenden ULfz (unbemannten Luftfahrzeugen) hat sich die For-
mulierung von Zulassungskriterien zur Teilnahme am allgemeinen
Luftverkehr erwiesen.«

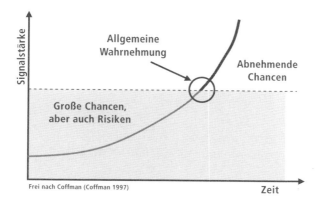

Schwache Signale sind Vorboten.

Ein wesentlicher Grund für das Scheitern des Projektes ist das fehlende Anti-Kollisions-System. Es ist zwingend erforderlich für Flüge
über dem europäischen Luftraum. Experten hatten seit mindestens
2004 wiederholt darauf hingewiesen. Ohne ein solches System sind

Flüge nur erlaubt, wenn der Luftraum gesperrt wird – wie beispielsweise 2005, als auf deutschem Gebiet ein Testflug stattfindet. Bei diesem Test gibt es massive technische Schwierigkeiten. Zwischenzeitlich
taumelt die Drohne ohne Kontrolle in der Luft. Im Jahr 2009 reisen
wieder Experten der Bundeswehr nach Kalifornien. Die Herstellung
der Euro-Hawk-Drohne ist zu dem Zeitpunkt bereits abgeschlossen,
weshalb keinerlei Prüfungen zur Verwendung mehr möglich sind. Es
wird noch bis Mitte 2013 dauern, bis das Projekt für (teilweise) gescheitert erklärt und beendet wird. Es hat bis dahin rund 600 Millionen Euro gekostet.

Die Berichterstattung neigt in solchen Fällen dazu, lediglich den
Schuldigen auszumachen und ihm Unfähigkeit oder menschliches
Versagen zu attestieren. Das ist allerdings sehr kurzsichtig. Ein anderer
Blick auf diese Vorgänge mit dem Fokus auf Wahrnehmung, Vorurteile und Gruppendenken kann uns helfen, mit den frühen Warnungen
und schwachen Signalen besser umzugehen. Wahrnehmung, Bewertung, Interpretation, Schlussfolgerung und Entscheidung entstehen
dabei auf der individuellen und auf der organisationalen Ebene. Beide
gilt es zu betrachten.

Objektivität ist eine Illusion

Wir behaupten gerne, dass wir Sachverhalte objektiv betrachten und
auch genauso urteilen. Pure Objektivität (➡ Glossar) ist jedoch eine
Illusion.

 **Manager und Führungskräfte müssen sich der Fallstricke
bei ihren Bewertungen und Schlussfolgerungen bewusst
sein, denn sie alle stolpern darüber.**

Den Bestätigungsfehler als einen populären Fallstrick haben Sie bereits kennengelernt. Wir wählen Informationen so aus und interpre-

tieren sie derart, dass sie unseren Erwartungen entsprechen. Unpassendes wird unbewusst ausgeblendet.

Ein psychologisches Phänomen, das bei starker Fokussierung und bei undurchsichtigem Umfeld deutlich wird, ist die selektive Wahrnehmung. Der Psychologe Daniel J. Simons hat mit dem in fast jedem Führungskräftetraining eingesetzten »Gorilla-Experiment« einen populären Test etabliert. Gezeigt wird ein Video, in dem sich Basketballspieler in weißen und schwarzen T-Shirts Bälle zuspielen. Die Aufgabe für den Betrachter besteht nun darin, die Anzahl der Ballkontakte für die Gruppe in weißen T-Shirts zu zählen. Im Verlauf des Videos erscheint ein Gorilla, stellt sich zwischen die Basketballspieler, trommelt sich auf die Brust und geht wieder aus dem Bild.

Rund 50 Prozent der Betrachter bemerken den Gorilla nicht. Sie sind mit dem Zählen der Ballkontakte beschäftigt und blenden »unnötige« Informationen aus. Selbst Menschen, die das Video kennen und den Gorilla wahrnehmen, bemerken die anderen Veränderungen im Verlauf des Videos nicht. In einer Version des Tests wechselt die Farbe der Gardine im Hintergrund und ein Spieler im schwarzen T-Shirt verlässt das Spiel. Das alles sind Aspekte, die für das eigentliche Ziel (Anzahl der Ballkontakte zählen) nicht relevant erscheinen. Sie werden übersehen beziehungsweise ausgeblendet.

Je mehr wir unsere Aufmerksamkeit fokussieren, desto stärker wird unser Tunnelblick. Dieser Tatsache sollten wir uns bewusst sein. Darüber hinaus sollten wir die eigene Wahrnehmung trainieren, um mehr Details und Informationen einzublenden. Auf schwache Signale zu achten bedeutet achtsam zu sein: achtsam für die eigenen Mechanismen der Betrachtung, Interpretation und Bewertung und achtsam für das Umfeld und das Geschehen.

 Selbst wenn wir uns unserer emotionalen und kognitiven Filter, durch die jede Information läuft, bewusst sind, sind wir keineswegs objektiv.

Wir ziehen Schlussfolgerungen aus den Daten und bewerten die Situation, das Gesagte, den Menschen oder eine Gruppe. Dabei entstehen Verzerrungen – beispielsweise durch Rationalisierung. Nachträglich finden wir schlüssige Argumente, um Vorgänge oder Situationen zu erklären. Dabei werden Tatsachen so interpretiert, dass sie zu unseren jeweiligen Glaubenssätzen passen. Dasselbe passiert, wenn wir den Grund für einen Fehler bei anderen oder in den äußeren Umständen suchen.

Unter Umständen erliegen wir dem sogenannten Wunschdenken. Die Welt stellt sich für uns positiv dar, mögliche negative Tatsachen werden vom Gewünschten verdrängt. Mitunter unterläuft uns auch der fundamentale Attributionsfehler und wir schreiben den Persönlichkeitsmerkmalen von Menschen mehr Bedeutung zu als den äußeren Faktoren. In anderen Fällen setzen wir das Verhalten anderer zu unserem eigenen Verhalten in Beziehung. Das geht unter Umständen so weit, dass wir uns selbst für das Zentrum des Geschehens halten und alle Vorgänge ausnahmslos aus der eigenen Perspektive interpretieren. Dann schnappt die Falle des Egozentrismus zu.

Unter den vielen Informationen, die auf uns einströmen und uns mitunter verwirren, suchen wir manchmal nicht nur nach denen, die unsere Meinung bestätigen, sondern auch nach denjenigen, die unsere Meinung verstärken. Vielleicht haben Sie auch schon Menschen dabei beobachtet, wie sie mit hohem Einsatz versuchten, Gleichgesinnte zu finden – Menschen, die sich in Meetings an jeden Einzelnen wenden und mit Sätzen wie »Sind Sie nicht auch der Meinung, dass …« nach Verstärkung suchen. Wenn sich der Vorgesetzte so verhält, bekommt er oft ein »Ja« als Antwort, selbst wenn es für den Mitarbeiter eigentlich nicht passend ist.

Grundsätzlich kann eine solche Herangehensweise dazu führen, dass Sichtweisen sich verhärten und keine anderen Informationen oder Aspekte gesucht oder betrachtet werden. Selbst im Rückblick wird sich diesen Menschen der Sachverhalt »passend« darstellen. Der Rückschaufehler ist eine der häufigsten Verzerrungen und sorgt dafür, dass wir unsere ursprüngliche Meinung und Einschätzung dem tatsächlichen Ausgang anpassen. Wir haben es ja schon immer gewusst! Die Vorhersagbarkeit eines Ereignisses wird dabei retrospektiv ebenso überschätzt wie Zusammenhänge, Gründe und Ursachen für das Ereignis selbst.

Warum Gruppenentscheidungen nicht immer besser sind

Am 17. April 1961 begann die Invasion auf Kuba. In einer von der CIA geplanten Aktion landeten circa 1300 Exilkubaner in der Schweinebucht. Ihr Ziel: der Sturz von Fidel Castro. Die Vorstellungen des Geheimdienstes von Castros Armee waren, wie sich herausstellte, nicht nur vage, sondern irrig. Man glaubte, die Armee werde nach dem Überraschungsangriff auseinanderbrechen. Die wirkliche Stärke der kubanischen Truppe war niemandem bewusst. Zu den wesentlichen Fehlannahmen der Gruppe um Präsident John F. Kennedy gehörte die Idee, dass die kubanische Luftwaffe schwach und schnell auszuschalten sei. Die USA wussten, dass Castro sowjetische Bomber zur Verfügung hatte, nahm aber an, dass diese nicht schnell einsatzbereit wären. Man vergaß dabei die erfahrenen tschechischen Piloten, die sich seit Oktober 1960 auf Kuba aufhielten.

John F. Kennedy entzog den Exilkubanern kurz vor Beginn der Invasion die militärische Rückendeckung Amerikas und bekräftigte seine öffentliche Aussage, dass es niemals militärische Interventionen durch die Vereinigten Staaten geben werde. Versorgt mit Informationen aus ungesicherten Quellen nahm die Großmacht an, dass circa 2400 Untergrundkämpfer nur auf ihren Einsatz für die USA warteten. Weitere massive Fehleinschätzungen führten letztendlich zur Katastrophe in der Schweinebucht. Mangelhafte Planung und schlechte Kommunikation waren die wohl größten Fehler der Expertengruppe.

Wie aber kann es sein, dass diese qualifizierten Menschen nicht in der Lage waren, Informationen valide zu verifizieren und fundierte Entscheidungen zu treffen?

Die Grundannahme des Phänomens »Gruppendenken« (➡ Glossar) ist, dass ein außerordentlich starkes Wir-Gefühl innerhalb der Gruppe entsteht. Die gemeinsame Illusion wird mitunter so wahrhaftig, dass Hinterfragen und Verifizieren nicht mehr stattfinden.

 Die Gruppe hält sich für unverwundbar und geht vermehrt hohe Risiken ein.

»It seemed that, with John Kennedy leading us and with all the talent he has assembled, nothing could stop us. We believed that if we faced up to the nations problems and applied bold, new ideas with common sense and hard work, we would overcome whatever challenged us«, wird Robert Kennedy am Tag vor der Invasion im Verteidigungsministerium zitiert. Die entstandene Euphorie in der Gruppe führt dazu, dass eine rationale Entscheidungsfindung fast nicht mehr möglich ist. Der gemeinsame Standpunkt wird als Wahrheit und, schlimmer noch, als Wirklichkeit empfunden. Wenn es überhaupt kritische Gedanken von Einzelnen gibt, so werden sie nicht geäußert. Niemand will als »Weichling« oder »Abweichler« gelten. Für die einzelnen Gruppenmitglieder ist irgendwann die Harmonie innerhalb der Gemeinschaft wichtiger als die eigene Meinung oder mögliche Risiken. Dem an sich positiven Effekt des Kollektivwissens wirkt der Effekt des Gruppendenkens entgegen.

Nach Janis (1982) gibt es sieben Fehler, die Gruppen in Entscheidungssituationen machen:

1. Kaum Suche nach Alternativen
2. Kein umfassendes Verifizieren der Fakten
3. Risiken der bevorzugten Entscheidung werden weder abgewogen noch hinterfragt
4. Keine Neubewertung von bereits ausgewählten Alternativen
5. Schlechte Informationssuche
6. Neigung zur selektiven Informationssuche in Richtung der eigenen Meinung
7. Fehlende Ausarbeitung von stringenten Handlungsplänen

Wie stark oder schwach die Signale auch sein mögen, sie ergeben erst einen Sinn, wenn sie im Diskurs erörtert und wie Puzzleteile zusammengesetzt werden. Dazu braucht es übergreifende Zusammenarbeit, Diversität und freien Informationsfluss.

In den fünf Monaten vor den Terroranschlägen vom 11. September 2001 erhielt die Federal Aviation Administration (FAA) insgesamt 105 Berichte der CIA, des FBI und des U.S. State Department, in denen die Begriffe »Osama bin Laden« beziehungsweise »Al Qaida« rund 52-mal vorkamen. Diese Berichte gingen an verschiedene Behörden und Institutionen der USA. Das bedeutete leider nicht automatisch, dass sie zusammengebracht und sinnvolle Schlussfolgerungen daraus gezogen wurden. Einige Hinweise versandeten auf der lokalen Ebene, einige wurden schlicht nicht weitergegeben. Im Endergebnis wurde die Terrorgefahr im Vorfeld nicht erkannt (zumindest nicht in ihrem vollen Ausmaß), obwohl die Signale da waren.

Souverän managen in der Datenflut

Das Horten von Herrschaftswissen, wie es heute in unserer komplexen dynamischen Arbeitswelt stattfindet, ist weder angemessen noch zielführend. Ein Einzelner, und sei er als Manager noch so gut, kann ein komplexes System nicht mehr vollständig erfassen oder gar verstehen. Gleichzeitig sind wir mit der Datenflut und ihrem ständigen Rauschen konfrontiert, die von uns Entscheidungen fordert – trotz »schlechter Sicht«. Damit das gelingt, sollten ein paar Aspekte berücksichtigt werden.

Was beim Umgang mit Datenmassen zu beachten ist:

► Das Vorenthalten von Informationen schadet dem System und erzeugt einen Mangel bei Mitarbeitern und Kollegen.

► Ein Zuviel an Daten schadet dem System und erzeugt einen Mangel bei Mitarbeitern und Kollegen.

► Für Entscheidungen braucht es relevante Informationen.

► Trainieren Sie Ihr Gespür: für den Markt, die Mitarbeiter, die Entwicklungen.

► Involvieren Sie Ihre Mitarbeiter, statt sie mit Daten zu überhäufen.

► Bleiben Sie im Dialog mit Ihren Mitarbeitern, um zu erfahren, was sie bewegt.

► Seien Sie wachsam für Bestätigungsfehler, selektive Wahrnehmung, Wunschdenken und Gruppendenken.

Bevor wir anfangen, noch mehr Daten zu sammeln, sollten wir uns mit den Mechanismen der Selektion, Interpretation und Manipulation auseinandersetzen. Wir sollten lernen, Relevanz zu erkennen.

DIE ERKENNTNISSE IN KURZFORM:

► Wir leiden unter einer Flut von Daten, aber an einem Mangel an Informationen.

► Wir können nur eine begrenzte Menge an Daten analysieren, Informationsmassen sind nicht hilfreich.

► Unser Gehirn ist Meister im Filtern relevanter Information.

► Schwache Signale sind Vorboten von Chancen und Risiken.

► Veränderungen und Krisen kündigen sich immer an.

Irrtum Nr. 7:
Vertrauen ist gut,
Kontrolle ist besser

Er sitzt am Kopfende des Tisches, wie es sich für einen Mann in seiner Position gehört. Um ihn herum haben seine engsten Vertrauten Platz genommen. Seine Hände ruhen auf der Tischplatte, sein Blick schweift von einem zum anderen. Er mustert sie, durchdringend und ruhig. Wer seine Augen auf sich spürt, senkt den Kopf und schaut zu Boden. Er trägt die Verantwortung für viele Menschen, die unter seiner Führung arbeiten. Seine Ziele sind ambitioniert und er geht hohe Risiken ein.

Seine Führungskräfte, die er um sich geschart hat, sind loyal und durchsetzungsstark – ein wenig wie Kettenhunde. Immer aufmerksam, immer bereit. Er steht oft da und beobachtet seine Mannschaft. Er gibt ihnen Aufgaben, deren Erfüllung vor allem einen moralischen Zweck erfüllen soll – Gehorsam, Disziplin und Unterordnung. Kleinste Abweichungen von seiner Norm oder unbeabsichtigte Fehler werden sanktioniert, sofort und erbarmungslos. Niemand soll auf die Idee kommen, seinen Anweisungen nicht zu folgen. Niemals will er die Kontrolle verlieren.

Szenenwechsel: Sein Vorhaben ist in schwere Turbulenzen geraten. Alles läuft drunter und drüber, Angst und Panik machen sich breit in der Mannschaft. Eine der Führungskräfte rät ihm, dringend den Kurs zu ändern, um wieder in ruhiges Fahrwasser zu gelangen. Er lehnt ab. Er will unbedingt auf Kurs bleiben. Alle Warnhinweise wischt er vom Tisch. Auf die Frage, wie lange die Mannschaft das noch aushalten soll, antwortet er: »So lange, wie die Führungskräfte es aushalten.« Sein Ehrgeiz erlaubt es ihm nicht, vom Kurs abzuweichen und Zeit zu verlieren, koste es, was es wolle.

So geht es weiter. Egal ob schwierige oder ruhige Zeiten, er bleibt seinem Stil treu. Die Führungskräfte beginnen eigene Vorstellungen zu entwickeln und ernten seinen Zorn. Es gefällt ihm nicht und er reagiert mit der Forderung nach unbedingter Einhaltung seiner Regeln und der Etikette. Als er das Gefühl hat, in die Enge getrieben zu werden, ist seine einzige Strategie »Mehr vom Gleichen«. So sorgt er schließlich für den Eklat. Es kommt, wie es kommen musste: Die Ersten verlassen das Team und schließlich meutert die ganze Mannschaft. Kapitän Bligh muss mit seinen treuesten Kettenhunden die Bounty verlassen.

Ach so, die Rede ist von einem Hollywoodfilm über ein Ereignis im 18. Jahrhundert! »Was hat das denn mit der Realität in Unternehmen zu tun?«, mögen Sie sich fragen. Manchmal mehr, als uns lieb ist. Einen Kapitän Bligh treffen Sie auch in der einen oder anderen Organisation. Meistens etwas besser getarnt und strategischer im Vorgehen. Wie auf der Bounty versuchen die Kommandanten unserer Teams, Abteilungen, Bereiche und Unternehmen auch oft, alles unter ihrer Kontrolle zu halten. Sie wollen alles wissen, alles verstehen, alles entscheiden und alles im Griff haben.

Aber sie regieren doch nicht so tyrannisch wie die tragische Figur im Film, oder? Schön wär's. Auf der Bounty gibt es nach einem bestandenen Unwetter eine Sonderration Abendessen. In unseren Organisationen nennen wir das neudeutsch Incentive und gehen gemeinsam zum Koch-Event, fahren Boot oder machen irgendetwas Spektakuläres – Stichwort Zuckerbrot. Zugegeben, ich habe es noch nie erlebt, dass ein Mitarbeiter ausgepeitscht oder geknebelt an einen Mast gebunden wurde. Die moderne Variante dieser Torturen sehe ich aber sehr wohl. Jemanden vor der Mannschaft fertigmachen, ihn durch bewusst zurückgehaltene Informationen ins offene Messer laufen lassen oder ausgrenzen, all das ist üblich – Stichwort Peitsche.

Kapitän Blighs Führungsstil kann wohl am ehesten als autoritär bezeichnet werden. Aber wo wird dieser Führungsstil heutzutage noch gelehrt? Es gibt, meiner Kenntnis nach, kein Seminar für diese Art Führung. »Werden Sie durch unser dreitägiges Training fit für die Tyrannei. Lernen Sie Mitarbeiter zu unterdrücken und die Alleinherrschaft zu sichern« – eine solche Werbung habe ich noch nirgends entdeckt. Fragt man in den Unternehmen nach, welcher Stil dort vorgelebt und gefordert wird, so hört man allenthalben »kooperativ« oder »partizipativ«. Keine Führungskraft sagt von sich selbst, sie herrsche wie Kapitän Bligh und finde das auch gut so. Dennoch stößt man bei genauerem Hinsehen immer wieder auf Mikromanagement, auf noch mehr Kontrolle, Sanktionen, Misstrauen & Co. Also noch einmal die Frage: Wie kommt dieses Führungsverhalten in unsere Organisationen, wenn es niemand will, macht und schult? Ist doch komisch, oder?

Auf der Suche nach Helden

Auf der Bounty ist Kapitän Bligh nicht nur der tyrannische Befehlshaber, sondern verkörpert gleichzeitig das Böse. Sein Gegenspieler ist Fletcher Christian – charismatisch, gut und mit ausgeprägtem Gerechtigkeitssinn. Christian ist der Held der Geschichte. Er ist maßgeblich verantwortlich für die Meuterei und will sich am Ende sogar selbst dem Militärgericht stellen. Ihm wäre die Crew sicher bedingungslos gefolgt, hätte sich für ihn ins Zeug gelegt, wäre loyal und motiviert gewesen. Jede gute Geschichte hat einen Helden. Das war schon immer so und soll auch so bleiben. Schließlich sehnen wir uns alle danach.

»Ich wär so gerne …«

Seit unserer Kindheit begleiten sie uns, die Helden aus Märchen, Comics, Filmen, Fabeln und Erzählungen. Wer war der Held Ihrer Kindheit oder Jugend? Peter Pan, Superman, Die drei ???, Robin Hood oder gar Lassie? Wer immer es auch gewesen sein mag, er gab Ihnen Orientierung und Sicherheit. Unsere Helden vermitteln uns, welche Werte einen guten Menschen ausmachen. Sie geben uns eine Idee davon, wer und wie wir sein wollen. Dies ist GUT und jenes ist BÖSE – ganz einfach. Helden erleben viele Abenteuer, wachsen über sich hinaus, machen Unmögliches möglich, finden immer eine Lösung und sind meistens auch als Retter aktiv. Sie stillen unsere Sehnsucht nach Erfolg. Denn eines haben sie alle gemein: Sie sind erfolgreich.

Auch heute, im Erwachsenenalter, geht die Suche nach Helden weiter. Wir finden sie in der Wirtschaft, der Politik, im Showbusiness. Die Harris Interactive Corporation hat zuletzt 2009 eine Umfrage unter amerikanischen Bürgern gemacht, um das aktuelle Heldenranking zu ermitteln (Harris, 2009). In diesem Jahr lag Barack Obama auf Platz 1, sogar noch vor Jesus und gefolgt von Martin Luther King. Auf den Plätzen 20 und 23 finden sich Oprah Winfrey und Bill Gates. Gott fiel leider aus den Top Ten auf Platz 11 ab. Die Befragten gaben auch an, welche Aspekte diese Menschen für sie zu Helden machen. Die folgenden fünf Eigenschaften und Fähigkeiten wurden als Schwerpunkte genannt:

▶ Das Richtige tun, ungeachtet persönlicher Konsequenzen (89 %)
▶ Niemals aufgeben, bevor das Ziel erreicht ist (83 %)
▶ Mehr leisten, als andere von ihnen erwarten (82 %)
▶ Widrigkeiten überwinden können (82 %)
▶ Auch in einer Krise besonnen bleiben (81 %)

Eventuell fallen Ihnen noch weitere Eigenschaften ein und möglicherweise zählen Sie die genannten Personen nicht zu Ihren Helden, aber ganz sicher gibt es auch für Sie Menschen, die aus Ihrer Sicht Helden sind. In der Öffentlichkeit werden uns regelmäßig verschiedene Menschen als Held oder Heldin (das kommt allerdings seltener vor) vorgestellt. Edward Snowden – der Held des digitalen Zeitalters. Steve Jobs – Held und Wohltäter. Julija Timoschenko – Heldin der westlichen Welt. Diese Bezeichnungen machen es klar: Das sind unsere gegenwärtigen Helden. So wie die Idole unserer Kindheit geben sie uns Orientierung und befriedigen unseren Wunsch nach Erfolg.

Egal ob im Märchen oder in der Tagespresse, das Bild der Helden, das uns präsentiert wird, weist viele Gemeinsamkeiten auf. Der Held als einsamer Wolf, gestartet oft aus einer Außenseiterposition, agiert hart, aber herzlich. Er wird gefürchtet, bewundert, gefeiert und geliebt. Schließlich kämpft er für das Gute und gewinnt (fast) immer. Ein wesentlicher Aspekt bei unseren Helden: Sie scheinen alles unter Kontrolle zu haben. Der Held kontrolliert die Situation, die Krise, das

Chaos. Damit sind wir beim Knackpunkt und der Antwort auf die Frage »Warum braucht Komplexität keine Helden?«.

 Helden, und das haben viele Führungskräfte mit ihnen gemein, wollen die volle Kontrolle, am liebsten über jedes Detail.

Alles unter Kontrolle!?

Wir alle erliegen zuweilen der Vorstellung, dass wir Dinge kontrollieren können, über die wir objektiv keine Macht haben – und das zunächst einmal unabhängig davon, ob wir vor einer komplexen Situation stehen oder nicht. Es ist eine Illusion, die uns, wie viele positive Illusionen, motivieren kann. Ellen Langer, Professorin für Psychologie an der Harvard University, hat als Erste in den 1980er Jahren dieses Phänomen erforscht. Sie hat beispielsweise beobachtet, dass Menschen sich beim Lottospielen höhere Chancen auf einen Gewinn einräumen, wenn sie die Zahlen selber sorgfältig ausgewählt haben. Diese Tendenz zeigt sich auch im Kasino. Menschen werfen die Würfel kraftvoller, wenn sie hohe Zahlen bekommen wollen. Bei niedrigen Zahlen würfeln sie sanfter. Die Illusion, Kontrolle ausüben zu können, ist umso stärker, je mehr die Menschen selber eingreifen und Entscheidungen treffen können. Woher aber kommt dieser Hang zur Kontrolle? Wofür ist er gut?

Der Psychologe Icek Ajzen gibt mit seiner »Theorie des geplanten Verhaltens« eine Antwort auf diese Frage. Seiner Meinung nach braucht der Mensch den Glauben an die Kontrollmöglichkeit (Kontrollüberzeugung ➡ Glossar), um überhaupt zu handeln. Ohne diesen Glauben bleibt es oft bei der Intention, etwas zu tun. Dabei kann die subjektiv empfundene Kontrolle durchaus von der objektiven abweichen. Je besser wir uns auskennen – in Bezug auf ein Thema, ein Problem oder eine Organisation –, desto mehr glauben wir persönlich kontrollieren zu können.

Die Illusion der Kontrolle motiviert uns zum Handeln. Sie gibt uns Sicherheit. Ohne sie bleiben wir in vielen Situationen tatenlos. Das hängt eng mit unserer Einschätzung der Selbstwirksamkeit (➡ Glossar) zusammen. Inwieweit glauben wir, dass wir durch unser Verhalten Dinge bewirken und damit unsere Umwelt beeinflussen können? Wie hoch also schätzen wir unseren persönlichen Anteil ein, wie wirksam sind wir? Entscheidend ist dabei nicht, wie viel Einfluss unser Verhalten objektiv hat, sondern der Glaube an unsere Selbstwirksamkeit.

Das Urban-Noise-Experiment (Glass, 1972) macht diesen Aspekt sehr deutlich. In drei Versuchsgruppen unterteilt bekamen die Probanden die gleiche Aufgabe – Korrekturlesen. Über den gesamten Zeitraum wurden die Teilnehmer lautem Straßenlärm ausgesetzt. Gruppe 1 hatte die Möglichkeit, den Lärm über einen Knopf abzuschalten. Gruppe 2 bekam ebenfalls diese Möglichkeit, wurde jedoch gebeten, diesen Knopf wenn irgend möglich nicht zu benutzen. Gruppe 3 schließlich hatte keinen Knopf. Das Experiment sollte die Frage beantworten: »Wer produziert die besten Resultate und warum?«

Am schlechtesten schnitt Gruppe 3 ab. Die Probanden fühlten sich ausgeliefert, hatten keine Kontrolle über die Situation. Die Gruppen 1 und 2 lieferten ähnlich gute Ergebnisse. Alle Teilnehmer hatten die Möglichkeit einzugreifen und den Lärm auszuschalten. Was die Probanden selbstverständlich nicht wussten, war, dass der Knopf für Gruppe 2 keinerlei Funktion hatte. Für sie reichte der Glaube daran, Einfluss nehmen zu können.

Die Selbstwirksamkeit(serwartung) ist die individuelle Überzeugung, dass man in einer konkreten Situation die angemessene Leistung bringen kann. Dieses Gefühl beeinflusst die eigene Wahrnehmung, die Motivation und die Leistung. Oft wird sie mit der Kontrollüberzeugung gleichgesetzt, was jedoch verkehrt ist. Kontrollüberzeugung ist der Glaube daran, ein Ereignis irgendwie kontrollieren zu können. Selbstwirksamkeit ist der Glaube, ein Ereignis herbeizuführen. Beide Überzeugungen haben einen großen Einfluss auf unser Verhalten.

Kontrolle, Selbstwirksamkeit und Handeln

► Person A glaubt, es sei unmöglich, im kommenden Quartal die Umsatzzahlen zu steigern, weil keine Absatzideen existieren (keine Kontrollüberzeugung, keine Selbstwirksamkeitserwartung, da niemand Absatzideen hat); ➡ wird nicht handeln

► Person B glaubt, die Umsatzzahlen lassen sich steigern, sie selbst aber hat keine Absatzideen (Kontrollüberzeugung, keine Selbstwirksamkeitserwartung); ➡ wird nicht handeln, aber eventuell jemand anderen involvieren

► Person C glaubt, die Umsatzzahlen lassen sich steigern, und sie hat passende Absatzideen (Kontrollüberzeugung, Selbstwirksamkeitserwartung); ➡ wird sofort handeln

► Person D glaubt, die Umsatzzahlen lassen sich nicht steigern, obwohl sie passende Absatzideen hat (keine Selbstwirksamkeitserwartung, da keine Kontrollüberzeugung); ➡ wird nicht handeln

Keine Kontrollüberzeugung   Keine Selbstwirksamkeitserwartung

Kontrolle und Selbstwirksamkeit sind Überzeugungen und können Illusionen sein, die mit der Realität nichts zu tun haben. Sie sind jedoch auch wichtige Antreiber für uns. Dem Trugschluss der Kontrolle können wir erliegen, wenn wir vor einfachen oder komplizierten Aufgaben stehen. Auch bei komplexen Aufgaben kann das geschehen –

aber in diesem Fall handelt es sich ganz sicher um einen Trugschluss, der uns keinerlei Hoffnung lässt, denn:

Kontrolle über komplexe Systeme ist immer eine Illusion.

Die Zeit der alten Helden ist vorbei

Der einsame Wolf, der unter Einsatz seines Lebens für seine Werte und das große Ziel kämpft, hat ausgedient. Der Held, der ganz alleine die richtigen Entscheidungen zu treffen vermag und immer den Durchblick behält, taugt nur noch für die Kinoleinwand. In unseren Organisationen, Projekten und Vorhaben ist seine Rolle obsolet. Komplexität braucht Führungskräfte und Manager, die integrieren, statt zu kommandieren. Es braucht Manager, die ermöglichen, statt zu kontrollieren.

Kennen Sie Gene Krenz? Viele von Ihnen haben ihn im Film »Apollo 13« kennengelernt, in dem er von Ed Harris verkörpert wird. Krenz war Flugdirektor der NASA während der Apollo-Programme. In der Realität und im Film ist Krenz der »moderne Held« und eigentliche Retter der Apollo-13-Mission – schließlich war er maßgeblich für die Rückkehr der Besatzung zur Erde verantwortlich. Dabei agiert er jedoch wesentlich unauffälliger, als wir es von Helden eigentlich gewohnt sind. Nachdem ein Sauerstofftank an Bord der Raumfähre explodiert ist, wird unter Krenz' Leitung am Boden die Lösung erarbeitet – besser gesagt, die diversen Lösungen, denn durch die Explosion ergeben sich mehrere massive Probleme. Krenz erkennt das Ausmaß der Katastrophe und, was noch viel wichtiger ist, er akzeptiert sie als solche. Er holt das Kernteam zusammen und erklärt: »Vergesst alle Flugpläne, ab jetzt improvisieren wir eine neue Mission«.

»Scheitern ist keine Option.«
GENE KRENZ

Fest steht, dass die Apollo-Mission vorzeitig beendet werden muss. Die erste Frage lautet: Wie wird die Raumfähre zurückkehren? Umdrehen oder den Mond umfliegen? Krenz lässt die Experten diskutieren, er hört die Alternativen und entscheidet, welche detaillierter zu betrachten sind, welche Analysen gefahren werden müssen und welche Experten einzubinden sind. Er ist bereit, seine Entscheidungen jederzeit zu widerrufen, wenn sich die Bedingungen ändern, und er ist bereit, neue Ideen und Lösungen zuzulassen, ganz egal wie unsinnig sie für ihn klingen mögen. Seine wichtigsten Entscheidungsinstrumente: Erfahrung, Intuition und Vertrauen. So geht er mit all den schwerwiegenden Problemen um, sei es die Stromzufuhr, der Sauerstoffverlust oder die Suche nach einer Lösung, um die Lüftungssysteme von Raum und Mondfähre zu verbinden.

 Die Helden, die wir heute brauchen, haben sich gewandelt: vom einsamen Wolf zum »integrativen Entwicklungshelfer«.

»Im Fall der Apollo-Mission geht es ja auch um Leben und Tod«, können Sie einwenden. Ja, das stimmt, und gleichzeitig ist das kein Einwand. Was spricht dagegen, aus diesem Beispiel zu lernen, auch wenn in unserem täglichen Arbeitsleben nicht immer Menschenleben auf dem Spiel stehen? Es geht doch auch bei uns immer um etwas: um die Fähigkeit, in einer komplexen Welt erfolgreich zu sein, um eine gute Anpassungsfähigkeit an sich stets verändernde Bedingungen, um das Überleben der Organisation. Die Frage lautet also vielmehr: Was bedeuten Management und Führung in einem komplexen Kontext?

Management ist regeln, nicht steuern

Wir schreiben das Jahr 1908, in dem die Produktion des Model T beginnt, die im Laufe der folgenden Jahre sowohl den Markt als auch die Produktionsmechanismen revolutionieren wird. Henry Ford möchte mit diesem Auto eine Vision verwirklichen: Autos sollen für alle Menschen verfügbar sein. Bis dahin war die Produktion eines Autos langwierig und teuer, nun sollte es schnell gehen und das Ergebnis sollte für jeden Amerikaner erschwinglich sein.

Henry Ford war klar, dass er die Produktionskosten senken und die Abläufe verändern musste, um sein Ziel zu erreichen. Nach dem Vorbild der Schlachthöfe gestaltete er die Abläufe in Produktionslinien um. Das brachte Beschleunigung, aber nicht genug. Ford engagierte Frederick Taylor (➡ Glossar), der sich zu dieser Zeit intensiv mit der Frage nach Effizienzsteigerung in Arbeitsabläufen beschäftigte. Taylor studierte die Prozesse und Abläufe und stoppte Zeiten. Er empfahl zunächst, die Aufgaben gemäß Fähigkeiten und Stärken auf die Arbeiter zu verteilen. Außerdem sollten alle unnötigen Wege und Handreichungen eliminiert werden.

Ford adaptierte Taylors Vorschläge und dessen grundlegende Managementgedanken und begann seinen Produktionsprozess sukzessive umzubauen. Die für eine Autoproduktion notwendigen Teile wurden, wenn sie klein genug waren, zum Auto transportiert. Die großen Bauteile blieben stationär. Diese Veränderung beschleunigte den Produktionsprozess weiter, doch Henry Ford war noch nicht zufrieden. Also ließ er das zu fertigende Auto an einem Seil durch die Halle ziehen, um den Vorgang zu verkürzen. Nach vielen weiteren Veränderungen, die dazu dienten, den Prozess zu optimieren, etablierte er 1913 schließlich die automatisierte Fließbandproduktion für den Ford T. Damit konnte ein Auto in 93 Minuten statt wie bisher in 12 Stunden produziert werden.

Der Kaufpreis für »das amerikanische Auto« sank weiter und so wurde das Model T für viele Menschen erschwinglich. Das Unternehmen Ford fuhr beträchtliche Gewinne ein. Henry Ford errichtete mit Rouge Plant ab 1917 die größte Industrieanlage der Welt. Dort rollten täglich 10 000 Ford T vom Band, produziert von 100 000 Arbeitern. Aber natürlich war nicht alles rosarot in dieser Erfolgsgeschichte. Ford musste längst keine Fachkräfte mehr beschäftigen, die Produktion war in kleinstmögliche Arbeitsschritte zerlegt, die von jedem ungelernten Arbeiter ausgeführt werden konnten. Das Management be-stimmte die Taktung des Fließbandes und damit den Arbeitstakt der Menschen – ohne Diskussion oder Verhandlung. Für den Gang zur Toilette mussten die Arbeiter die Zustimmung der Aufsicht einholen. Viele von ihnen blieben nur wenige Wochen, die Monotonie und die hohe Arbeitsbelastung trieben sie fort.

Henry Fords Gegenmittel war der Lohn. Er zahlte mit fünf Dollar am Tag das Doppelte im Vergleich zu anderen Unternehmen. Das tat er sicherlich nicht nur, weil er ein guter Mensch war und seine Arbei-ter halten wollte. Ford wollte, dass sich jeder Arbeiter einen Ford T leisten konnte. Gewerkschaften lehnte er in seinem Unternehmen vehement ab und er entließ die Arbeiter, die sich den Organisationen anschließen wollten. Seine Maxime war: Gutes Geld für harte Arbeit. Alles musste sich dem System Ford unterordnen und seine Regeln mussten befolgt werden.

Henry Ford ist ein Beispiel für vieles – den amerikanischen Traum, den Selfmademan, den Visionär, den Revolutionär – und er ist ein Beispiel für das steuernde Management. Er wollte sein Unternehmen zielgerichtet beeinflussen, um das Verhalten aller Beteiligten zu be-stimmen. Dabei gab es keinerlei Rückkopplungsmechanismen, die-se wurden strikt unterbunden. Kontrolle war für Ford ein wichtiges Instrument. Kontrolliert wurden die Zeiten, die Teile, die Prozesse, die Menschen, die Gewerkschaften, die Pausen, die Toilettengänge. Da blieb kein Spielraum für Ideen der Arbeiter, und dieser war nach Fords Meinung auch gar nicht notwendig. Schließlich war es über die gemachten Analysen möglich, die Prozesse so effizient wie möglich zu gestalten, um das Optimum an Wirtschaftlichkeit zu erreichen.

Der erste Ford T wurde vor mehr als 100 Jahren produziert, und auch heute sind Kontrolle, Disziplin, Effizienz, Verlässlichkeit und Genau-igkeit noch wesentliche Werte im Management unserer Organisatio-nen.

Die Idee, eine Organisation im Stil von Henry Ford steuern zu können, ist in vielen Köpfen noch fest verankert.

Das lässt sich vor allem damit begründen, dass es meist immer noch um Effizienzsteigerung geht. Im kommenden Jahr soll die Produktivität erhöht werden oder der Umsatz verdoppelt, gerade so, als gäbe es keine Einflüsse von außen. Wir agieren aber nicht auf dem Automobilmarkt um das Jahr 1900, sondern stehen vor den komplexen dynamischen Herausforderungen des 21. Jahrhunderts. Es geht nicht mehr nur um die lineare Produktion von identischen Produkten, sondern um enorme Wechselwirkungen zwischen Dingen, die wir nicht selber entscheiden oder steuern können. Darin liegt der Unterschied, den wir endlich akzeptieren müssen. Die Methoden von damals sind nicht mehr kompatibel mit den Aufgaben von heute.

Die Herausforderungen in der Regelung komplexer Systeme

Die grundlegenden Eigenschaften komplexer Systeme sind im Eingangskapitel ausführlich erläutert worden. Ich werde sie hier noch einmal aufführen, um die Managementhürden, die sie mitbringen, zu skizzieren. Für das Management von Organisationen ergeben sich daraus diverse Schwierigkeiten und Aufgaben.

Nicht-Linearität macht Vorhersagen unmöglich

Henry Ford konnte den Produktionsprozess des Model T zerlegen und so die einzelnen Schritte verstehen und optimieren. Der Bau eines solchen Autos war kompliziert und damit linear. In komplexen Systemen gibt es kein triviales Zerlegen. Komplexes wird durch Zerlegen nicht linear, es bleibt komplex. Dieser Tatsache muss jede Führungskraft und jeder Manager ins Auge sehen und sich selber fragen: »Kann und will ich das aushalten?«

Führungskräfte, die dank ihres Expertentums die Karriereleiter hinaufgestiegen sind, fühlen sich wohler in der »geordneten« Welt und sollten darüber nachdenken, eine Fachlaufbahn einzuschlagen. Aus Unvorhersagbarkeit entsteht immer Unsicherheit (darüber, wie die Welt morgen sein wird) und das hat erheblichen Einfluss auf das Treffen von Entscheidungen und das Führen von Mitarbeitern.

Vernetzung und Dynamik

Alles ist mit allem vernetzt. So weit stimmen die meisten Menschen zu und nicken innerlich. Was aber heißt das für das Managen? Dass wir im Grunde nichts tun müssen oder sollen? Nein, im Gegenteil. Der Wunsch nach Kontrolle ist häufig ein Störfeuer für Vernetzung. Manager und Führungskräfte, die alles unter ihrer Kontrolle halten wollen, verhindern Vernetzung aktiv und stören (im negativen Sinne) das System. Es geht beispielsweise darum, gerade nicht mit der Nachbarabteilung X zu kommunizieren oder den Kollegen Z bewusst nicht zu informieren oder eben keine Zuarbeit für Bereich Y zu leisten. So sieht eine aktive Behinderung der Vernetzung aus.

Ebenso schädlich kann die unüberlegte Vernetzung von allen und allem sein. Es geht nicht darum, planlos möglichst viel zu vernetzen, sondern dies möglichst zielgerichtet und im Bewusstsein der Unvorhersagbarkeit zu tun. Darüber hinaus entwickeln komplexe Systeme eine gewisse Eigendynamik. Sie warten nicht auf Entscheidungen des Managements oder einen Impuls der Führungskraft. Sie entwickeln sich weiter, die Vernetzung erzeugt Wirkungen und Rückwirkungen. Dadurch kommt das Management in Zugzwang: Entscheidungen müssen zeitnah getroffen werden. Gar nicht oder zu spät getroffene Entscheidungen überlassen die Entwicklung des Projekts dessen Eigendynamik, unter Verzicht auf aktive Regelung.

Vernetzung und Dynamik erzeugen Intransparenz

Erinnern wir uns kurz noch einmal an Gene Krenz, den Flugdirektor der NASA. Allein die Wechselwirkungen der technischen Geräte und Apparaturen in Raum- und Mondfähre konnte er nicht mehr vollständig erfassen und verstehen. Die Komplexität war zu hoch. Krenz musste also Entscheidungen treffen, obwohl er viele Aspekte und Informationen gar nicht zur Verfügung hatte. Die Intransparenz ist ein Merkmal komplexer Systeme, die Entscheidungen für uns grundsätzlich zu einer besonderen Herausforderung machen. Durch die Dynamik müssen wir nicht nur den momentanen Zustand des Systems bedenken, sondern auch seine zukünftige Entwicklung. Das bedeutet ein Operieren mit vielen Unbekannten.

Selbstorganisation wird nicht gemacht, sie entsteht

Wir stehen der Selbstorganisation häufig im Weg. Viele Menschen in Führungspositionen glauben, dass Selbstorganisation etwas ist, das sie initiieren, zulassen oder erlauben. Dem ist jedoch nicht so. Jedes komplexe System, gerade soziale Systeme wie Teams oder Bereiche, funktioniert selbstorganisiert. Das ist keinesfalls gleichzusetzen mit Laissez-faire oder bedeutet, dass Führungskräfte ab jetzt die Füße hochlegen können. Im Gegenteil, Selbstorganisation basiert auf klaren Regeln und Prozessen.

Das Unternehmen, der Bereich, das Projekt oder welches System auch immer hat einen Auftrag zu erfüllen. Dafür braucht es die passenden Muster – es braucht eine ständige Bewertung durch das Management und ein kontinuierliches Feedback in das System zur Kurskorrektur. Selbstorganisation »funktioniert« nur dann, wenn alle Beteiligten ihre Verantwortung übernehmen (können), präzise Interaktionen stattfinden und ein Höchstmaß an Transparenz hergestellt ist.

Feedback ist der Regler

Feedback ist die Rückkopplung in das System und macht den Unterschied zwischen steuern und regeln. Es steht uns immer zur Verfügung, aber leider haben wir die Bedeutung von Feedback noch nicht vollständig erfasst. Es ist der einzige Regelungsmechanismus, den wir in komplexen Systemen haben. Jede Aktivität und Entscheidung ist mit ihrem Ergebnis wieder Input für die nächste Aktivität oder Entscheidung. Warum wollen wir das häufig nicht sehen oder hören?

Ganz einfach, das »Einarbeiten« von Feedback bedeutet in komplexen Vorhaben oft, Entscheidungen zu revidieren und den Kurs zu ändern. Positives Feedback heißt: »Weiter so, alles richtig gemacht.« Das hören wir am liebsten und bleiben auf dem einmal eingeschlagenen Pfad. Negatives Feedback heißt: »Etwas läuft unbefriedigend. Änderungen sind erforderlich.« Das hören wir nicht so gerne, es wird unbequem. Gar kein Feedback heißt: »Alles okay, weiter so« – das ist eine implizite positive Rückkopplung und damit eine Verstärkung ohne Regelung. Aus der Einzelwahrnehmung »Einer kommt einmal zu spät zum Meeting« wird so auf Dauer die unausgesprochene Regel »Zu spät kommen ist okay, alle können machen, was sie wollen«.

 Negatives Feedback ist Regelung im eigentlichen Sinne und damit eine fundamentale Managementaufgabe.

Entscheidungen treffen ohne Entscheidungssicherheit

Manager und Führungskräfte treffen Entscheidungen. Das ist ihr Job und an genau dieser Stelle erwischt sie die Komplexität ihrer Aufgaben und Organisationen in vollem Maße. Eine Entscheidungssicherheit, wie wir sie aus komplizierten Kontexten kennen, existiert nicht mehr. Die Frage, die sich stellt, lautet also: Wie begründe ich meine Entscheidungen? Wissen oder Vorhersagbarkeit sind nicht Basis der Entscheidungen. Der Entscheidungsmechanismus in komplexen Systemen lautet vielmehr: ausprobieren – Ergebnisse betrachten – reagieren.

Im Kapitel über Irrtum Nr. 4 habe ich die Aspekte des Ausprobierens bereits erläutert. Hier steht eine andere Frage im Vordergrund: Wie komme ich zu den richtigen Experimenten und Versuchen? Die Antwort: über kollektive Intuition. Es ist nicht das Erfahrungswissen der einzelnen Führungskraft oder des einzelnen Managers, das die Entscheidungsgrundlage stellt, denn Erfahrungswissen machen wir immer in einem bestimmten Kontext. Wenn dieser in der aktuellen Situation jedoch ein anderer ist, ist das Übertragen der gemachten Erfahrungen wenig sinnvoll und kann sogar zu falschen Entscheidungen führen. Wir brauchen die Intuition des Systems, der Beteiligten. Das Weg von einsamen Entscheidungen hin zur Nutzung der kollektiven Intuition bedient im besten Sinne Ashby's Law: komplexe Antworten auf komplexe Aufgaben.

Menschen führen ohne Gewissheit

Mitarbeiter brauchen Orientierung, und diese kommt von ihren Führungskräften. Das ist richtig, bedeutet aber nicht, dass Mitarbeiter stets hundertprozentige Sicherheit und glasklare Vorhersagen brauchen. Sie brauchen Orientierung. Diese bekommen sie zum einen über die gemeinsame Vision in Ihrem Projekt oder Ihrer Organisation. Wichtig ist, dass diese Vision nicht einfach Ihr Ziel wiedergibt. »Wir wollen unseren Umsatz verdoppeln« oder »Wir werden am Markt als kompetenter Partner für XY wahrgenommen« sind keine Visionen, an die Ihre Mitarbeiter emotional andocken können. Eine Vision ist emotional resonanzfähig und trägt die Teams auch durch turbulente Zeiten und hohe Anforderungen, weil die Menschen ein Bild mit ihrer Aufgabe verknüpfen, das Emotionen anspricht.

Der zweite Orientierungspunkt sind die gemeinsamen Werte. Damit meine ich nicht die hübsch ausformulierten und vom Marketing aufbereiteten Slogans, die auf den Fluren hängen und niemanden vom Stuhl reißen. Ich meine die gelebten Werte, die sich im Handeln und in der Kommunikation spiegeln. Basiswerte bilden für alle Beteiligte eine verlässlich Grundlage für das Agieren in einem System. Sie machen eine Kontrolle unnötig, weil das Handeln über diese Werte bestimmt wird. Innerhalb dieses Rahmens können auch Dinge ausprobiert und nach dem Scheitern wieder verworfen werden. Die Verwirrung hält sich in Grenzen, denn die grundsätzliche Orientierung ist gegeben.

»Willst du erkennen, lerne zu handeln.«
HEINZ VON FOERSTER

Führung ist verstehen und bewerten

Die gestiegene Komplexität unserer Welt hat dafür gesorgt, dass Führung sich zu verändern beginnt. Diese Veränderung wird weitergehen müssen, damit Organisationen auch in Zukunft erfolgreich sein können. Aber was genau sind dann die Aufgaben der Führungskräfte? Sollten Sie an dieser Stelle ein Rezept à la »Die 12 goldenen Zutaten für den Erfolg« erwarten, werde ich Sie enttäuschen. Es gibt keine Rezepte mehr, keine Best Practices, keinen vorbestimmten Erfolgspfad. Die Zeit der Chefs (de cuisine) hat begonnen. Diese Chefs sind in der Lage zu improvisieren und im jeweiligen Kontext flexibel und anpassungsfähig zu agieren. Sie verfügen über Erfahrung und wissen diese zu nutzen. Sie hadern nicht mit den Bedingungen, die sie vorfinden, sondern nutzen ihre Spielräume. Sie sind nicht Opfer der Komplexität, sondern deren Meister.

 Die Frage ist nicht »Wie kann ich eine komplexe Organisation managen?«, sondern »Wie kann ich in einer komplexen Organisation managen?«.

Manager und Führungskräfte sind ebenso Teil des Systems wie ihre Mitarbeiter. Es existiert keine von außerhalb oder von oben steuernde Instanz »Führung«. Das Bild von Führung in den Köpfen der Menschen braucht ein Update. Die alte Vorstellung von umfassendem Wissen, vollständigem Verstehen und absoluter Kontrolle ist obsolet. Damit ändern sich auch die Aufgaben einer Führungskraft. Sie wird zum Systemversteher und -bewerter.

Der Systemversteher und -bewerter

- hält die Komplexität aus.
- erkennt die Wirkungszusammenhänge und Muster.
- nutzt sein Wissen, um Impulse zu setzen und Resonanz zu erzeugen.
- bewertet das Systemverhalten und nutzt Feedback als Regler.
- schafft den passenden Rahmen und Raum, um Vernetzung zuzulassen.
- nutzt die kollektive Intuition und Intelligenz.

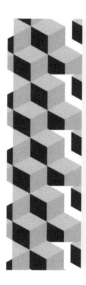

DIE ERKENNTNISSE IN KURZFORM:

- Kontrolle ist eine wichtige Triebfeder für das eigene Handeln.
- Komplexe Situationen lassen sich nicht kontrollieren.
- Wir wären gerne Helden, aber die »alten Heldenbilder« werden nicht mehr gebraucht.
- Komplexität lässt sich regeln, aber nicht steuern.
- Komplexität ist unsere Herausforderung.
- Verstehen und bewerten sind die Hauptaufgaben für Manager und Führungskräfte.

Irrtum Nr. 8:
Konkurrenz belebt
das Geschäft

Ja, ich gebe es zu. Ich zappe beim Fernsehgucken. Wenn ich so durch die Kanäle schalte, bekomme ich einen Einblick in die vielen Game-, Reality-, Gewinn- und Dokushows, die täglich in unsere Wohnzimmer wabern. Ich sehe adipöse Normalbürger, die sich im Strohballen-schnell-durch-einen-Parcours-Tragen üben. Ich beobachte Z-Prominente dabei, wie sie sich im »Eingesperrt wohnen« messen. Es gibt dabei gemischte Teams aus Promis und Normalos, die Wissensfragen beantworten und Aufgaben mit vollem Körpereinsatz lösen.

Zu guter Letzt gibt es noch zwei Herren mit unmöglichen Namen, die sich quer über den Globus hetzen, um knallharte und mittelschwer bescheuerte Herausforderungen (oder besser: Challenges) zu bestehen. Und alle Shows haben eines gemeinsam – es geht um den Wettbewerb. Schneller abnehmen als die anderen, mehr Gewicht verlieren, länger aushalten, mehr wissen, höher abspringen, tiefer fallen. Das schauen wir nur allzu gerne. Echt?

»Konkurrenz belebt das Geschäft«, ist die Devise. Ja, es mag sein, dass die Kandidaten mehr abnehmen und länger durchhalten, weil sie in einer Gruppe nicht den letzten Platz belegen wollen. Es mag sein, dass Menschen so Leistungen erbringen, zu denen ihnen im stillen Kämmerlein der Antrieb fehlt. Und ja, es mag sein, dass so Grenzen überschritten werden. Stellt sich die Frage, ob es die Grenzen der Leistung oder des guten Geschmacks sind. Und wozu überhaupt? Wo ist da der Mehrwert?

Bei all diesen Wettbewerben fehlt vor allen Dingen eines – der Markt. Diese Wettbewerbe tragen nichts zum Gemeinwohl bei und verbessern in keiner Weise irgendeine Situation über die Halbwertszeit der Show hinaus. Sie dienen einzig und allein dem Erreichen individueller Ziele. »Ist doch okay«, könnten Sie jetzt einwenden. »Das ist eben Wettbewerb im sportlichen und nicht im marktwirtschaftlichen Sinne.« Das Argument leuchtet ein. Es gibt dabei jedoch einen Knackpunkt. Wir übertragen den Wettbewerbsgedanken – »Konkurrenz bringt mehr Leistung, Ideen und Innovationen« – 1:1 auf unsere Organisationen.

Viele Manager skandieren diesen Glaubenssatz wie ein Mantra. Und sie glauben wirklich, der »interne Wettbewerb« sorge dafür, dass Mitarbeiter ihre besten Ideen auspacken und sich gerne zu immer höheren Leistungen schrauben. Der Vertrieb ist hier immer ganz vorne mit dabei. Man unterstellt, dass Vertriebler – und allen voran die Vertriebsleiter – grundsätzlich ellenbogeneinsetzende Alpha-Männchen (von Weibchen wird dabei weniger gesprochen) mit unbegrenztem Spaß am Konkurrenzkampf sind.

Damit der Kampf »fair« ist, werden Punkte vergeben, wie in jeder guten Gameshow auch. Nur nennt man das im Arbeitsleben nicht »Punkte« und niemand sagt: »Wir schauen jetzt mal auf den aktuellen Punktestand.« Im Arbeitsleben nennen wir das »Key Performance Indicator« (KPI) und die Spielart heißt »Anreizsystem«. Das ist eine ergebnisorientierte Vergütung aufgrund der Erreichung festgelegter Schwellenwerte. Da haben wir die Basis für Game- und Vertriebsshows. Aber ist dieser Vergleich nicht zu weit hergeholt? Die Menschen unterscheiden schließlich zwischen Fernsehen und Wirklichkeit.

Aber selbst wenn sie das tun, sind ihr Verhalten und die Mechanismen dahinter sehr gut vergleichbar. Geförderte Konkurrenz in Kombination mit Incentivierung führt dazu, dass der Einzelne »seinen Bereich optimiert«. Vertriebsmitarbeiter sehen zu, dass sie vor allem die Produkte verkaufen, für die sie die höchste Provision bekommen. Sie »hüten« ihre Kunden wie einen Schatz und geben Informationen nur bedingt weiter. Ein möglichst hoher KPI rückt in den Vordergrund und wird zum Ziel. Dass ein Unternehmensziel niemals das Erreichen bestimmter Kennzahlen sein kann, wird gerne übersehen. Das Silodenken und der Wettkampf gegeneinander werden zu Selbstläufern. Das System organisiert sich selbst und wenn Konkurrenz ein »constraint« ist, dann werden die Menschen sich entsprechend verhalten und in Konkurrenz miteinander gehen. Für die Organisation und ihre übergeordneten Ziele ist das schädlich. Auf Dauer steuert sie so in die falsche Richtung.

Konkurrenz belebt Konkurrenz, zumindest dort, wo der Markt fehlt. Auf Dauer lassen sich so nicht die besten Ideen und Innovationen generieren. Was Sie bekommen, sind die besten Konkurrenten. Haben Sie sich in Bezug auf die Spielshows einmal die Frage gestellt, was die Kandidaten erreichen könnten, wenn sie kooperieren, statt zu konkurrieren? Für das echte Leben ist diese Frage essenziell, vor allem wenn es komplex wird.

Liegt uns Konkurrenz im Blut?

Konkurrenz ist doch allgegenwärtig, oder? Es vergeht kein Tag, an dem wir uns nicht im Wettbewerb mit jemandem und um etwas befinden. Wir wollen den Parkplatz gleich neben der Eingangstür. In der Kantine wollen wir vorne in der Schlange stehen. Im Meeting soll der Kollege aus der Nachbarabteilung nicht mehr Redezeit haben. Die neue Kollegin soll auf keinen Fall ein höheres Gehalt beziehen. Es herrscht Konkurrenzkampf, immer und überall. Vor allem in unseren Köpfen. Da hält sich immer noch die Vorstellung, dass Konkurrenz in mindestens zwei Bereichen unverzichtbar ist: in der Natur und in der Marktwirtschaft. Bezüglich der Marktwirtschaft steckt der Kern bereits im Begriff, es gibt einen Markt. Wir fördern Konkurrenz aber häufig auch dort, wo es gar keinen Markt gibt. Die Frage ist, warum wir das tun. Können wir nicht anders?

Der Glaube daran, dass Evolution im Wesentlichen durch Konkurrenz möglich ist, hält sich hartnäckig in unseren Köpfen. Erst Konkurrenz sorgt für die natürliche Selektion und diese schließlich bringt den oder die Besten hervor. Mit diesem Grundgedanken wachsen die meisten Menschen auf. Sie finden fortlaufend Bestätigung für den Gedanken. Denn sie müssen konkurrieren: um die Anerkennung der Eltern, um gute Noten in der Schule, um einen Platz in der Fußballmannschaft und so weiter. So entsteht jedoch keine Evolution. Es entsteht höchstens Verdrängung.

 Beim Konkurrieren um den gleichen Faktor muss einer auf die Dauer verlieren. Es können nicht alle Gewinner sein.

Bleiben wir noch einen Moment bei der Natur als Vorbild für »sinnhafte« Konkurrenz. Hier herrscht immer Wettbewerb – innerhalb der eigenen Art und zwischen den Arten. Es gibt Konkurrenz um Nahrung und Fortpflanzung. Letztere dient der Arterhaltung und das ist naturgemäß sinnvoll. Wenn Hunde mit ihrem Urin Bäume, Bänke und Steine markieren, dann tun sie kund, welches Revier sie das ihre nennen, in dem sie fortan die Nahrung und die Hündinnen in diesem Radius »besitzen«.

Diese Art Revierverhalten gibt es auch in Unternehmen. Gerade Führungskräfte zeigen mitunter sehr deutlich, wie und wo ihr Territorium verläuft. Das beginnt bei Größe und Ausstattung des Büros und geht über den Firmenwagen bis hin zum Platzanspruch in Meetings. Der Platzhirsch breitet sich gerne aus, verteilt diverse Gegenstände auf den umstehenden Stühlen und nimmt selbst körperlich viel Raum ein. Auf diese Weise markiert auch er sein Revier. Aber um was wird hier konkurriert? Es handelt sich am Arbeitsplatz ja wohl kaum um die Faktoren Nahrung und Fortpflanzung (wobei auch das nicht ausgeschlossen werden kann). Es geht vielmehr um Anerkennung, Macht, Position, Geld, Karriere und Status. Das kann durchaus groteske Formen annehmen, beispielsweise, wenn es um die Höhe des persönlichen Stresspegels geht – ganz nach dem Motto »Wer hat den meisten Stress?«. Die Konkurrenten überbieten sich gegenseitig darin, wer am meisten und längsten arbeitet und die höchste Zahl an Überstunden vorweisen kann.

Diese Form von Konkurrenz produziert sicher keine Innovationen, neuen Ideen oder Effizienzen. Sie sorgt höchstens dafür, dass einzelne Menschen zu Walnussbäumen werden. Wie das? Die Blätter dieses Baumes enthalten giftige Substanzen, die in den Boden gelangen. Dadurch wird das Wachstum anderer Arten gehemmt und unliebsame Konkurrenten können sich gar nicht erst breitmachen. Auf Dauer wachsen unter Walnussbäumen nur Brennnesseln.

 Der Glaube, das ganze Leben bedeute Konkurrenz-kampf, ist immer noch tief in uns verwurzelt.

Also handeln wir danach und stellen fest, dass es die anderen ebenfalls tun. Nicht umsonst sprechen wir mitunter vom »Haifischbecken Vertrieb« oder davon, dass »das Rennen beginnt«, wenn eine Stelle ausgeschrieben ist.

Haben wir Konkurrenz nun im Blut? Ja, aber nicht ausnahmslos als einzige Strategie. Dennoch glauben wir das immer noch und es gibt leider in unserem Alltag reichlich Belege für diesen Glaubenssatz, was uns das Abwenden vom reinen Konkurrenzgedanken schwer macht. Dabei gibt uns gerade die Natur doch beste Beispiele für den Sinn von Kooperation. Sie zahlt sich nicht nur für die Gemeinschaft aus, sondern auch für jeden Einzelnen. Welche Bedeutung haben Konkurrenz und Kooperation nun, wenn es um Komplexität geht?

Konkurrenz oder Kooperation?

Die folgende Idee scheint naheliegend: Sie stehen als Manager vor einer komplexen Aufgabe, deren Lösung Sie nicht kennen oder abschätzen können. Also beauftragen Sie zwei Ihrer besten Leute mit der Suche nach der Lösung. Sie sollen, jeder für sich, daran arbeiten und mit tollen Ideen zurückkommen. Ihr Gedanke dahinter ist, dass durch den Wettbewerb beide hoch motiviert sein werden, alles zu geben und die beste Lösung zu finden.

Geschieht das in einem Umfeld, in dem Vertrauen und Offenheit gelebt werden, kann das gut funktionieren. Leider ist es jedoch oft so, dass die beiden Experten nichts von ihrem Wettbewerb wissen oder individuelle Ziele und Incentives damit verknüpft sind. Damit ist grundsätzlich die Chance auf einen befruchtenden Wettbewerb minimiert. In einem komplexen Kontext ist die Idee auch noch kontraproduktiv. Sie fördert Silodenken und egoistisches Kommunikationsverhalten – und diese Aspekte sind für das Meistern von Komplexität völlig ungeeignet. Selbst Experten können die Aufgabe oder das Problem gar nicht vollständig durchschauen. Die Komplexität übersteigt die kognitiven Fähigkeiten des Einzelnen, wir brauchen also die kollektive Intelligenz.

 Komplexität bedeutet immer Vernetzung. Erhöhte Vernetzung bedeutet erhöhte Komplexität und damit Nicht-Linearität.

Wir erinnern uns an Ashby's Gesetz mit dem Grundgedanken, dass komplexe Aufgaben komplexe Antworten erfordern. Wir brauchen also den Gegenentwurf zum Silodenken und zur Ellenbogenmentalität. Wir brauchen Kooperation, und dafür sind wir mindestens genauso geschaffen wie für Konkurrenz.

Kooperation bedeutet Vertrauen

Dass Gewerkschaften und Unternehmen regelmäßig miteinander verhandeln, ist ein alltägliches Phänomen. Seit 2014 geht es zwischen der Lufthansa und der Pilotengewerkschaft Cockpit um die sogenannte Übergangsrente für 5400 Piloten. Bisher dürfen Piloten frühestens mit 55 Jahren in Rente gehen, im Schnitt tun sie das mit 59. Die Lufthansa hält das für nicht tragbar und möchte die Altersgrenze auf 61 Jahre festlegen. Die Gespräche ziehen sich zäh über mehrere Monate. Zwischenzeitlich wird gestreikt. Sprecher der Arbeitgeberseite verkünden, dass die Gewerkschaft den Streik doch schon vor den Verhandlungen geplant habe.

Die Gewerkschaft Cockpit erwidert öffentlich, dass diese Behauptungen unverschämt seien und die Lufthansa lediglich ihren Profit auf Kosten der Mitarbeiter erhöhen will. Sie holt vor der kommenden Verhandlungsrunde die Zustimmung ihrer Mitglieder für einen Arbeitskampf ein. Sie überlegt, ob es überhaupt noch weitere Gespräche geben soll oder ob sofort wieder gestreikt wird. Das sind, grob betrachtet, die Positionen der Verhandlungspartner. Schon von außen betrachtet, ohne die Gespräche im Detail zu kennen, wird deutlich, was in dieser Auseinandersetzung fehlt: Vertrauen. Beide Seiten misstrauen einander. Das führt dazu, dass Positionen aufgebaut werden und Drohungen den Argumenten weichen. Eine Kooperation ist somit nur sehr schwer möglich. Am Ende solcher Debatten steht meistens ein Waffenstillstand oder ein fauler Kompromiss, aus dem eine Seite als klarer Verlierer hervorgeht.

Der Pilotenstreik bei der Lufthansa ist lediglich ein Beispiel für immer wieder scheiternde Verhandlungen, die von Misstrauen und – folgerichtig – mangelndem Vertrauen geprägt sind. Wenn jedoch Vertrauen fehlt, kann Kooperation nicht funktionieren. Ohne Vertrauen keine Kooperation, ohne Kooperation Kampf statt Lösung. Was aber können die Beteiligten tun, um zu einer kooperativen Lösung zu kommen? Liegt es nicht auf der Hand, dass eine solche Auseinandersetzung hart geführt werden muss? Welche Strategie kann für beide Seiten zu einem Gewinn führen? Und was brauchen wir, um zu vertrauen und auf Kooperation umzuschalten?

Die Antworten finden wir bei den Herren Robert Axelrod und Paul Zak – beides Wissenschaftler, deren Experimente und Studien zu erstaunlichen Ergebnissen geführt haben. Aber der Reihe nach.

Wie du mir, so ich dir

»Evolution der Kooperation« (Axelrod, 2009) lautet der Titel des Buches, mit dem Robert Axelrod die Tit-for-tat-Strategie (➡ Glossar) populär gemacht hat. Axelrod zeigt darin, wie Kooperation zustande kommen kann, selbst wenn egoistisches Handeln kurzfristig »richtiger« wäre. Ausgangspunkt seiner Überlegungen und Modellierungen ist das Gefangenendilemma als ein wichtiger Teil der Spieltheorie. Es handelt sich um ein Nullsummenspiel, an dem zwei Personen beteiligt sind, die sich nicht sehen und nicht miteinander kommunizieren können. In der klassischen Variante sind dies zwei Bankräuber, die nach der Tat gefasst werden. Der Raub ist ihnen nicht nachzuweisen, aber für illegalen Waffenbesitz können sie mit drei Jahren Gefängnis bestraft werden.

Die Staatsanwaltschaft bietet jedem von ihnen folgende Kronzeugenregelung an: »Wir werden Sie so oder so zur Rechenschaft ziehen, da Sie keinen Waffenschein besitzen. Das bedeutet mindestens drei Jahre Knast für Sie. Eine Möglichkeit haben Sie jedoch. Wenn Sie gestehen, lassen wir Sie laufen und Ihr Komplize wird mit zehn Jahren Gefängnis bestraft. Sollten Sie schweigen, Ihr Komplize aber gestehen, läuft das Spiel anders herum. Ihr Komplize geht heim und Sie bleiben zehn Jahre im Knast. Gesteht ihr beide, so werdet ihr auch beide für fünf Jahre eingebuchtet.« Diese Ausgangssituation bietet je nach Verhalten der Räuber folgende Varianten:

	Bankräuber B schweigt	Bankräuber B gesteht
Bankräuber A schweigt	Beide drei Jahre Gefängnis.	B kommt frei. A bekommt zehn Jahre Gefängnis.
Bankräuber A gesteht	A kommt frei. B bekommt zehn Jahre Gefängnis.	Beide fünf Jahre Gefängnis.

Beide haben einen nachvollziehbaren Anreiz zu gestehen und damit ihren Komplizen in die Pfanne zu hauen. Freiheit ist besser als drei Jahre Gefängnis. Die Voraussetzung hierfür ist, dass der Komplize sich loyal verhält. Aber auch fünf Jahre Gefängnis sind immer noch besser als zehn, falls der andere nicht loyal ist. In der Spieltheorie nennt sich diese Strategie »Defektieren«. Eine echte Win-win-Situation erreichen die beiden Bankräuber nur, wenn sie beide schweigen. Sie müssten also kooperieren. Das wiederum setzt Vertrauen voraus. Sollten die beiden sich erst für den Überfall zu einer Zweckgemeinschaft zusammengetan haben und später keinerlei Verbindung mehr herstellen wollen, so ist Defektieren die »vernünftigste« Strategie. Es ist der Versuch, für sich selbst den größten Vorteil herauszuholen.

 Je fremder die Menschen, die um etwas konkurrieren, einander sind, desto geringer die Rücksichtnahme.

Das lässt sich häufig im Straßenverkehr beobachten oder auch beim Wettstreit um den besten Parkplatz. Wir leben jedoch in einer (Arbeits-)Welt, in der wir immer wieder miteinander zu tun haben. Und das verändert das Spiel.

Wie sieht es in Ihrer Organisation aus? Sind die Rahmenbedingungen für Kooperation oder für Konkurrenz gesetzt?

	Ja	Nein
Wertschätzung ist die Basis bereichsübergreifender Zusammenarbeit.		
Die verschiedenen Teams sind untereinander vernetzt.		
Teams haben eine Größe, in der die Koordination untereinander gut möglich ist.		
Informationsaustausch und Kontakt sind gewünscht und werden angeregt.		
Vertrauen wird als Vorschuss gegeben.		
Kooperation zahlt sich aus (in Form von Ansehen, Zeit usw.).		
Konkurrenzkämpfe sind verpönt.		

Wenn Sie zu diesen Thesen vorwiegend »Ja« sagen können, sind Sie auf einem guten Weg in eine Organisation, in der Kooperation gedeihen kann.

In der geschilderten Versuchsanordnung des Gefangenendilemmas gibt es genau eine »Spielrunde«. Das entspricht der einmaligen Begegnung und Entscheidung. Beim Kampf um den schönsten Parkplatz vor dem Supermarkt oder beim Aussteigen aus dem Zug gibt es keinen Grund, auf den oder die anderen Rücksicht zu nehmen. Wir treffen sie nicht wieder und können uns guten Gewissens auf unseren eigenen Vorteil konzentrieren. Robert Axelrods Untersuchungen aber gingen davon aus, dass wir in Gruppen zusammenleben und -arbeiten, uns also immer wieder treffen. Wenn wir jeden Morgen denselben Zug nehmen und mit denselben Menschen vor der Tür stehen, was ändert sich dann? Welche Strategie ist dann die beste und wie sieht ein möglicher Wechsel zwischen Kooperieren und Defektieren aus?

Die Antwort fand Axelrod im iterierten Gefangenendilemma. Zu diesem Zweck vereinfachte er das Dilemma so weit, dass es sich in einem

Computerprogramm darstellen ließ, und startete zwei Programmier-
wettbewerbe. Er bat Experten, Strategien auszuarbeiten, die dann
gegeneinander antraten. Viele Fachleute aus Mathematik, Informatik und Psychologie folgten seiner Einladung und reichten die unterschiedlichsten Strategien ein. Am Ende setzte sich eine »gutmütige«
Strategie durch – Tit for tat. Die von Anatol Rapoport entwickelte
Strategie »Wie du mir, so ich dir« folgt einem einfachen Schema. Jeder Bankräuber startet immer mit Kooperation und wiederholt dann
jeweils den Zug des anderen. Während »rationale« Strategien sich
auf Dauer kannibalisierten, schnitt die Tit-for-tat-Strategie zwar nicht
besser ab als der andere Bankräuber, unterstützte aber eine gute Zusammenarbeit.

»Wie du mir, so ich dir!«

Axelrod zeigt auf, dass ein gutmütiges Tit for tat in einem von Konkurrenz geprägten Umfeld mittel- und langfristig eine stabile Strategie darstellt. Gleichzeitig hat die Sache jedoch einen Haken. Tit for tat ist fehleranfällig, denn im echten Leben agieren Menschen und keine Computerprogramme. Macht ein Mensch einen Fehler und defektiert, statt zu kooperieren, so würde laut Rapoports Strategie mit Defektieren geantwortet und das würde sich endlos wiederholen. Für das »echte« Leben ist die sogenannte Tit-for-two-tats-Strategie noch besser geeignet. Sie geht erst nach zweimal Defektieren seitens des Gegners zum Gegenangriff über und defektiert ihrerseits. Sie ist nachsichtiger und verzeiht so gelegentliche Fehler.

Für welche Strategie wir uns im Trubel unserer Organisationen entscheiden, hängt von vielen Faktoren und vom aktuellen Kontext ab.

 Eines aber ist gewiss: Kooperation braucht Vertrauen.

Wenn das Vertrauen fehlt, werden Menschen vermutlich eher den egoistischen Weg wählen. Da wäre es doch schön, wenn es einen Mechanismus gäbe, mit dem sich Vertrauen ein- und ausschalten ließe, oder? Gut, den gibt es.

Kein Vertrauen ohne Oxytocin

»Gibt es ein Molekül, das uns moralisch sein lässt?« Der amerikanische Neuroökonom Paul Zak hat sich intensiv mit dieser Frage beschäftigt. Seine Antwort ist: Ja, es gibt ein solches Molekül und es heißt Oxytocin. Es wird sowohl im Blut als auch im Gehirn produziert, jedoch nur in ganz geringen Mengen ausgeschüttet. Zudem ist es sehr flüchtig. Seine Halbwertszeit unter Raumtemperatur liegt bei drei Minuten. Nachdem Paul Zak glaubte, mit Oxytocin den für die Moral verantwortlichen Neurotransmitter gefunden zu haben, startete er eine ausführliche Versuchsreihe.

Vertrauenswürdigkeit war der erste Testpunkt. Zahlreiche Personen wurden ins Labor eingeladen, um vor und nach dem folgenden Experiment deren Oxytocinwert zu messen. Sie alle bekamen zehn Dollar. Sie wurden aufgefordert, einen Teil ihrer zehn Dollar, den gesamten Betrag oder nichts an eine unbekannte andere Versuchsperson zu verschenken. Dieser Person würde der geschenkte Betrag verdreifacht. Die Teilnehmer konnten die andere Person weder sehen noch mit ihr reden, aber sie wussten, dass ihr freigestellt wurde, ob sie das Geld behalten oder etwas zurückschenken würde. Jeder Einzelne musste sich nun also entscheiden: Konnte er darauf vertrauen, dass die jeweils beschenkte Person etwas zurückgeben würde oder nicht? Fehlte das Vertrauen, so war es besser, die zehn Dollar einfach zu behalten. Je mehr Geld die einzelnen Personen erhielten und verschenkten, desto höher war ihr Oxytocinwert.

Dieses Experiment wurde weltweit mehrfach durchgeführt und die Wissenschaft war sich einig – die erste Transaktion misst Vertrauen, die zweite Vertrauenswürdigkeit. Paul Zak selber war noch nicht zufrieden mit der Aussagekraft dieser Experimente. Es wurden bei den Versuchspersonen immer auch weitere Moleküle gemessen, die mit dem Oxytocin korrelierten. Er suchte also nach einer Möglichkeit, das Gehirn direkt zu beeinflussen. Er fand sie in Form eines Inhalationsgerätes. Damit wurde eine Testgruppe von über 200 Menschen ausgestattet. Sie bekamen Oxytocin beziehungsweise Placebos und der Test wurde abermals durchgeführt. Von den Personen, die Oxytocin inhaliert hatten, schickte die doppelte Anzahl sogar den gesamten Geldbetrag an einen unbekannten Empfänger. Das Molekül erhöht unser Vertrauen in andere Menschen. Es steigert, so die Schlussfolgerung von Zak, unsere Empathie.

Die grundsätzliche Aussage dahinter lautet, dass wir nicht nur zur Kooperation fähig sind, sondern auch viel eher dazu neigen als zur Konkurrenz, zumindest solange Oxytocin in messbarem Gehalt vorhanden ist. Damit sind wir bei der Kehrseite der Medaille. Stress hemmt die Stimulation von Oxytocin und macht uns weniger empathisch. Unter Druck und Stress neigen wir eher dazu, zu misstrauen und »auf der Hut« zu sein. Das gilt es zu bedenken, wenn Sie in einem turbulenten Umfeld, in dem der Druck gerade hoch ist, Ihren Mitarbeitern Kooperation »verordnen«. Sie wird ihnen schwerfallen und sie werden mitunter eine starke Unterstützung brauchen. Für schwierige, teilweise festgefahrene Verhandlungen wie zwischen der Lufthansa und der Pilotenvereinigung Cockpit käme es auf einen Versuch an, die Besprechungsräume mit Oxytocin-Inhalatoren auszustatten.

Wie Sie Vertrauen bei Ihren Mitarbeitern aufbauen und erhalten:

▶ *Practice what you preach.*
Halten Sie Wort und tun Sie, was Sie sagen. Machen Sie es transparent, wenn Sie Ihr Wort nicht halten können.

▶ *Vertrauensvorschuss geben*
Als Manager und Führungskraft liegt es an Ihnen, ein Guthaben an Vertrauen bei Ihren Mitarbeitern anzulegen. Sie müssen mit Kooperation beginnen.

▶ *Vorleben*
Beim Umgang mit anderen Abteilungen, Kollegen, Bereichen und Unternehmen wird Ihre Vertrauenswürdigkeit beobachtet. Seien Sie sich dessen bewusst.

▶ *Transparenz herstellen*
Informieren Sie Ihre Mitarbeiter frühzeitig, umfassend und so detailliert wie möglich, auch über »unfertige« Entscheidungen. Tun Sie das nicht, bilden sich automatisch eigene Wahrheiten.

▶ *Bei der Wahrheit bleiben*
Seien Sie ehrlich!

▶ *Verlässlich sein*
Bitte keine Doppelmoral oder verschiedene Messlatten für Sie und Ihre Mitarbeiter. Ihre Mitarbeiter sollen wissen, woran sie bei Ihnen sind.

▶ *Offen sein*
Geben Sie auch etwas von sich, Ihren Gedanken und Gefühlen preis. Zeigen Sie sich als Person.

► *Kompetent sein*
Kompetenz bekommt Vertrauensvorschuss. Machen Sie sich diesen Umstand zunutze.

► *Zuhören wollen und können*
Die Belange und Gedanken Ihrer Mitarbeiter sollten bei Ihnen gut aufgehoben sein. Seien Sie interessiert.

Kooperation muss sich lohnen

Verhält sich Konkurrenz zu Kooperation wie Egoismus zu Selbstaufgabe? Brauchen wir nur das eine, ohne das andere? Mitnichten. Konkurrenz bedeutet niemals nur egoistische Vorteilsnahme und Kooperation bedeutet niemals nur »Alle haben sich lieb«. Die Wahrheit liegt, wie so oft, dazwischen. Für das Managen und Führen in komplexen Organisationen ist es wichtig zu erkennen, dass Konkurrenzkampf kein Erfolgskriterium ist. Es geht schließlich nicht darum, zwei lineare Prozesse in den Wettbewerb zu schicken, um Produktionssteigerungen herauszuholen. Es geht vielmehr darum, neue Ideen und Lösungen auf komplexe Fragen zu finden. Der Alltag sieht jedoch für viele eher so aus, dass sie täglich Machtkämpfe, Wettbewerbe um Ressourcen, Vorteilsnahme durch das Vorenthalten von Informationen und viele weitere Spielarten von Konkurrenz erleben. Ja, viele Organisationen stecken heute noch in einem Dilemma. Konkurrieren wird häufig belohnt, wohingegen Kooperation keine explizite Anerkennung findet. An genau dieser Stellschraube müssen wir drehen.

»Getadelt wird nicht für das Scheitern, sondern dafür,
nicht um Hilfe gebeten oder geholfen zu haben.«
JØRGEN VIG KNUDSTORP, CEO VON LEGO

Morieux und Tollman beschreiben in ihrem Buch »Six Simple Rules. How to manage complexity without getting complicated« (2014) diese Stellschraube am Beispiel eines Bahnunternehmens. Einer der entscheidenden Erfolgsfaktoren für dieses Unternehmen ist die pünktliche Ankunft der Züge. Gerade aber in puncto Pünktlichkeit ist die Leistung in den vergangenen Jahren signifikant schlechter geworden und liegt nun bei unter 80 Prozent. Dieser Wert ist für das Management nicht akzeptabel, weshalb bereits diverse Verbesserungsprogramme gestartet worden sind. Das Verkehrs-Kontrollsystem wurde aktualisiert, es wurden Prozessoptimierungen bei der Reinigung aufgesetzt und man führte eine neue Funktion ein, um Verspätungen zu überwachen. All diese Maßnahmen zeigten punktuell kleine Auswirkungen, wurden aber sehr schnell auch wieder fallengelassen, weil der große Erfolg ausblieb – eine typische Trial-and-Error-Strategie, mit deren Hilfe man oft versucht, etwas Bestehendes zu kürzen, zu straffen, zu beschleunigen oder zu kontrollieren.

Morieux und seine Kollegen rieten den verantwortlichen Managern, die Kooperation unter allen Beteiligten zu erhöhen, statt auf individuelle Verantwortung zu setzen und immer mehr Ressourcen in die Verbesserung zu investieren. Dieser Ansatz stieß, vor allem auf der operativen Ebene, auf großes Missfallen. Ein Mitarbeiter, der für die Wartung und Reinigung verantwortlich ist, äußerte sich in etwa so: »Kooperation ist nun wirklich nicht unser Problem. Wenn wir alle unseren Job ordentlich machen, sind wir auch pünktlich. Ich bin dafür zuständig, dass der Zug sauber und pünktlich aus der Wartung kommt.«

Diese und ähnliche Äußerungen zeigen, wie stark das Silodenken und -handeln in dieser Organisation ausgeprägt ist. Die Mitarbeiter haben keine Erfahrung mit den Konsequenzen ihres eigenen Wirkens, weil sie nie außerhalb ihres Bereiches eingesetzt wurden. Ihre Gedankenwelt ist auf ihren Organisationsbereich begrenzt. Die verschiedenen Einheiten, wie Zugführer, Wartungspersonal, Reinigungskräfte, Schaffner und Stationspersonal kommunizieren auch nicht untereinander in Bezug auf ihre Arbeit und auf die Zeit, die sie dafür benötigen. Braucht ein Bereich für seine Aufgaben länger als geplant, so werden die anderen nicht proaktiv benachrichtigt und vorgewarnt.

Das ändert sich jedoch prompt, sobald eine Krise eintritt. Bei extremen Wetterverhältnissen beispielsweise etablieren alle Bereiche sofort kurze Kommunikationswege und effektive Feedbackschleifen und erarbeiten gemeinsam Lösungen. Im alltäglichen Regelbetrieb halten sie das jedoch nicht für notwendig. Die Aufgabe des Managements besteht also, mit Unterstützung von Morieux, darin, einen Anreiz für die Mitarbeiter zu schaffen, der Kooperation forciert. Bei der Suche nach diesem Anreiz stellen sie zunächst fest, dass das wirkliche Ziel der einzelnen Bereichsleiter nicht etwa die Pünktlichkeit der Züge ist, sondern das Fehlerfreibleiben. Niemand will in die Verlegenheit kommen, an einer Verspätung schuld zu sein und dafür verantwortlich gemacht zu werden. Dieses Ziel wurde durch eines der Verbesserungsprogramme sogar noch manifestiert. Das neue Verkehrs-Kontrollsystem war so konfiguriert, dass es im Fall von Verspätungen signalisiert, in welchem Bereich es hakt. Frei nach dem Verursacherprinzip wird dieser Bereich verantwortlich gemacht und trägt die Schuld.

 Wenn niemand als Schuldiger dastehen will, dann hat das meist die Konsequenz, dass auch niemand einen Fehler oder (in diesem Fall) eine Verzögerung zugibt oder andere um Hilfe bittet. Jeder Bereich versucht, seine Probleme alleine zu meistern, das Silohandeln wird verstärkt.

Nach intensiver Überlegung entscheidet sich das Management des Bahnunternehmens einen radikalen Schritt zu gehen. Zukünftig soll der Bereich »schuldig gesprochen werden«, der nicht kooperiert. Im Klartext bedeutet das: Braucht Bereich A länger oder hat ein Problem und bittet Bereich B um Unterstützung, dann wird Bereich B in die Verantwortung für die Verspätung genommen. Weg vom Verursacherprinzip, hin zum Kooperationsprinzip. Sollte Bereich A nicht um Hilfe bitten oder sie nicht annehmen, so ist er selbst in der Verantwortung. Die Frage lautet also nicht mehr »Wer hat die Verspätung verursacht?«, sondern »Wer verhindert die Lösung?«. Das klingt zunächst nach verordneter Kooperation und das trifft auch zu. Stößt sie deshalb bei den Mitarbeitern auf Ablehnung? Nein, ganz im Gegenteil. Die massivste Veränderung ist sicherlich das Bitten um Unterstützung in anderen Bereichen. Und dieses Instrument, das auf gegenseitige Hilfe und Kooperation setzt, wurde sofort angenommen und umgesetzt.

Sicher ist das Auflösen des Silodenkens keine leichte Aufgabe und es gibt Mitarbeiter, die sich zunächst innerlich sperren und nur aufgrund des Drucks agieren. Schließlich müssen sie bewährte und eingeübte Muster aufgeben. Innere Haltungen ändern sich nicht über Nacht, aber auf Dauer. An diesem Beispiel wird deutlich, dass Kooperation bei komplexen Aufgabenstellungen erfolgversprechender ist als Konkurrenz und Schrebergarten-Denken. Kooperation ist eine Notwendigkeit in komplexen Systemen.

Vier Monate nach dieser massiven Veränderung, die für alle stark frequentierten Zugverbindungen umgesetzt wurde, liegt der Performance-Index für Pünktlichkeit bei 95 Prozent. Im Laufe der Zeit hat sich das anfängliche Missfallen bei den Mitarbeitern in absolute Zustimmung gewandelt. Dafür geben sie drei wesentliche Gründe an:

▶ Der Kundenkontakt hat sich erheblich verbessert, denn nun können die Mitarbeiter bei Verzögerungen qualifizierte Auskünfte geben.
▶ Der Kontakt der Mitarbeiter über Bereichsgrenzen hinweg hat sich stark verbessert. Die Manager fungieren als Bindeglied zwischen den Bereichen und vernetzen die Menschen.
▶ Die Mitarbeiter sind stolz darauf, den Indexrekord gebrochen zu haben.

»Wenn man schnell vorankommen will, muss man allein gehen. Wenn man weit kommen will, muss man zusammen gehen.«
INDIANISCHES SPRICHWORT

Der Ansatz, den das Bahnunternehmen hier gewählt hat, indiziert vor allem eines – Transparenz. Das Unternehmen bittet um Kooperation und dazu werden die eigenen Fehler, Defizite und Unsicherheiten transparent gemacht. Das geht nur, wenn darauf nicht automatisch mit Schuldzuweisungen und Sanktionen reagiert wird. Zwei Dinge sind also zwingende Voraussetzung: Vertrauen und ein entsprechender Umgang mit Fehlern. Spätestens an dieser Stelle wird deutlich, dass wir nicht über Prozesse und Verfahren sprechen, wenn es um Kooperation geht. Wir sprechen über Haltungen und Sichtweisen. Sie zu verändern dauert wesentlich länger, als Verhalten anzupassen.

 Es ist an Ihnen, das Vorbild zu sein, an dem sich Ihre Mitarbeiter orientieren. Leben Sie vor, was Sie einfordern. Geben Sie den Mitarbeitern Zeit, um Erfahrungen mit der neuen Kooperation zu sammeln, und halten Sie Vorbehalte und Widerstände aus.

Veränderung bedeutet immer, gegen die Energie des Gewohnten zu arbeiten, und das braucht Kraft und Zeit. Sie brauchen beides, wenn Sie aus einem konkurrierenden Umfeld ein kooperierendes machen wollen. Es ist viel leichter, Kooperation zu verhindern, vor allem auf den Ebenen der Prozesse, Strukturen und Ziele.

So verhindern Sie erfolgreich Kooperation:

- Behandeln Sie die Menschen in Ihrem Team nur als Individuen und verhindern Sie eine Teamidentität.

- Setzen Sie viele verschiedene Ziele innerhalb des Teams.

- Schaffen Sie Anreizsysteme, die Ihre Mitarbeiter auf die persönliche Zielerreichung fokussieren.

- Formulieren Sie Verantwortung möglichst unscharf und vergeben Sie sie an verschiedene Mitarbeiter.

- Ziehen Sie keine Grenzen bezüglich Aufgaben, Ressourcen und verfügbarer Zeit.

- Fördern Sie den Kampf um Ressourcen.

- Halten Sie Ihre Mitarbeiter vom Rest der Organisation fern.

💣 Suchen Sie nach den Fehlerverursachern und sanktionieren Sie sie öffentlich.

💣 Verhindern Sie Diskurs und Auseinandersetzung.

💣 Entscheiden Sie ALLES.

DIE ERKENNTNISSE IN KURZFORM:

- Konkurrenz produziert immer zweierlei – Gewinner und Verlierer.

- Konkurrenz ist da sinnvoll, wo es einen Markt gibt.

- Konkurrenz ist nicht Evolution, sondern Verdrängung.

- Komplexe Systeme sind vernetzt und haben keine Silos.

- Kooperation ist die Basis für Vernetzung.

- Kooperation braucht Vertrauen, Transparenz und Auseinandersetzung.

Irrtum Nr. 9:
Einer muss sagen,
wo es langgeht

Sind Sie persönlich eigentlich ein Alpha oder eher ein Omega? Wo stehen Sie in der Hierarchie – zum Beispiel in der Familie, in der Organisation, im Verein? Hierarchien gibt es ja überall. Und die meisten von uns halten das nicht nur für üblich, sondern auch für sinnvoll. Oben steht einer, der sagt, wo es langgeht. So muss es doch sein. Wir denken hierarchisch und organisieren uns in Rangordnungen. Da weiß man doch gleich, wer welchen »Wert« hat beziehungsweise einbringt. »Ober sticht Unter«, heißt es, wenn eine Entscheidung durchgesetzt wird. Und natürlich wird dann auch Gehorsam eingefordert – von den Unteren. Nicht umsonst müssen wir in den Firmengebäuden in die obere Etage, wenn wir einen Geschäftsführer oder Vorstand besuchen wollen.

Dass es immer eine Rangordnung gibt und diese wichtig ist, haben wir so sehr verinnerlicht, dass wir uns über nichts mehr wundern – auch nicht über die Fülle an unsinnigen Vergleichen und Metaphern, die uns in der Managementliteratur und in Seminaren vermitteln will, was für eine/r wir selbst wohl sind.

Am häufigsten finden sich Vergleiche mit der Tierwelt. Die meisten Tiergattungen leben in Gruppen mit einer Rangordnung, es ist ganz wie bei uns. Warum also sollte ein Vergleich mit Schafen, Wölfen oder Eseln hinken? Klar, beim Wolf fühlen sich viele gebauchpinselt. Steht er doch für Stärke, Ausdauer und Geschick. Aber wussten Sie, dass Wölfe in Rudeln leben? Familiär, unterstützend und ohne Kämpfe um einen Platz in der Rangordnung? Auseinandersetzungen um die Position im Rudel zeigen Wölfe nur in Gefangenschaft und Gefangenschaft ist hoffentlich nicht das Bild, das Sie mit sich und Ihrer Organisation in Verbindung bringen.

Mit dem Wolf verbinden wir ein Alphatier, einen Führenden, einen an der Spitze. Mit Hühnern assoziieren wir hingegen eher rangniedere Typen. Hühner werden gerne als Beispiel für die »naturgemäß immer entstehende Hierarchie« angeführt. Sperrt man mehrere Hühner in ein Gehege, so werden sie durch »Hacken« austragen, wer wo steht in der Rangordnung. Dieser Vergleich hilft uns auch, wenn es um die Sache mit dem Stellvertreter geht, denn bei Hühnern gibt es ein Betahuhn. Es dominiert alle anderen Hühner, bis auf das Alphahuhn (versteht sich). So mögen wir es, einfach und plakativ. Gerne lassen wir uns auch sagen, welcher Persönlichkeitstyp wir sind. Ochse, Löwe, Katze oder Hirsch? Na, finden Sie sich wieder? Ich übersetze mal: Phlegmatiker, Sanguiniker, Choleriker oder Melancholiker. Jetzt kommen Sie aber drauf, oder? Aber nun zurück zur Hierarchie.

Seit vielen Jahren arbeite ich in Teamtrainings nun schon mit Pferden. Wenn die Herde in der Halle ist, beobachten die Teilnehmer zunächst, was so passiert. Die erste Frage lautet meist: Was glauben Sie, wer ist der Chef in dieser Herde? Die Antworten liegen immer sehr nah beieinander und lassen sich in etwa so zusammenfassen: »Der

Schimmel / Braune / Bunte dahinten ist der Boss, weil er die anderen scheucht und klar sagt, wer was tun soll.«

Da ist es wieder – unser ausgeprägtes Bild eines funktionierenden Teams. Einer sagt an, die anderen folgen. Es lebe die Hierarchie. Würden wir das Konzept »Pferdeherde« auf eine Organisation übertragen, wäre das Erstaunen groß. Pferde leben in einem Matriarchat. Es gibt eine Alphastute, die ansagt, wann gegrast, gedöst, gewandert oder geflohen wird. Sie ist äußerlich oft eher unscheinbar, dafür aber souverän, und sie hat den Überblick. Sie sorgt dafür, dass die Halbstarken nicht über die Stränge schlagen und dass das Betriebsklima stimmt.

Der Leithengst, den wir uns vom Aussehen her gerne als Black Beauty vorstellen, ist dafür zuständig, im Falle des Fliehens die Nachzügler zu beschleunigen und die Herde abzusichern. Pferde verfügen, unabhängig von ihrem Rang, über eine sehr feine Wahrnehmung, sie sind ehrlich, unvoreingenommen, nicht berechnend und immer gegenwärtig. Sie verfügen über einen fast kompletten 360-Grad-Rundumblick. Übertragen wir das doch einmal auf uns und unsere Organisationen – ich würde mich freuen. Aber nun zurück zum Thema.

Pferde, Hühner und Wölfe sind nicht gerade bekannt dafür, dass sie komplexe Aufgaben lösen. Das tun andere Tierarten. Hummeln beispielsweise lösen beim Sammeln von Blütenstaub das altbekannte Travelling-Salesman-Problem. Ihr Navigationssystem ermöglicht es ihnen, schnell die kürzeste Route zu finden. Brasilianische Feuerameisen hingegen haben ein ganz anderes Problem. Sie geraten häufig in Überschwemmungen. Das macht aber nichts. Sie haken sich mit Kiefern und Klauen ineinander und bilden so ein Floß. Die Liste ließe sich noch um viele Beispiele verlängern. Interessant ist bei diesen erstaunlichen Geschichten vor allem die Form der Organisation von Hummeln, Ameisen & Co. Sie leben in Staaten und haben mit Hierarchien überhaupt nichts am Hut.

Aber egal ob Ameise, Stier, Wolf oder Reh, wir basteln im Kopf aus unseren Tierbeobachtungen sofort ein Organigramm. Dann ist die Hierarchie klar und die Ordnung sichtbar. Auf den Gedanken, dass eine Organisation nicht hierarchisch aufgestellt sein könnte, kommen wir meistens gar nicht. Und das ist eigentlich schade.

Hierarchie – stürmisches Eisen oder heilige Führung?

Seit es Herrschaft gibt, gibt es Hierarchien. Als vor rund 6000 Jahren die Phase des Hirtentums endete und die Menschen begannen, den Zugang zu Ressourcen zu kontrollieren, war das der erste Schritt zur Rangordnung. Sie zäunten ihre Herden ein und verweigerten anderen den Zugang. Zur Not verteidigten sie ihr »Revier« mit Waffengewalt. Die angeblich ursprüngliche Bedeutung des Begriffes Hierarchie lautet, mit Bezug auf die Verteidigung von Ressourcen, »stürmisches Eisen«. Häufiger wird jedoch die Begriffserklärung »heilige Führung / Herrschaft« verwendet, abgeleitet aus dem altgriechischen hierós und arché. Eventuell ist diese Zuweisung aus der ersten Erklärung entstanden.

Hierarchien begegnen uns fast überall dort, wo Menschen in Gruppen zusammenleben oder -arbeiten. Im hierarchischen Gesellschaftssystem der alten Ägypter besitzt der Pharao die absolute Macht, bestimmt das politische Geschehen und nennt das gesamte Land sein Eigentum. Unter ihm regieren der Wesir, der ranghöchste Berater, und die Hohepriester. Dann folgen weiter unten Beamte und Schreiber. In der katholischen Kirche steht der Papst als »heiliger Vater« an der Spitze der Rangordnung. Die verschiedenen Amts- und Würdenträger wie Kardinäle, Bischöfe, Dekane, Pfarrer und Kaplane sind entsprechend untergeordnet.

Bei der Bundeswehr sagt uns der Dienstgrad, auf welcher Rangstufe ein Soldat steht. In Abhängigkeit von der jeweiligen Laufbahngruppe kann er oder sie sich nach oben dienen. Bei vielen Herrschaftsformen finden wir eine pyramidenförmige Struktur. Sei es der Absolutismus, die Aristokratie, der Despotismus, die Monarchie oder viele andere Formen der Herrschaft: Immer geht es um über- und untergeordnete Macht. Selbst beim Thema Familie denken manche Menschen noch an eine hierarchische Anordnung à la »Vater, Mutter, Kind«.

Auch in Organisationen sind wir an hierarchische Strukturen gewöhnt. Sie erscheinen uns logisch, vor allem wenn Menschen und ihre Aufgaben koordiniert und ein Unternehmensziel erreicht werden soll. Wollen wir eine Organisation kennenlernen, fragen wir schnell nach dem aktuellen Organigramm. Es »erzählt« uns, was die Organisation ist, was sie tut und wie sie funktioniert – zumindest glauben wir das. Diese Vorstellung gehört zu den althergebrachten Glaubenssätzen, die wir fest verinnerlicht haben. Es gibt noch einige weitere, die dafür sorgen, dass wir an dem Modell festhalten oder es gar nicht erst infrage stellen:

Glaubenssätze, die uns pro Hierarchie denken lassen:

► Wächst ein Unternehmen, ist eine hierarchische Pyramidenstruktur unumgänglich.

► In einer Hierarchie entstehen weniger Konflikte und diese werden schneller bereinigt.

► Die Pyramidenstruktur unterstützt schnelle Entscheidungen.

► Ohne Hierarchie sind Entscheidungen kaum möglich.

► Hierarchie ermöglicht Effizienz.

► Der Informationsfluss ist geregelt.

► Vereinheitlichung (Aufgabe, Rollen et cetera) ist notwendig und lässt sich über hierarchische Strukturen am besten erreichen.

► Die Menschen brauchen klare, abgegrenzte Aufgaben und Verantwortlichkeiten.

► Das Fehlen von Hierarchie bedeutet Chaos.

Die Liste der Pro-Argumente lässt sich beliebig verlängern. Wir glauben also, dass eine hierarchische Organisation aus bestimmten Gründen sinnvoll oder sogar zwingend ist. Manche Manager, mit denen ich arbeite, sind nicht unbedingt per se für Hierarchien. Sie sehen nur (noch) keine Alternative, sie haben keine Vorstellung von einer Organisationsform, die auf Komplexität und Dynamik setzt. Bevor ich auf diese neuen Formen näher eingehe, empfehle ich Ihnen, Ihre (persönlichen / organisationsabhängigen) Glaubenssätze zur bestehenden hierarchischen Struktur zu reflektieren. Stellen Sie sich die folgenden

Fragen zur Selbstreflexion und im Managementteam. Sie können Ihnen helfen, hemmende und überholte Dogmen zu überwinden.

Glaubenssätze reflektieren:

1. Welche unserer Überzeugungen ist für alle (im Team/in der Organisation) gültig?

2. Welchen Zweck erfüllen diese Überzeugungen (positive Absicht)?

3. Sorgen wir selber dafür, dass sie sich selbst erfüllende Prophezeiungen werden?

4. Welche Überzeugungen stärken uns?

5. Welche Überzeugungen hätten wir gerne, die wir bisher nicht besitzen?

6. Wie müssten wir denken und handeln, um diesen Überzeugungen zu genügen?

Ob steil oder flach – starre Hierarchien haben ausgedient

Die Erfolgsgeschichte der hierarchischen Kontrolle startete Anfang des 20. Jahrhunderts mit dem Scientific Management von Frederick Taylor. Er wollte Arbeit und Unternehmensführung mit einem wissenschaftlichen Ansatz optimieren und gleichzeitig Wohlstand für alle ermöglichen. Seine Grundannahme war folgende: Die Arbeiter, die von sich aus eher nach Faulheit streben, müssen zu mehr Leistung bewegt werden. Würde die Produktivität der Arbeiter steigen, so erhöhte sich auch der Gewinn für das Unternehmen. Daraus folgend könnten die Löhne der Arbeiter nach oben angepasst werden.

Die Grundprinzipien des Scientific Management:

- ► Konzeptionelle und ausführende Tätigkeiten werden strikt getrennt. Die Führung denkt, die Arbeiter leisten.
- ► Die Arbeit basiert auf den von der Unternehmensführung vorgegebenen Anweisungen.
- ► Die Arbeit wird in kleinstmögliche Vorgänge zerlegt, damit diese präzise beschrieben werden können.
- ► Für die Aufgabenerfüllung sind keine Facharbeiter mehr notwendig.
- ► Geld wird zur Motivation eingesetzt, die Entlohnung ist leistungsabhängig.
- ► Analyse der Arbeit über die Zeit.

»Arbeiter gehorchen ähnlichen Gesetzen wie Teile einer Maschine.«
FREDERICK TAYLOR

Es war Taylor, der mit seinem Funktionsmeisterprinzip das klassische Einliniensystem in Organisationen wie Ford erweiterte (siehe dazu auch S. 168). Die Mehrfachunterstellung von Mitarbeitern sollte die Informationswege abkürzen und weitere Effizienzen heben. Ob Ein- oder Mehrliniensystem, die typische Organisationsform ist seitdem die hierarchische Pyramide – und das gilt bis heute. Damals strebte die Unternehmensleitung mithilfe dieser Rangordnung nach Kontrollierbarkeit, Systematik, Exaktheit, Gewissheit, Effizienz und Stabilität. Für diese Zeit mit ihren Problemen und Märkten waren das durchaus erfolgreiche Konzepte. Was wir bei der Betrachtung aus heutiger Sicht jedoch oft vergessen, ist, dass die Massenfertigung im Fordismus (➡ Glossar) beispielsweise mehr war als ein Organisationsprinzip. Die Massenfertiger beeinflussten sowohl den Markt als auch die Gesellschaft. Heute stehen wir im post-fordistischen Wettbewerb, die Märkte sind hochdifferenziert und unsere Produkte und Dienstleistungen oftmals individuell. Die Situation ist eine völlig andere.

Wesentliche Prinzipien und Denkweisen, mit denen Taylor und Ford eine neue Managementära einläuteten, sind heute noch in den Unternehmen verwurzelt und gelten als »up to date«.

Starre Hierarchien haben ausgedient, weil:

► **sie nicht angemessen auf Veränderungen reagieren können.** Das liegt vor allem am Datenfluss (auch Informationsfluss genannt). Um Entscheidungen zu treffen, braucht die Unternehmensführung relevante Informationen aus der Umwelt (dem Außen). Die Kontakte zur Umwelt finden aber nicht ausnahmslos über die Führung statt, sondern an vielen Schnittstellen einer Organisation. Key-Account-Manager sind für den Kundenkontakt zuständig, der Pressesprecher ist für den Austausch mit den Medien verantwortlich, der Einkauf kümmert sich um die Interaktion mit Lieferanten und Partnern und so weiter. In hierarchischen Organisationen müssen die relevanten Daten nun von unten nach oben transportiert werden, damit man Entscheidungen treffen und auf die sich ändernde Umwelt reagieren kann. Jetzt passiert das, was Sie wohl alle kennen: Die Daten werden aufbereitet, verdichtet, hübsch verpackt und gefiltert. Das geschieht zum einen, weil die Unternehmensführung keine Romane lesen will, sondern nur »sinnvolle und notwendige« Daten bekommen möchte – und zum anderen, weil die Datenlieferanten selber zu steuern versuchen, indem sie eine »Herrschaft der Informationen« installieren. Fazit: Die Versorgung von Entscheidungsträgern mit relevanten Informationen dauert zu lange und liefert nur einen manipulierten Auszug der Wirklichkeit.

► **sie Vernetzung verhindern.** Die klare Zuordnung von Mitarbeitern zu Bereichen fördert an sich schon nicht den Austausch mit anderen Abteilungen und Teams. Meist versuchen die einzelnen Einheiten, eine Art Bereichsidentität herzustellen und die Mitarbeiter auf das eigene Team einzuschwören. Im Fall von Unklarheiten oder Konflikten zeigt sich jedoch ganz klar ein Nachteil dieser nicht existenten Vernetzung. Die Menschen gehen nicht in den Diskurs miteinander, im Gegenteil. Sie beziehen sich auf die Hierarchie und geben die Aufgabe »Klärung oder Lösung« an die Vorgesetzten weiter. Sie verlernen es, selber in Kontakt mit Kollegen zu treten und für ihren Standpunkt zu kämpfen. Stattdessen eskaliert die Angelegenheit häufig recht schnell und wird – inzwischen zum »Konflikt« hochgestuft – mitunter über mehrere Ebenen »nach oben« gegeben, bis sich endlich eine Hierarchiestufe findet, die entscheidet. Die Menschen »oben« wiederum kritisieren oft gerade dieses Durchreichen und stöhnen über die vielen Eskalationen. Dennoch findet kaum eine Veränderung statt, denn viele Eskalationen sorgen natürlich auch für Kontrollmöglichkeit, Information und das Gefühl »wichtig zu sein«.

► **Zielkonflikte vorprogrammiert sind.** Die Organisation hat sich ein gesamtheitliches Ziel gesetzt. Das Marketing muss bestimmte Jahresziele erreichen. Die sehen anders aus als die Ziele der IT oder des Finanzbereiches. Die Fachabteilungen und der Vertrieb haben wiederum eigene Zielvorgaben. Vielleicht kollidieren diese vielen Ziele nicht von vorneherein, aber was, denken Sie, wird die einzelnen Manager, Abteilungs- und Teamleiter antreiben? Ihr eigenes Bereichsziel natürlich, denn daran hängt der Bonus. Das führt sehr schnell dazu, dass Abteilungen in Konkurrenz zueinander gehen und jeder darauf bedacht ist, seine Ziele umsetzen zu können – koste es, was es wolle. Selbst dort, wo es gelingt, die Zielkonflikte zu thematisieren und an einer gemeinsamen Lösung zu arbeiten, wird viel Aufwand in Form von Zeit und Geld betrieben.

► **Silodenken gefördert wird.** Es liegt auf der Hand, dass unterschiedliche Ziele und die Incentivierung der Zielerreichung das Denken und Handeln im Rahmen des eigenen Bereiches fördern. In hierarchisch gegliederten Unternehmen sind die jeweiligen Experten in den entsprechenden Abteilungen gebündelt. Das unterstützt ebenfalls das Silodenken, weil es den Fokus auf das eigene Spezialgebiet lenkt und interdisziplinäres Denken eher verhindert. Geht es in einer Organisation darum, in Projekten zu arbeiten, zeigt sich der Effekt vor allem im Kampf um Ressourcen und Budget.

► **Macht und Vernetzung nicht zusammenpassen.** Ein Aspekt komplexer Systeme ist die Vernetzung. Es gibt sie immer, auch wenn man in vielen Organisationen noch versucht, sie zu verhindern. Woher kommt diese Abwehr? Wenn wir Vernetzung zulassen, geht das mit dem Verlust von Macht einher. Macht, im Sinne von Steuern und Kontrollieren der Mitarbeiter, funktioniert jedoch in komplexen Organisationen nicht mehr. Viele Manager versuchen es trotzdem. Frei nach dem Motto »Mehr vom Gleichen« üben sie noch mehr Kontrolle aus und versuchen noch stringenter zu steuern. Der »Erfolg« zeigt sich häufig in Form ungenutzter Potenziale, Dienst nach Vorschrift und Vertrauensverlust. Manager sind Teil des Netzwerkes und nehmen aktiv Einfluss auf die Vernetzung, aber sie haben nicht mehr die Macht, die Konditionen dieser Vernetzung zu bestimmen.

► **sie nur das »Wie« und das »Was« einer Organisation benennen, aber nicht das »Warum«.** Fast jede Organisation hat auf ihrer Webseite einen Menüpunkt »Über uns«, unter dem das aktuelle Organigramm zu finden ist. Oft wird es mit dem Hintergedanken veröffentlicht, dass sich darüber die gesamte Organisation erklärt. Aber das trifft nicht zu. Über das Organigramm werden zunächst die sozialen Beziehungen reguliert. Wer ist wem unterstellt und gehört wohin. Außerdem werden darüber die Zuständigkeiten für die einzelnen Aufgaben koordiniert (das »Was«). Mehr Informationen liefert das Organigramm nicht. Es gibt keine Auskunft darüber, wie »das System« tickt. Der Punkt, der noch wichtiger zu sein scheint – und ebenfalls nicht transparent wird –, ist das »Warum«. An was glaubt die Organisation, an was glauben die Menschen? Was sind ihre Überzeugungen? Wofür gibt es sie?

»Kein Abschied auf der Welt fällt schwerer als der Abschied von der Macht.«
CHARLES MAURICE DE TALLEYRAND

»Aber wir legen doch viel Wert auf Teamfähigkeit, Kommunikations-vermögen und soziale Kompetenz, und das schon seit vielen Jahr-zehnten« – das mögen Sie nun denken. Wir wollen doch gar keine automatenartigen Mitarbeiter, die im Akkord Leistung abliefern. Die Motivation hinter dieser Haltung ist jedoch auch kein Selbstzweck. Die eklatantesten Nachteile der hierarchischen Kontrollorganisatio-nen – Unbeweglichkeit und Informationsverlust – hat das Manage-ment schnell erkannt. Das Gegenmittel war und ist die Verlagerung der Entscheidungsbefugnisse in die unteren Hierarchieebenen. Die-se Einbindung der Mitarbeiter soll die lange verpönte Eigeninitiative wieder fördern.

Man versucht also alles, um die Menschen an die Unternehmen zu binden. Die Idee der Corporate Identity entsteht. Aber die Sache hat einen Haken: Wir wollen das Potenzial der Mitarbeiter besser nutzen, ändern aber den Rahmen nicht. Die Organisation bleibt gleich, die Strukturen bestehen weiter, aber die Mitarbeiter sollen doch bitte ihr Commitment erhöhen, Ideen einbringen, Entscheidungen mit treffen (nominell zumindest), Zusammenarbeit leben und »richtig« kom-munizieren. Das kann so nicht funktionieren. Diese Erkenntnis ist in einigen Unternehmen schon da, wird aber bislang kaum umgesetzt.

 Das unternehmerische Denken des Einzelnen in einem hierarchischen Kontrollsystem funktioniert nicht.

Die Nachteile einer hierarchischen Pyramidenorganisation werden schon seit geraumer Zeit immer wieder neu diskutiert. Wir überle-gen und diskutieren, ob wir diese Form der Strukturierung hinter uns lassen sollten. Nun hat sich unsere Welt in den letzten Jahrzehn-ten sowieso schon maßgeblich verändert. Die Vernetzungsdichte ist gestiegen und damit die Komplexität und die Dynamik. Addieren wir diese Aspekte zu den grundsätzlichen Nachteilen hierarchischer Strukturen, findet sich schnell eine klare Antwort auf die Frage, ob wir andere Organisationsformen brauchen. Die Antwort lautet: »Ja«.

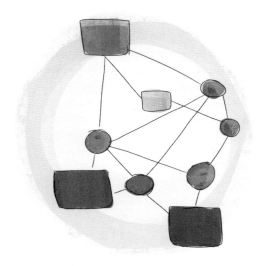

Komplexe Systeme sind vernetzt.

Ohne Spitze, ohne zentrale Steuerung – so geht Erfolg

Was kommt Ihnen beim Stichwort Drogeriemarkt in den Sinn? Wahrscheinlich Begriffe wie »billig«, »Preiskampf«, »Arbeitsbedingungen« und vieles mehr. Sie denken vielleicht darüber nach, in welcher Form sich ein Drogeriemarkt mit mehr als 34 000 Mitarbeitern allein in Deutschland und über 1400 Filialen strukturieren lässt. Viele Menschen haben eine klare Vorstellung davon, wie man das am besten leisten kann: »Klassisch, da braucht es klare Prozesse und Vorgaben für die Filialen, ein gutes Rollenkonzept und die koordinierte Steuerung durch die Zentrale.« Ja, so kann man es machen, wenn das oberste Ziel Kontrolle lautet.

Götz Werner hat es anders gemacht und dafür im September 2014 den Deutschen Gründerpreis für sein Lebenswerk erhalten. 1973 eröffnete er seinen ersten dm-Markt in der Karlsruher Innenstadt. Die Koordinaten für den Erfolg waren damals vor allem Preissenkung, Selbstbedienung und ein schlichtes Ladenlayout. Die folgende Anekdote hat Götz Werner angeblich dazu bewogen, seine Idee vom Unternehmen grundsätzlich zu überdenken: In den 1990er Jahren ist er zur »Visite« in einer seiner Filialen. Als er sich während des Gesprächs mit der Filialleiterin auf die Verkaufstheke lehnt, fällt diese herunter und zerbricht die Waren im unteren Regal. Die Filialleiterin beklagt daraufhin, dass die Theke schon längst hätte repariert werden sollen, der Bezirksleiter aber einfach nicht reagiert habe. Götz Werner soll in diesem Moment klargeworden sein, welche Hemmschwellen die strenge Hierarchie mit sich bringt, und er leitet einen umfassenden Umbauprozess ein.

dm wandelt sich von einem zentralistisch geführten Unternehmen zu einer dezentralen Organisation. Die Verantwortung wird in die Filialen gegeben. Fortan bestimmen sie autark das Sortiment, legen ihre Dienstpläne fest und bestimmen ihre Gehälter. Zum Teil werden die Vorgesetzten von der Belegschaft gewählt. Die Verbesserungsvorschläge aus den Filialen werden ohne Rückfragen von der Zentrale aufgenommen und umgesetzt. Ein Organigramm existiert nicht (mehr). Auszubildende, die bei dm »Lernlinge« genannt werden, durchlaufen einen Theaterworkshop, um an ihrem Ausdruck und Selbstbewusstsein zu arbeiten.

Von Götz Werner initiiert, stellt dm nicht ausnahmslos den Mitarbeiter, sondern auch den Kunden in den Mittelpunkt. Bereits 1994 beendete Werner die sogenannten Aktionskäufe. Für alle Produkte in den dm-Filialen gibt es eine viermonatige Preisbindung. Das Fazit dieser radikalen Kursänderung und der klaren Dezentralisierung? dm lässt seine Mitbewerber in den Ergebnissen weit hinter sich. Die Organisation »funktioniert«.

»Unternehmertum bedeutet, selbst zu erkennen, was Menschen benötigen, um eigeninitiativ tätig zu werden.«
GÖTZ WERNER

dm ist ein prominentes Beispiel aus einer Reihe von Organisationen, die aus verschiedensten Beweggründen entschieden haben, ihr Organigramm und damit ihre Kontrollhierarchie aufzugeben. Dezentralisierung ist dabei einer der wesentlichsten Aspekte, deshalb wird der Begriff »Netzwerkorganisation« (➡ Glossar) in diesem Zusammenhang häufig genannt. In Diskussionen taucht dann schnell die Frage auf, ob es denn zukünftig in den Organisationen gar keine Hierarchie mehr gäbe. Die Antwort: keine formale, die über ein Organigramm visualisiert wird. Informelle Hierarchien wird es immer geben. An dieser Stelle möchte ich noch einmal betonen, dass wir von komplexen Kontexten sprechen, in denen die zentrale Steuerung Top-down nicht zielführend ist. Es wird weiterhin Bereiche, Projekte oder Aufgaben geben, für die der zentralistische Kontrollansatz sinnvoll ist.

Informelle Strukturen und damit auch Hierarchien und »Anführer« bilden sich in jeder Gemeinschaft als ein Resultat gruppendynamischer Prozesse. Sie kennen sicherlich auch den »kurzen Dienstweg«. Gerade in Großkonzernen hilft er, Entscheidungen etwas zügiger zu treffen und umzusetzen.

 Vor allem dort, wo eine Organisation zu stringent strukturiert und zu stur bürokratisiert ist, sorgen die informellen Strukturen dafür, dass es läuft.

Sie sind das Komplement zur formalen Struktur und beinhalten meist das, was der Organisation fehlt. Fehlendes entsteht entweder durch zu viel oder viel zu wenig Strukturierung. In diesem Zusammenhang sind auch die informellen Gruppen zu sehen, die sich als Netzwerk ausbilden, wie beispielsweise die »old boys' clubs« in vielen Ländern. Diese Netzwerke sind ebenso wenig hierarchiefrei wie jede andere Organisationsform. Zu glauben, dass in Netzwerkorganisationen

Basisdemokratie herrscht, ist irrig. Das Organigramm wird abgeschafft, Hierarchie existiert.

Vernetzung statt Organigramm

Der kalifornische Mittelständler Morning Star verarbeitet Tomaten. Seine Produkte vertreibt er an Supermärkte und Restaurants. Rund 400 Mitarbeiter sind dort beschäftigt, in der Erntezeit steigt diese Zahl auf bis zu 2400. Das Geschäft läuft gut, schon seit Jahren – vor allem aber, seit Morning Star seine Hierarchiepyramide abgeschafft hat und auf Selbstorganisation setzt. Vorgesetzte gibt es in diesem Unternehmen nicht mehr und die Mitarbeiter handeln miteinander aus, was sie in einem Jahr erreichen wollen. Das wird in Kennzahlen festgehalten. Auch Gehälter werden nicht zentral definiert, sondern von einem gewählten Komitee bestimmt. Stehen in einem Bereich Investitionen für die Anschaffung von Geräten oder Ähnlichem an, so liegt es in der Verantwortung des jeweiligen Mitarbeiters, über Höhe und Notwendigkeit der Ausgaben zu entscheiden. Jeder ist sich über seine Mitverantwortung für die Ergebnisse im Klaren und besitzt volle Transparenz über alle Kosten, Prozesse und Randbedingungen. Alle Mitarbeiter wissen das, was sonst oft nur die Manager vor Augen haben. Sie alle sind Unternehmer im Unternehmen.

»Managt Organisationen durch Ideen, nicht über Hierarchien.«
STEVE JOBS

Morning Star ist ein Beispiel für eine Netzwerkorganisation, das auch der Autor und Berater Niels Pfläging in seinem Buch »Organisation für Komplexität« (2013) zitiert. Pfläging skizziert darin ein Modell für Netzwerkorganisationen – das Pfirsich-Modell. Der Kern des Pfirsichs entspricht dem Zentrum der Organisation, drum herum befindet sich die Peripherie. Vereinfacht dargestellt »funktioniert« die Wertschöpfung dieses Netzwerkes darüber, dass die Teams in der Peripherie als Einzige mit dem Markt in Interaktion stehen. Sie entwickeln durch den permanenten Austausch auf Dauer die Marktintelligenz, die zu neuen Produktideen und Innovationen führt. Die Peripherie isoliert gleichzeitig das Zentrum vom Markt, denn hier sollen die Ideen und Innovationen umgesetzt werden. Die Energie und der Fokus, die dafür notwendig sind, bleiben so gebündelt.

Aber wer steuert denn nun diese Organisation? Die Antwort liegt auf der Hand: der Markt. Das Zentrum hat keinerlei steuernde Funktion, sondern eine unterstützende und liefernde. Das bedeutet nicht, dass das Zentrum nur ein Erfüllungsgehilfe der Peripherie ist. Im Gegenteil, die beiden Partner handeln aus, was jeweils die Gegenleistung für eine Produktentwicklung oder Problemlösung sein kann.

Wichtig ist in diesem Zusammenhang, dass dem Pfirsich-Modell ein flexibles Rollenverständnis zugrunde liegt. Ein Mitarbeiter kann in seiner Rolle in einem Peripherie-Team eine innovative Idee aufgreifen und eventuell auch derjenige werden, der sie in einer Zentrums-Rolle umsetzt. Die Zuordnung von Mitarbeitern zu Rollen ist nicht starr und wird noch deutlich flexibler gehandhabt, als es in manchen Unternehmen heute bereits der Fall ist. Für Pfläging steckt in jeder traditionellen Pyramidenorganisation auch heute schon eine Pfirsich-Organisation. Sie kann sich nur oft nicht entfalten, weil die Hierarchie »reinregiert«.

 Heute werden schließlich alle Organisationen vom Markt gesteuert; über die Hierarchie versuchen aber immer noch viele, selber einzugreifen und mit- oder gegenzusteuern.

Der entscheidende Aspekt bei diesem Modell ist die Dezentralisierung. Sie ist der Dreh und Angelpunkt in Netzwerkorganisationen, die in komplexen Welten flexibel und entscheidungsfähig sein wollen. Das zeigen neben dm und Morning Star auch die vielen weiteren Beispiele der »neuen Organisationsform«. Im Internet finden sich ausführliche Informationen zu Netzwerkorganisationen wie dem Autobauer Local Motors, der Management- und Strategieberatung Partake, dem Maschinenbauer Semco S/A, dem Hörgerätehersteller Oticon und (nicht zu vergessen) Toyota.

Es liegt also nicht an fehlenden Erfolgsgeschichten, dass viele Unternehmen sich immer noch nicht trauen, ihr Organisationsdesign der gestiegenen Komplexität der Märkte anzupassen. Es liegt zum einen in dem Unwillen begründet, sich von der Macht zu verabschieden. Zum anderen ist die Transformation selber eine hochkomplexe Aufgabe und damit nicht einfach nach einem 08/15-Rezept zu lösen. Das kann nur im Kontext der jeweiligen Organisation geschehen. Ein paar erste Schritte lassen sich jedoch grundsätzlich formulieren, weshalb ich sie hier gerne aufführe.

Die ersten Schritte in eine Netzwerkorganisation

► Beantworten Sie sich folgende Frage: »Wollen wir wirklich?«

► Lassen Sie Vernetzung zu und streben Sie einen Diskurs im Management darüber an.

► Stellen Sie Transparenz her, sodass Ihre Mitarbeiter sich an eine »Managementsicht« gewöhnen können.

► Schulen Sie Ihre Mitarbeiter in Selbstführung (eventuell haben sie es verlernt oder noch nie erlebt).

► Schaffen Sie erste Bereiche, in denen Ihre Mitarbeiter autonom agieren können.

► Lernen Sie über Ihre Beiträge Einfluss zu nehmen statt über Ihre Macht. Dazu müssen Ihre Beiträge relevant sein und bei Ihren Teams Resonanz erzeugen.

DIE ERKENNTNISSE IN KURZFORM:

- ▶ Die hierarchische Pyramidenform ist uns als Organisationsdesign sehr vertraut.
- ▶ Zentrale Kontrolle als Werkzeug zur Effizienzsteigerung stammt aus dem Industriezeitalter.
- ▶ Zentrale Kontrolle ist kein passendes Werkzeug für Komplexität.
- ▶ Hierarchiepyramiden verhindern Innovation und Wertschöpfung.
- ▶ Vernetzung bedeutet Machtverlust.
- ▶ Netzwerkorganisationen meistern Komplexität.

Komplexität
meistern

Mission 4636

Als am 12. Januar 2010 rund um Port-au-Prince die Erde bebte, ereignete sich die schwerwiegendste Naturkatastrophe Haitis. Die Zahlen konnten nur geschätzt werden, das Chaos war zu groß, um verlässliche Aussagen zu machen. Rund 316 000 Tote, 300 000 Verletzte und mehr als eine Million Obdachlose waren es ungefähr. Die Dunkelziffer lag vermutlich viel höher. Die Zerstörung der Infrastruktur vor allem in und um die Hauptstadt Port-au-Prince war verheerend. 70 bis 80 Prozent der Notrufsysteme waren ausgefallen, lediglich einige Mobilfunkstationen funktionierten noch oder konnten zumindest schnell repariert werden. Im Fokus der sofort anlaufenden Hilfsmaßnahmen stand zunächst das Finden und Retten von Verschütteten und Verletzten. Aber wie sollten sie sich bemerkbar machen, vor allem in den ländlichen Regionen? Wie konnten sie gefunden werden?

Diese Fragen trieben verschiedene Menschen auf mehreren Kontinenten um, nachdem sie von der Katastrophe in Haiti gehört und gelesen hatten. So starteten einige Menschen Initiativen, die sich im Verlauf von wenigen Tagen zur Mission 4636 zusammenfanden und unzählige Menschenleben retteten. Dieser unvergleichliche Erfolg wurde durch Crowdsourcing ermöglicht.

Kostenloser Nachrichtenkanal 4636

Josh Nesbit, damals für die NGO (non-governmental organization) FrontlineSMS tätig, realisierte sofort, dass es für die Haitianer lebensnotwendig war, Informationen zu bekommen und absetzen zu können. Er suchte nach einer Strategie, um per Radio und Telefon eine direkte Verbindung zu den Menschen herzustellen. Er nutzte sowohl seine Kontakte zum US-Außenministerium als auch die sozialen Medien wie Twitter und Facebook, um nach Ideen zu fragen. Ein Follower aus Kamerun schlug vor, den IP-Manager von Digicel (Haitis größter Mobilfunkbetreiber) zu kontaktieren. Gesagt, getan. Über diese Verbindung wurde Digicel eingebunden und rund 48 Stunden später stand der Kanal 4636 exklusiv und kostenfrei als SMS-Kanal zur Verfügung.

Nun musste diese Information zu den Menschen gelangen und man brauchte die Möglichkeit, all die Textnachrichten zu verarbeiten. Um eine technische Infrastruktur zu etablieren, flog die Organisation InSTEDD Mitarbeiter nach Haiti, denn sie hatten im Auftrag der Thomas Reuters Foundation bereits ein Jahr vor dem Erdbeben mit der Entwicklung einer Informationsplattform für Notfälle begonnen. Eigentlich gedacht für die einfache Kommunikation zwischen Journalisten und Opfern, wurde die Plattform nun für die Organisation der Hilfskräfte aufgebaut.

Damit der SMS-Kanal und die Plattform überhaupt genutzt werden konnten, war eine »alte Technologie« unverzichtbar – das Radio. Per Radio wurde die Bevölkerung nicht nur über geöffnete Krankenhäuser, Wasser- und Nahrungsstationen informiert, sondern auch über die 4636. So schnell, wie sich die Information verbreitete, stieg auch die Nutzung. In Spitzenzeiten wurden rund 5000 SMS pro Stunde verarbeitet – und das bedeutete in diesem Kontext sehr viel mehr als der reine Transport von Bits und Bytes.

Die Bevölkerung spricht haitianisches Kreolisch
Um die eingehenden SMS entsprechend verarbeiten zu können, mussten sie kategorisiert werden. Josh Nesbit erinnerte sich an den Computerlinguisten Robert Munro, mit dem er in Malawi bereits in einem ähnlichen Kontext zusammengearbeitet hatte, und holte ihn ins Boot. Munro wurde über den Verlauf der gesamten Mission einer der Hauptkoordinatoren und startete mehrere Initiativen. Er thematisierte auch die Problematik der von der Bevölkerung Haitis benutzten Sprache. Munro war klar, dass innerhalb der internationalen Hilfs-

organisationen hauptsächlich englisch gesprochen wurde. Kreolisch und Französisch fanden sich seltener. Also machte er sich per Facebook auf die Suche nach Übersetzern innerhalb und außerhalb Haitis. Innerhalb kürzester Zeit fand er sich in der Rolle des Koordinators verschiedener Gruppen von Freiwilligen wieder. Insgesamt waren rund 2000 Übersetzer rund um den Globus an der Mission beteiligt.

Crisis Mapping

Initiiert von einer Gruppe Studenten der Tufts University in Boston lief »Crisis Mapping« als Crowdsourcing-Initiative innerhalb der Mission 4636 zunächst recht eigenständig und unabhängig. Die Studenten nutzten die Plattform der NGO Ushahidi, um mit geografischen Daten eine Karte des Katastrophengebietes zu erstellen. Sie kombinierten dazu Satellitenaufnahmen von Google mit den Informationen aus Facebookeinträgen und Tweets. Auch diese Plattform hatte ursprünglich einen ganz anderen Zweck und wurde in Afrika entwickelt und eingesetzt. Mit ihrer Anbindung an die SMS- und Übersetzungsplattform bekam sie eine zentrale Bedeutung für Haiti. In den ersten zehn Tagen lag der Fokus der Mission und damit auch der Arbeit mit der Ushahidi auf dem Finden und Retten von Erdbebenopfern. Im weiteren Verlauf konnten darüber die Versorgungszeiten der Bevölkerung mit Lebensmitteln und Medikamenten um ein Zehnfaches beschleunigt werden.

Diese drei Initiativen innerhalb der Gesamtmission wurden verlinkt und mit den Hilfsorganisationen vernetzt. So wurden die über 4636 eingehenden Textnachrichten, genauso wie Blogbeiträge und Tweets, zentral gespeichert, gesichtet und bei Bedarf ins Englische übersetzt. Geodaten wurden eingefügt oder auch korrigiert. Auf diese Weise entstanden eindeutige Aussagen darüber, wo welche Unterstützung gebraucht wurde. Die Hilfsorganisationen konnten ebenfalls all diese Informationen zu jeder Zeit beobachten und entsprechend agieren. So wurden Maßnahmen möglich gemacht und koordiniert, Menschen wiedergefunden, Lebensmittel geliefert und ärztliche Versorgung sichergestellt. Konkrete Zahlen, die den Erfolg der Mission 4636 in geretteten Menschen festmachen, lassen sich schwerlich finden. Innerhalb und außerhalb aller beteiligten Organisationen ist der Erfolg jedoch unbestritten.

Was waren die Erfolgszutaten für die Mission? Zunächst muss man festhalten, dass es innerhalb des Gesamtprojektes mehrere Initiativen gab. Sie alle finanzierten sich über Crowdsourcing, es gab keine zentrale Steuerung oder Koordination. Die einzelnen Gruppen, die sich für einzelne Aufgaben zusammenfanden, waren hochspezialisiert und stark miteinander verbunden. Die Beteiligten verfügten ihrerseits über jede Menge schwacher Bindungen, auf die sie bei Bedarf zugreifen konnten, um fehlendes Know-how auszugleichen. Die Mission machte aus schwachen sehr schnell starke Bindungen. Es entstand schon nach kurzer Zeit Vertrauen, auch weil es keine formelle Autorität gab, die die Freiwilligen rekrutierte. Wer sich anschloss, konnte seine Fähigkeiten, sein Wissen und seine Bindungen einbringen und so zum Gelingen beitragen.

Schwache und starke Bindungen in sozialen Netzwerken (➡ Glossar)

Eine Bindung zwischen Menschen entsteht über die gemeinsam verbrachte Zeit, emotionale Nähe und gegenseitige Gefallen / Dienstleistungen. Danach lassen sich Bindungen in stark, schwach und nicht vorhanden unterscheiden. Für gut funktionierende Netzwerke sind sowohl starke als auch schwache Bindungen notwendig. Menschen, die sich gut kennen, haben normalerweise eine starke Bindung. Sie neigen als Gruppe aber manchmal dazu, sich gegen die »Umwelt« abzuschotten. Die schwachen Bindungen machen einen Informationsaustausch schnell wieder möglich und bringen mitunter die aktuell fehlenden Ressourcen und Kompetenzen ein.

Führungskräfte wie Robert Munro lebten vor, was für den Erfolg der Mission 4636 notwendig war: durchhalten und bei Schwierigkeiten nicht aufgeben. Sie verstanden es, positives Verhalten und Handeln zu verstärken, und koppelten Erfolge (und Misserfolge) schnell und direkt zurück. So war für jeden deutlich, dass er einen Anteil an der Mission hatte, und zwar einen bedeutenden.

Werfen wir auch für dieses Beispiel einen kurzen Blick auf einige der wesentlichen Komplexitätsfacetten.

Selbstorganisation: Es gab keine zentrale Stelle und auch keinen »Helden«, der die Mission 4636 konzipiert, geplant und umgesetzt hatte. An verschiedenen Stellen starteten mehrere Initiativen zeitgleich und zunächst unabhängig voneinander. Erst im Laufe der Zeit entstand durch die Vernetzung von Menschen, Initiativen und Organisationen die eine Mission. Es gab Führungskräfte und Initiatoren, die Entscheidungen getroffen und Maßnahmen angestoßen haben. Sie taten das ohne die Absicht, etwas zu kontrollieren oder zu steuern.

Vielzahl der Faktoren: Das System Mission 4636 bestand aus unzähligen Initiativen und Menschen inner- und außerhalb Haitis – die Bevölkerung, die Rettungsdienste, Krankenhäuser, Wasserversorger, die Studentengruppe in Boston, die NGOs und so weiter. Sie alle standen in (mehr oder weniger) intensivem Austausch miteinander, und das vor dem Hintergrund einer Naturkatastrophe, die das Umfeld »definierte«.

Unvorhersagbarkeit: Eine Naturkatastrophe, wie das Erdbeben in Haiti, ist schon nicht mehr komplex, sondern chaotisch. Die Mission 4636 wurde davon stark beeinflusst, denn die gesamte Situation war intransparent und nicht vorhersagbar. Auch die Mission konnte man nicht voraussagen, denn sie entstand selbstorganisiert aus diversen Einzelinitiativen. Das »Muster« der Mission zeigte sich erst über den zeitlichen Verlauf.

Varietät: Im Laufe weniger Tage stieg die Komplexität der Mission deutlich an – und zwar nicht, weil jede Menge Menschen dazukamen, die alle das Gleiche taten. Die Komplexität stieg, weil diese Menschen mit den entsprechenden Fähigkeiten und Kompetenzen auf die entstehenden Anforderungen reagierten. Es gab auch keine Zentrale, die Rollen und Aufgaben verteilte. Das System organisierte sich selbst.

Feedback: Viele der involvierten Führungskräfte beherrschten bereits das Rückkoppeln relevanter Informationen an die Mitarbeiter und die anderen Beteiligten. In Haiti spielten jedoch alle Beteiligten Feedback an Kollegen und Vorgesetzte zurück, egal ob es sich um Erfolgsmeldungen, Misserfolge, neue Anforderungen, technische Rahmenbedingungen, Probleme oder Fehler handelte.

Restriktionen: Eine Restriktion, die die Bevölkerung Haitis »mitbrachte«, war die Sprache. Die meisten Haitianer sprechen Kreolisch. In internationalen Hilfsorganisationen läuft die Kommunikation hauptsächlich auf Englisch. Die Mission 4636 reagierte auf diese Bedingung, indem sie Übersetzer rekrutierte. Ein Beispiel für die Wechselbeziehung zwischen Restriktion und System.

Systemdynamiken: Auch im System Mission 4636 herrschten Dynamiken. Die einzelnen Initiativen verfolgten (zunächst) unabhängig voneinander einzelne Ziele, wie beispielsweise die Bevölkerung zu informieren oder Kartenmaterial zu erstellen. Sie taten das für ein übergeordnetes, gemeinsames Ziel: Haiti bestmöglich durch die Katastrophe zu helfen. Dieses gemeinsame Ziel hat es ihnen ermöglicht, ihre Einzelziele zu konsolidieren und gegebenenfalls unterzuordnen. Nebenwirkungen und Restriktionen wurden bearbeitet, statt sie über Standpunkte zu verteidigen. Die Mission 4636 zeigt, wie sich Systemdynamiken nutzen lassen, um erfolgreich zu sein. Ein zentraler Punkt, von dem viele Organisationen lernen können und sollten.

Selbstverständlich gibt es auch Kritik an dem Projekt. Es wurden Fehler gemacht, Dinge nicht bedacht oder zu spät vernetzt. Es gibt einige Lessons Learned zur Optimierung. Aber dennoch ist diese Mission ein einmaliges globales Gemeinschaftsprojekt, das rund 50 Länder umspannte und seinesgleichen sucht. Und ich frage mich: Hätte man die Mission 4636 im gewohnten Stil geplant und gemanagt, welchen Beitrag hätte sie dann wohl in welchem Zeitrahmen leisten können?

In diesem Buch steht die Mission stellvertretend für netzwerkorganisierten Erfolg, der nicht durch ein stringentes Management, sondern durch Selbstorganisation entsteht. Selbstverständlich lässt sich das Beispiel nicht 1:1 auf Ihre Organisation übertragen, der Kontext ist ein völlig anderer. Sie haben sehr wahrscheinlich nicht die Gelegenheit, Ihre Organisation neu aufzubauen, sie existiert ja bereits. Komplexität lässt sich aber durchaus auch in bestehenden Organisationen meistern. Es gibt keine Organisation, für die das »nicht geeignet« ist. Ein Rezept ist aus der Mission 4636 nicht ableitbar, aber sie enthält viele gute Anregungen für den Umgang mit komplexen Systemen. Diese und die diversen Aspekte und Überlegungen aus den letzten neun Kapiteln fasse ich für Sie noch einmal zusammen – in den Dos und Don'ts für das Meistern von Komplexität.

Was sollten Sie lassen?

Erfolge mit Methoden begründen: Wir müssen aufhören, den Erfolg nachträglich mit tollen Werkzeugen und systematischem Controlling zu erklären. Weder das eine noch das andere sind in komplexen Situationen die singulären Erfolgskomponenten. Unsere Bereitschaft, Tools und Methoden zu verändern, um besser zu werden, ist meistens groß. Unter Umständen sind wir bereit, externe Experten einzukaufen, die uns sagen, wie es gehen soll. Was wir jedoch brauchen, ist die Bereitschaft, die eigene Managementphilosophie infrage zu stellen. Wie stehen Sie dazu? »Veränderung? Ja, aber bitte nicht bei mir«?

Das System als Ausrede benutzen: Der Begriff »System« ist fast so populär wie »Komplexität«. Treten Probleme auf, sagen viele gerne: »Es ist das System« – oft mit dem nicht ausgesprochenen Gedanken: »Da kann man nichts machen.« Diese Einstellung führt eher zu Nichtstun und Erstarrung als zu Lösungen. Um das zu ändern, müssen wir uns eines klarmachen: Der Gegensatz von »System« und »Wir« existiert nicht. Wir sind immer ein Teil des Systems. Wir werden darüber beeinflusst und beeinflussen es unsererseits. Wir müssen aufhören, die Verantwortung abzuschieben, und uns unserer Möglichkeiten bewusst werden.

Nur linear denken: Die Zukunft als Fortschreibung der Vergangenheit zu betrachten, ist in komplexen Kontexten kein adäquater Umgang mit Zeit. Gerne übernehmen wir bei der Planung Annahmen aus der Vergangenheit und erweitern diese um wenige ergänzende Hypothesen über die Zukunft. Das ist in Ordnung für einfache und komplizierte Systeme. In komplexen Systemen muss Management jedoch in der Gegenwart stattfinden. In vielen kurzen Zyklen werden Entscheidungen getroffen, überprüft, revidiert und korrigiert.

Die Welt in harte und weiche Faktoren unterteilen: Die Unterscheidung von Hard und Soft Facts ist überholt. In den meisten Organisationen werden damit zwei grundlegend verschiedene Herangehensweisen definiert und bilden die beiden Säulen des Managements. Bei jeder Veränderung werden sie separat betrachtet. Die »harte« Vorgehensweise wird gewählt bei Strategiearbeiten, Anforderungsmanagement et cetera. Geboren aus der Idee, dass Veränderungen an den Strukturen und Prozessen den gewünschten Erfolg liefern, sind das Ergebnis der Bemühungen meist auch genau solche Prozess- und Strukturveränderungen. Nur der Erfolg bleibt oft aus. Sollen Beziehungen zwischen den Menschen verbessert oder Emotionen »gemanagt« werden, setzen wir auf die »weiche« Vorgehensweise. Viel zu oft läuft das auf reine Wohlfühlmaßnahmen frei nach dem Motto »Wir müssen uns alle lieb haben« hinaus. Das verhindert Kooperation und Diskurs ebenso wie der »harte« Ansatz. Beide Herangehensweisen in Reinkultur sind nicht zielführend für Komplexität.

Die Planung für das Maß aller Dinge halten: Wir müssen auf den Anspruch einer langfristigen Plan- oder Vorhersehbarkeit der Zukunft verzichten. »Ja, aber wir brauchen doch Termine für unsere Projekte und Strategien«, ist ein häufiger Einwand an dieser Stelle. Natürlich gibt es Termine, aber keinen linearen, vorab planbaren, geraden Weg dorthin. Die Planungszyklen in komplexen Systemen sind kurz und iterativ. Nur so kann auf sich verändernde Bedingungen flexibel reagiert werden. Gleichzeitig müssen wir üben, in längeren Horizonten zu denken, wenn wir Szenarien der möglichen Zukunft entwerfen. Kleine Handlungen heute zeigen ihre mitunter große Wirkung erst übermorgen.

Die Menschen auf egoistische Einzelziele dressieren: Dieses Verhalten treibt uns nur in die Komplexitätsfalle. Ich kenne kaum eine

Organisation, die heute ohne Kennzahlen, Scorecards und Incentivierung von »Sollgrößenerreichung« arbeitet. Das führt dazu, dass die Verantwortlichen sich auf genau diese Einzelaspekte fokussieren, um ihre ganz persönlichen Ziele zu erreichen. Das Ergebnis ist ein ausgeprägtes Silodenken und -handeln. In komplexen Situationen brauchen wir jedoch Kooperation und oft auch Improvisation. Das funktioniert nicht, wenn »das Prinzip« zu wichtig ist.

Das Problem mit dem Symptom gleichsetzen: Wir müssen erkennen, dass Problem und Symptom zwei Paar Schuhe sind. Immer wieder werden die Projektberichte nicht pünktlich eingereicht. Abteilung A und B reden so wenig wie möglich miteinander. Das Vertriebsteam erreicht erneut die Quartalszahlen nicht, obwohl der Markt bereit ist. Diese Beispiele stehen stellvertretend für all die Anlässe, bei denen wir fälschlicherweise Symptom und Problem beziehungsweise Ursache gleichsetzen. Wir müssen aufhören, Symptome zu »reparieren«, und anfangen, ganzheitlich auf das System zu schauen.

Blinden Aktionismus starten: Wenn blinder Aktionismus zum Erfolg führt, ist es meistens reines Glück. Manager, die in der Komplexitätsfalle stecken, verfallen gerne in Aktionismus. Wir halten es schwer aus, »untätig« zu bleiben, vor allem wenn es um uns herum turbulent wird. Was wir dann eigentlich brauchen, sind Einsichten. Wir müssen das System verstehen lernen, es beobachten, Muster entdecken. Dann fußen Entscheidungen über die nächsten Schritte auf einer soliden Grundlage. Die Devise »Viel tun hilft viel« ist nicht gültig in komplexen Systemen.

Das Bild vom Helden beschwören: Wir müssen den Glauben an die »Great Man Theory« aufgeben. Viel zu oft reduzieren wir Erfolg auf eine Ursache – die Führungskraft / den Manager. Wir glauben auch gerne, dass die Eigenschaften dieser Führungskraft angeboren sind. In komplexen Kontexten ist die Führungskraft jedoch nicht »die eine« Stellschraube des Systems. Sie ist ein Teil des Systems. Ihre Eigenschaften als Gründe für Erfolg und Misserfolg zu benennen, ist genauso falsch, wie es linear ist.

»Das Problem ist nicht das Problem. Das Problem ist deine Einstellung zu dem Problem.«
CAPTAIN JACK SPARROW

Was sollten Sie tun?

Komplex denken und handeln: Wir müssen lernen, mit Komplexität auf komplexe Probleme zu reagieren. Die gängige Vorgehensweise läuft meist nach einem bestimmten Schema ab: 1. Problem benennen, 2. Schuldigen finden (und damit die Ursache haben) und 3. ihn mit der Behebung des Problems beauftragen. Stellen wir dann fest, dass das Problem für einen Menschen zu groß ist, vermehren wir die Kräfte. Die Lösung ist also: mehr vom Gleichen. Dieser lineare Ansatz wirkt jedoch nicht in komplexen Kontexten. Wir müssen zunächst die Komplexität der Aufgabe kennen und verstehen. Wer sind die Beteiligten, was ist das System, welche Wechselwirkungen machen die Dynamik aus und so weiter. Damit wir komplex antworten können, brauchen wir Kooperation. Nur so entstehen neue Ideen, Innovation und Evolution. Die erste Aufgabe des Managements besteht also darin, das passende Umfeld für Kooperation zu schaffen.

Mustererkennung: Wir müssen lernen, Muster zu erkennen. Das funktioniert über das Betrachten von Gruppen und ihren Interaktionen. Solange wir nur die einzelnen Mitarbeiter, Kollegen oder Vorgesetzten betrachten, blenden wir das System aus. Muster entstehen durch Verbindungen und auch Nicht-Verbindungen der Menschen. Einfache Visualisierungen können helfen, die Vernetzungsmuster sichtbar zu machen. Sie müssen dann noch in Relation zu den Aufgaben gesetzt werden, denn es geht immer noch darum, Ziele zu erreichen. Die »richtige« Vernetzung ist eine der wichtigsten Managementaufgaben.

Ebenenwechsel: Wir müssen lernen, holistisch zu denken und zu managen. Mit der reinen Betrachtung von Einzelelementen verlieren wir den Blick für das Big Picture. Wenn wir aber nur auf das

Ganze schauen, werden wir Komplexität genauso wenig meistern. Wir brauchen beide Betrachtungsebenen gleichzeitig. Der stete Wechsel zwischen den Ebenen zeigt, welche Aspekte und Einzelelemente überhaupt relevant sind für das System. Es ist nicht das eine oder das andere, es ist beides und die Beziehung zwischen ihnen.

Leitplanken setzen und vorleben: Wir müssen lernen, Menschen so zu organisieren, dass sie komplexes Verhalten zeigen. Trainieren wir unsere Mitarbeiter auf reines Schablonendenken hin (»Das haben wir schon immer so gemacht«), werden wir auf Dauer keine Lösungen für die komplexen Aufgaben finden. Eines ist mir an dieser Stelle wichtig: Es gibt keine Mitarbeiter, mit denen »so etwas nicht geht«. Es ist die Aufgabe des Managements, für das passende Umfeld zu sorgen und es den Mitarbeitern zu ermöglichen, ihr Potenzial zu entfalten und wachsen zu dürfen. Das geht niemals ohne Vertrauen und Offenheit als Basis der Zusammenarbeit. Schaffen Sie den richtigen Rahmen dafür.

»Mal angenommen ...«: Wir müssen lernen, mit Hypothesen zu arbeiten. Der Unterschied zwischen Hypothese und Wahrheit liegt in der Robustheit. Eine Hypothese ist eine Annahme über etwas, die jederzeit angepasst, verworfen oder korrigiert werden kann. Eine Wahrheit ist die (subjektive) Beschreibung, wie etwas ist, inklusive Ursache und Wirkung. Im Management wird immer noch viel mehr mit Wahrheiten (»So ist das eben«) gearbeitet als mit Hypothesen (»Wir nehmen an, dass es so ist«). Komplexe Systeme lassen sich weder vorhersagen noch vollständig erfassen. Es ist also sinnvoll, das flexible Arbeiten mit Hypothesen zu stärken, um ein möglichst gutes Bild zukünftiger Entwicklungen zu erarbeiten.

Unterschiedlichkeit: Wir müssen mehrperspektivisch und divers managen. Die »eine« richtige Sichtweise auf die Welt / das Problem / die Situation gibt es nicht. Komplexe Sachverhalte lassen sich (meist retrospektiv) nur über verschiedene Perspektiven der Betrachtung erschließen. Dabei sollten die Perspektiven in Bezug auf Kompetenz, Fachgebiet und Sichtweise möglichst unterschiedlich sein. Diverse Teams – im wahrsten Sinne des Wortes – sind die Grundvoraussetzung, um komplexe Antworten zu generieren. Allein die Besetzung mit möglichst unterschiedlichen Typen und Fähigkeiten reicht nicht aus. Als Manager müssen Sie die Diversität auch zulassen, was Diskurs und Unterschiedlichkeit bedeutet.

»Wie könnte es sein?«: Wir müssen üben, in Szenarien zu denken. Wird das kommende Geschäftsjahr, die Produktentwicklung oder das Projekt geplant, dann wird damit auch die Zukunft beschrieben. Man hält sie dann für die Wahrheit. Die möglichen Stolpersteine auf dem Weg dahin werden im Risikomanagement bearbeitet und gemanagt. Die Zukunft lässt sich nicht voraussagen und ist auch keine Konstante. Um diesen Tatsachen Rechnung zu tragen, sollten wir anfangen, Szenarioarbeit zu betreiben. Wie noch könnte die Zukunft aussehen? Welche Aspekte könnten in der (geplanten) Zukunft noch relevant sein? Was könnte irrelevant geworden sein? Wie sähe die »schlimmste«, wie die »schönste« Zukunft aus? Über diese Gedankenspiele erweitert sich das Repertoire an Lösungsideen für die diversen Szenarien. Damit steigt die Anzahl der Handlungsalternativen, die für den Fall sich ändernder Bedingungen zumindest schon einmal vorgedacht sind.

Im Prinzip: Wir müssen lernen, »im Kontext« zu managen. Ein Grund, warum es keine Rezeptbücher für den Umgang mit Komplexität gibt, ist der Kontext. Jedes Symptom, jedes Problem, jede Situation, jede Aufgabe ist im jeweiligen Zusammenhang zu betrachten. Was damals oder bei den anderen funktioniert hat, muss heute nicht mehr unbedingt zum Erfolg führen. Auch das Verhalten von Individuen sagt erst im Kontext ihres Agierens etwas aus. Verabschieden Sie sich von Schnelldiagnosen und Allgemeinplätzen, Komplexität ist immer Zusammenhang.

»Sehr persönlich«: Die folgenden Eigenschaften und Fähigkeiten helfen Ihnen persönlich dabei, mit Komplexität leichter umzugehen und sie erfolgreich zu meistern:

- Mut – Neues auszuprobieren und dabei Fehler zu machen
- Durchhaltevermögen – Wirkungen zeigen sich oft erst später
- Macht loslassen – Vernetzung und Selbstorganisation zulassen
- Toleranz für das Unbestimmte
- Selbstreflexion, Selbstreflexion, Selbstreflexion ...

Die Antwort auf Komplexität

Wie nennt man nun die Form des Managements, die den Umgang mit Komplexität erfolgreich meistert? Das Kind braucht einen Namen. Ich nenne sie »holistisches Management« (➡ Glossar), im Sinne der Ganzheitlichkeit. Dieses Management betrachtet Systeme nicht bloß als eine Zusammensetzung einzelner Teile, sondern als ein Ganzes. Dabei werden die Einzelteile nicht ausgeblendet, sondern auf einer anderen Ebene mitbetrachtet. Ein System funktioniert immer auch als Ganzes und lässt sich über die Summe seiner Teile alleine nicht erfassen oder erklären. Holistisches Management ist kein neuer Stil und keine neue Methode. Ich verstehe es als ein Bündel von Haltungen, Fähigkeiten und Kompetenzen. Sie haben gerade ein ganzes Buch darüber gelesen, weshalb ich die Definition an dieser Stelle kurz halte.

Holistisches Management

- betrachtet Beziehungen und Zusammenhänge.
- arbeitet auf der Mikro- (Einzelne) und Makroebene (System) gleichzeitig.
- variiert die Skalierung der Betrachtung und wählt den passenden Ausschnitt.
- wechselt die Perspektiven der Betrachtung und nimmt andere Positionen ein.
- schafft vollständige Transparenz für alle Beteiligten.
- macht Veränderung möglich.
- findet immer wieder die Balance zwischen Struktur und Flexibilität.

Am Ende Ihrer Lektüre angelangt, haben Sie hoffentlich Ihr Verständnis von Komplexität und ihren Folgen erweitert und aktualisiert. Ich hoffe, Sie konnten mit einigen Irrtümern aufräumen und wertvolle Impulse für Ihre Arbeit als Manager und Führungskraft mitnehmen. Bleibt noch eine letzte Frage: Brauchen wir wirklich ein neues Management? Meine Antwort darauf ist einfach und kurz: Ja. Ja, weil unsere üblichen Methoden nicht mehr greifen. Ja, weil unsere Denkweisen in komplexen Situationen nicht hilfreich sind. Ja, weil wir mit anderen Herausforderungen konfrontiert sind als noch vor einigen Jahrzehnten. Eines steht fest: Die Welt hat sich bereits verändert. Jetzt sind wir dran!

In diesem Sinne: Bleiben Sie erfolgreich!

Anhang

Glossar

Adaptation
Evolutionswissenschaftlich steht der Begriff für die Anpassungsfähigkeit eines Organismus an seine Umwelt. Die Anpassung dient seinem Überleben, wofür er Merkmale und Verhaltensweisen ändert, um diesem Zweck zu dienen.

Adaptive Systeme
Ein adaptives System reagiert auf Störungen und Veränderungen, ohne seine Systemintegrität zu verlieren. Es reagiert flexibel und passt sich den veränderten Bedingungen an, ohne seine Ziel- und Ergebnisorientierung aufzugeben. Ein adaptives System lernt.

Agile Methoden
Ursprünglich (hauptsächlich) in der Softwareentwicklung entstanden, setzt sich der »agile Gedanke« immer mehr auch außerhalb der IT durch. Scrum ist einer der populärsten Vertreter. Die Gemeinsamkeit der verschiedenen Methoden ist das Abrücken von der klassischen linearen Planung und den üblichen Rollenkonzepten.

Ausprobieren
Ausprobieren beziehungsweise experimentieren ist der Entscheidungsmechanismus in komplexen Kontexten. Kann das Verhalten eines Systems nicht vorausgesagt werden, so müssen wir ausprobieren, mit welchen Impulsen sich die gewünschte Resonanz erzeugen lässt.

Bestätigungsfehler (Confirmation Bias)

Werden wir mit neuen Informationen konfrontiert, so gleichen wir sie mit unserem bereits vorhandenen Wissen ab und suchen darin nach Bestätigung. Unbewusst blenden wir dabei Informationen aus, die unsere Erwartungen widerlegen.

Bindungen (in sozialen Netzwerken)

In sozialen Netzwerken finden sich starke und schwache Bindungen zwischen den Beteiligten. Starke Bindungen haben wir zu anderen Menschen, die wir gut kennen und mit denen uns gemeinsame Erlebnisse verbinden. Menschen, zu denen wir schwache Bindungen haben, kennen wir mitunter nur über die sozialen Netzwerke und es verbindet uns eventuell nur ein gemeinsames Interesse. Beide Varianten sind wichtig. Die starken Bindungen tragen, weil hier Vertrauen und Nähe bestehen. Auf die schwachen Bindungen können wir bei Bedarf schnell zugreifen und die starken Bindungen des anderen nutzbar machen.

Chaos

In chaotischen Kontexten existiert kein Ursache-Wirkungs-Zusammenhang mehr, auch nicht rückblickend. Es geht im Chaos darum, die Systemstabilität wieder herzustellen, wozu eine charismatische oder auch diktatorische Führungspersönlichkeit notwendig ist.

Diversität

In komplexen Systemen ist Vielfalt unbedingt notwendig. Viele verschiedene Kompetenzen, Meinungen, Sichtweisen und Kenntnisse sorgen für Diskurs und Störungen. So kann Innovation stattfinden und neue Ideen und Lösungen können gefunden werden.

Dynamik

Die Vernetzung in einem System führt zu ständiger Veränderung und Zeitdruck. Die Faktoren wirken aufeinander, sodass sich das System stetig weiterentwickelt. Es wartet nicht.

Einfach

In einem einfachen Kontext ist die Ursache-Wirkungs-Relation für alle Beteiligen klar. Sie ist wiederholbar und transparent.

Exaptation

Innovationen entstehen oft durch zweckentfremdete Nutzung und nicht als Antwort auf die Frage »Wie kann ich das Bestehende verbessern?«. Man geht davon aus, dass Vogelfedern zunächst »nur« aufgrund ihrer thermoregulatorischen Rolle entwickelt wurden. Ab einer bestimmten Größe waren sie zum Flattern geeignet. Es folgte eine Exaptation (für das Flattern) und später eine Adaptation zum eigentlichen Fliegen.

Fail-safe

Mit dem Fail-safe-Ansatz werden Systeme (vermeintlich) ausfallsicher konzipiert. Im Falle eines Fehlers sollen alle Funktionen und Ziele erhalten bleiben. Dieser Gedanke hat dazu geführt, dass wir heute unsere Organisationen und Projekte oft mit einer Null-Fehler-Toleranz managen, da wir vermeintlich an alles gedacht und alles abgefangen haben. Das zeigt sich auch im »Ausprobieren« von Lösungen in komplexen Kontexten. Das Denken bleibt linear und wir versuchen nur das, was mit höchster Wahrscheinlichkeit erfolgreich sein wird.

Feedback (Rückkopplung)

Rückkopplung ist »der« Regelungsmechanismus in komplexen Systemen. Um als Manager und Führungskraft erfolgreich zu agieren, müssen wir Feedback auf allen Ebenen etablieren – fachlich, prozessual, zwischenmenschlich und organisatorisch.

Fordismus

Der Industrielle Henry Ford war einer der bekanntesten »Umsetzer« der Massenproduktion von Konsumgütern durch Arbeitsteilung, Leistungsvereinbarungen und monetäre Anreizsysteme. Er setzte den Scientific-Management-Ansatz von Taylor in der Automobilproduktion um. Ford maximierte damit nicht nur die Produktions- und Verkaufszahlen, sondern nahm Einfluss auf die gesellschaftliche Entwicklung seiner Zeit.

Gruppendenken

In Gruppen neigen wir dazu, unsere Meinung an die (erwartete) Gruppenmeinung anzupassen. Es kommt vor, dass Gruppen aus diesem Grund schlechtere Entscheidungen treffen, als es die kompetenten Einzelpersonen tun würden.

Heuristik

Wir arbeiten immer mit begrenztem Wissen (da wir nur einen Ausschnitt sehen) und unter Zeitdruck. Also interpretieren und mutmaßen wir, um Entscheidungen treffen zu können.

Holistisches Management

Im Sinne eines ganzheitlichen (holistischen) Ansatzes sind die folgenden Aspekte wesentlich:

- ► Systemisches Denken und Managen
- ► Mikro- und Makroebene des Systems sind jederzeit berücksichtigt
- ► Mitarbeiter im System können ihre Potenziale entfalten
- ► Veränderungen sind möglich

Dahinter steht eine bestimmte Haltung sowohl den Menschen als auch der Organisation (und ihrem Zweck) gegenüber. Diese Haltung speist sich aus Wertschätzung, Mut, Neugier, Lernlust, Experimentierfreude und Begeisterung.

Information

Eine Information entsteht aus Daten erst dann, wenn sie bei dem entsprechenden Empfänger eine Erkenntnis produziert.

Informationsmangel

Das häufigste Symptom bei Managern und Führungskräften in komplexen Systemen ist der subjektiv empfundene Informationsmangel. Dabei handelt es sich meist um einen Mangel an relevanten Informationen und einen Überfluss an Daten.

Interdependenz

Zwischen den Beteiligten eines Systems gibt es Abhängigkeiten. Es ist wichtig zu erkennen, welche Systemteile existenziell sind und was passiert, wenn Teile entfernt werden.

Intransparenz

Die Beteiligten und ihr Wechselwirkungsgeflecht in einem komplexen System lassen sich nicht mehr vollständig erfassen. Wir betrachten lediglich Ausschnitte. Somit sind viele Bereiche des Systems nicht fassbar und es ergibt sich Intransparenz.

Komplexität

Komplexität ist definiert (für dieses Buch) über die Anzahl der Faktoren (Beteiligten) und deren wechselseitige Beziehungen. Der Grad der Komplexität ergibt sich aus diesen beiden Faktoren. Je mehr Beteiligte und je höher der Grad der Vernetzung, desto höher der Grad der Komplexität.

Kompliziert

Komplizierte Kontexte zeichnen sich durch einen klaren Ursache-Wirkungs-Zusammenhang aus und sie sind vorhersagbar. Es kann mehrere richtige Lösungen geben. Kompliziert ist die Domäne der Experten, denn Probleme werden über Analysen gelöst.

Kontrollüberzeugung

Die Überzeugung, etwas (eine Situation, ein Team et cetera) kontrollieren zu können, ist, neben der Selbstwirksamkeitserwartung, ein wichtiger Motivator, um ins Handeln zu kommen. Haben wir das Gefühl, etwas »nicht unter Kontrolle zu haben«, so verfallen wir häufig in Bewegungslosigkeit.

Netzwerkorganisation

Eine Netzwerkorganisation zeichnet sich dadurch aus, dass ihre Beteiligten autonom agieren und gleichzeitig über gemeinsame Ziele verbunden sind. Die Beteiligten sind hochgradig miteinander vernetzt. Das Hauptaugenmerk des Managements liegt auf den Interaktionen im System und nicht auf Einzelpersonen oder -merkmalen.

Nicht-Linearität

Das populärste Beispiel für Nicht-Linearität ist nach wie vor der Schmetterlingseffekt. Hinter der Frage »Kann der Flügelschlag eines Schmetterlings in Brasilien einen Tornado in Mexiko auslösen?« steckt der Effekt, dass kleine Abweichungen in den Anfangsbedingungen eines Systems über die Zeit zu großen Auswirkungen führen können.

Objektivität

Objektivität ist ein Trugschluss. Jede Information, jede Erkenntnis ist gefärbt durch unsere persönlichen Erfahrungen, unser Wissen, unsere Einstellungen und Erwartungen.

Ordnung

In komplexen Systemen entstehen Muster durch und in den Interaktionen. Es entsteht eine Ordnung, und das letztendlich durch die impliziten Restriktionen.

Relevanz

Die Frage nach der Bedeutung (von Informationen, Handlungen et cetera) sollte jeder Manager und jede Führungskraft immer wieder stellen – auch sich selbst. Wir sind grundsätzlich sehr gut darin, Relevanz zu erkennen, haben aber die Tendenz entwickelt, sie unter Unmengen von Daten zu vergraben.

Restriktionen (Constraints)

Auch komplexe Systeme operieren innerhalb ihres Rahmens, sie unterliegen Restriktionen. Diese wirken auf das System und das System gleichzeitig auf sie. Die impliziten Regeln einer Organisation beispielsweise dienen als Restriktionen.

Safe-fail

Beim Safe-fail-Ansatz ist unterstellt, dass Fehler passieren werden und nicht zu vermeiden sind. Die Aussage des Systemdesigns ist dann »Trotz allem und egal was kommt«. Für die Experimente in komplexen Situationen bedeutet es, dass wir in einigen scheitern müssen. Ohne Scheitern und Fehler erkennen wir die Grenzen nicht.

Scientific Management
Siehe Taylorismus

Scrum
Scrum ist ein Framework, das seinen Ursprung in der Softwareentwicklung hat. Es definiert kein Vorgehensmodell, sondern Rollen, Aktivitäten und Artefakte (Dokumente), um ein flexibles Arbeiten möglich zu machen. Viele kurze Iterationen, regelmäßige Feedbackschleifen und ein hohes Maß an Diskurs ermöglichen schnelles Reagieren auf sich verändernde Bedingungen.

Selbstorganisation
Jedes komplexe System ist selbstorganisiert. Dabei ist Selbstorganisation nicht das Gegenteil von Fremdorganisation. Ein komplexes System verändert seine Strukturen und erzeugt neue Muster aus sich heraus, auch ohne Einfluss von außen. Die Aspekte, die für das Managen in komplexen Systemen wichtig sind, sind Disziplin und das (passende) Regelwerk. Die Restriktionen (Regelwerk) bestimmen das Verhalten und werden vom Verhalten bestimmt. In sozialen Systemen ist Disziplin im Umgang mit den Restriktionen notwendig, um erfolgreich zu sein.

Selbstwirksamkeit(serwartung)
Wenn wir glauben, in einer konkreten Situation die passende Leistung bringen zu können, haben wir eine Selbstwirksamkeitserwartung. Wir sind eher bereit an Dingen mitzuwirken, wenn wir davon überzeugt sind, auch persönlich etwas zu bewirken.

Skalierung
In komplexen Systemen ist es wichtig, die »richtigen« Ausschnitte und die verschiedenen Ebenen zusammen zu betrachten. Das Denken und Verhalten Einzelner lässt sich erst im Gesamtsystemzusammenhang sinnhaft erklären.

Stabilität

Jedes System trachtet danach, seinen (oder einen) stabilen Zustand zu erreichen. Auch nach Veränderungen und Störungen sucht das System die Stabilität. Jeder Manager und jede Führungskraft hat die Aufgabe, auf die richtige Balance zwischen (kurzen) Stabilitätsphasen und Störungen zu achten. Instabile Zustände machen Veränderung möglich und sind Nährboden für Kreativität.

System

Eine »Einheit«, die aufgaben-, ziel- oder zweckgebundene Beteiligte besitzt, die miteinander interagieren und vernetzt sind. In jeder Organisation finden sich viele einzelne Systeme, die mitunter ihre Grenzen unterschiedlich ziehen. Durch die Grenzen definiert sich, was »dazugehört« und was »draußen ist«. In diesem Buch sprechen wir immer von offenen Systemen, die sich mit ihrer Umwelt austauschen (Informationen, Ressourcen et cetera).

Systemdynamiken

Vernetzung und Dynamik sorgen für fortlaufende Veränderungen in einem komplexen System. Das System selbst lässt sich nur über seine Dynamiken kennenlernen und verstehen. Das sind Wechselwirkungen und keine einfachen Kausalketten.

Taylorismus

Frederick Winslow Taylor beschrieb in seinem Prinzip des »Scientific Management« die Prozesssteuerung der Arbeitsabläufe. Effizienzsteigerung war dabei das höchste Ziel. Um das zu erreichen, wurden die Arbeitsschritte sehr detailliert vorgeschrieben, Zeiten vorgegeben, die Kommunikation unidirektional definiert und stringente Kontrollen eingesetzt.

Tit for tat

Die »Wie du mir, so ich dir«-Strategie hat ihren Ursprung in der Spieltheorie. Sie macht deutlich, wie Kooperation zustande kommen kann, auch wenn egoistisches Verhalten eine einzelne Person kurzfristig belohnt.

Unordnung
Komplexe und chaotische Systeme gehören in die Welt der Unordnung. Ein klarer Ursache-Wirkungs-Zusammenhang ist a priori nicht mehr zu erkennen.

Unvorhersagbarkeit
Komplexe Systeme sind nicht-linear. Das bedeutet, dass selbst kleine Aktionen große Auswirkungen haben können, die eventuell auch noch zeitverzögert auftreten. Das macht es unmöglich, solche Systeme vorauszusagen. Erst in der Rückschau lassen sich (oft, aber nicht immer) klare Ursache-Wirkungs-Zusammenhänge für das System beschreiben.

Varietät
Varietät ist die Menge der möglichen unterscheidbaren Zustände eines Systems.

Vernetzung
Ein System, dessen Beteiligte in Wechselbeziehungen zueinander stehen, ist vernetzt.

Literaturverzeichnis

Axelrod, Robert: Die Evolution der Kooperation. De Gruyter
  Oldenbourg, München 2009
Bar-Yam, Yaneer: Making Things Work. Solving complex problems
  in a complex world. Knowledge Press, Cambridge 2004
Beer, Stafford: Diagnosing the system for organisations. Copyright by
  Stafford Beer, 1985
Binswanger, Mathias: Sinnlose Wettbewerbe. Warum wir immer
  mehr Unsinn produzieren. Herder Verlag, Freiburg im Breisgau
  2012
Borgert, Stephanie: Resilienz im Projektmanagement: Bitte
  anschnallen, Turbulenzen. Erfolgskonzepte adaptiver Projekte.
  Springer Gabler, Heidelberg 2013
Brandes, Dieter / Brandes, Nils: Einfach managen: Komplexität
  vermeiden, reduzieren und beherrschen. Redline Verlag,
  München 2013
Buche, Antje / Jungbauer-Gans, Monika / Niebuhr, Annekatrin /
  Peters, Cornelius: Diversität und Erfolg von Organisationen.
  In: Zeitschrift für Soziologie, Jg. 42, Heft 6, Dezember 2013,
  S. 483–501
Coffman, Bryan S.: Weak Signal Research. 1997. http://www.
  mgtaylor.com/mgtaylor/jotm/winter97/wsrintro.htm (abgerufen
  am 13.09.2014)
Dany, Hans-Christian: Morgen werde ich Idiot. Kybernetik und
  Kontrollgesellschaft. Edition Nautilus, Hamburg 2013
Dobelli, Rolf: Die Kunst des klaren Denkens. 52 Denkfehler, die
  Sie besser anderen überlassen. Deutscher Taschenbuch Verlag,
  München 2014
Dörner, Dietrich: Die Logik des Misslingens. Strategisches Denken in

komplexen Situationen. Rowohlt Taschenbuch Verlag, Reinbek 2011

Dubben, Hans-Hermann / Beck-Bornholdt, Hans-Peter: Der Hund, der Eier legt. Rowohlt Taschenbuch Verlag, Reinbek 2009

Garcia, Stephen M. / Tor, Avishalom / Schiff, Tyrone M.: The Psychology of Competition: A Social Comparison Perspective. In: Perspectives on Psychological Science 8(6), 2013, S. 634–650

Glass, David C. / Singer, Jerome E.: Urban stressors. Experiments on noise and social stressors. Academic Press, New York 1972

Gribbin, John: Auf der Suche nach Schrödingers Katze. Quantenphysik und Wirklichkeit. Piper Verlag, München 2013

Gumin, Heinz / Meier, Heinrich: Einführung in den Konstruktivismus. Piper Verlag, München 1992

Guwak, Barbara / Strolz, Matthias: Die vierte Kränkung. Wie wir uns in einer chaotischen Welt zurechtfinden. Goldegg Verlag, Berlin 2012

Hamel, Gary: Das Ende des Managements. Unternehmensführung im 21. Jahrhundert. Ullstein Buchverlage, Berlin 2007

Harford, Tim: Trial and Error. Warum nur Niederlagen zum Erfolg führen. Rowohlt Verlag, Reinbek 2012

Harris Interactive: Obama, Jesus and Martin Luther King, Top List of America's »Heroes«. 2009. http://www.harrisinteractive.com/vault/Harris-Interactive-Poll-Research-Heroes-2009-02.pdf (abgerufen am 06.10.2014)

Hofinger, Gesine: Fehler und Fallen beim Entscheiden in kritischen Situationen. 2003. http://www.plattform-ev.de/downloads/denkfehlerhofinger.pdf (abgerufen am 01.08.2014)

Holling, Crawford Stanley: Understanding the Complexity of Economic, Ecological, and Social Systems. In: Ecosystems Vol. 4, 2001, S. 390–405

Holling, Crawford Stanley: From Complex Regions to Complex Worlds. In: Ecology and Society Vol. 9 (1): 11, 2004. http://www.ecologyandsociety.org/vol9/iss1/art11 (abgerufen am 01.08.2014)

Holling, Crawford Stanley / Jones, Dixon D. / Peterman R. M.: FAIL-SAFE vs. SAFE-FAIL Catastrophes. 1975. http://webarchive.iiasa.ac.at/Admin/PUB/Documents/WP-75-093.pdf (abgerufen am 27.08.2014)

IBM Deutschland GmbH: Unternehmensführung in einer komplexen Welt. Global CEO Study 2010. https://www-935.ibm.com/services/de/ceo/ceostudy2010/ (abgerufen am 20.08.2014)

IDC: The digital universe of opportunities: rich data and the increasing value of the internet of things. 2014. http://www.emc.com/collateral/analyst-reports/idc-digital-universe-2014.pdf (abgerufen am 28.09.2014)

Janis, Irving L.: Groupthink: Psychological Studies of Policy Decisions and Fiascoes. Houghton Mifflin, New York 1982

Lorenz, Konrad: Die Rückseite des Spiegels. Versuch einer Naturgeschichte menschlichen Erkennens. Piper Verlag, München 1997

Morieux, Yvesm / Tollman, Peter: Six Simple Rules. How to manage complexity without getting complicated. Harvard Business Review Press, Boston 2014

Mulrine, Anne: The Army Trains a Skeptics Corps to Battle Groupthink, 2008. http://www.usnews.com/news/world/articles/2008/05/15/the-army-trains-a-skeptics-corps-to-battle-groupthink?page=2 (abgerufen am 05.10.2014)

Munro, Robert: Crowdsourcing and the crisis-affected community. Lessons learned and looking forward from Mission 4636. 2012. http://www.mission4636.org/report/ (abgerufen am 25.10.2014)

Pelrine, Joseph: On Understanding Software Agility. A Social Complexity Point Of View. In: E:CO Issue, Vol. 13, Nr. 1–2, 2011, S. 26–37

Pfläging, Niels: Organisation für Komplexität. Wie Arbeit wieder lebendig wird – und Höchstleistung entsteht. BetaCodex Publishing, 2013

Pruckner, Maria: Die Komplexitätsfalle. Wie sich Komplexität auf den Menschen auswirkt: vom Informationsmangel bis zum Zusammenbruch. Books on Demand GmbH, Norderstedt 2005

Pruckner, Maria: Komplexität im Management. Sinn und Unsinn. Books on Demand GmbH, Norderstedt 2014

Richter, Klaus / Rost, Jan-Michael: Komplexe Systeme. Fischer Taschenbuch Verlag, Frankfurt am Main 2002

Rittel, Horst W. J. / Webber, Melvin M.: Dilemmas in a General Theory of Planning. In: Policy Sciences 4 (1973), S. 155–169

Schaub, Harald: Störungen und Fehler beim Denken und Problem-lösen. 2014. https://www.psychologie.uni-heidelberg.de/ae/allg/enzykl_denken/Enz_09_Schaub.pdf (abgerufen am 01.08.2014)

Schuh, Günther / Krumm, Stephan / Amann, Wolfgang: Chefsache Komplexität. Navigation für Führungskräfte. Springer Gabler, Wiesbaden 2013

Schulz, Kathryn: Richtig irren. Von falschen Glaubenssätzen, Denk-fehlern und der kreativen Kraft unserer Fehlbarkeit. Riemann Verlag, München 2011

Steinmüller, Karlheinz: Wild Cards, Schwache Signale und Web-Seismografen. In: Koschnick, Wolfgang J. (Hrsg.): FOCUS-Jahr-buch 2012. Prognosen, Trends und Zukunftsforschung. 2012. http://www.medialine.de/media/uploads/projekt/medialine/docs/publikationen/jb_2012/foc_jb_2012_steinmueller.pdf (abgerufen am 01.09.2014)

Taleb, Nassim Nicholas: Antifragilität. Anleitung für eine Welt, die wir nicht verstehen. btb Verlag, München 2014

Vester, Frederic: Die Kunst vernetzt zu denken. Ideen und Werk-zeuge für einen neuen Umgang mit Komplexität. Deutscher Taschenbuch Verlag, München 2012

von Foerster, Heinz / Pörsken, Bernhard: Wahrheit ist die Erfindung eines Lügners. Gespräch für Skeptiker. Carl-Auer-Systeme Verlag, Heidelberg 2013

von Goldammer, Eberhard: Heterarchie – Hierarchie. Zwei komple-mentäre Beschreibungskategorien. In: vordenker, August 2003. http://www.vordenker.de/heterarchy/a_heterarchie.pdf

Waldrop, M. Mitchell: Inseln im Chaos. Die Erforschung komplexer Systeme. Rowohlt Taschenbuch Verlag, Reinbek 1996

Weber, Andreas: Alles fühlt. Mensch, Natur und die Revolution der Lebenswissenschaften. thinkOya, Klein Jasedow 2014

Zolli, Andrew / Healy, Ann Marie: Die 5 Geheimnisse der Über-lebenskünstler. Wie die Welt ungeahnte Kräfte mobilisiert und Krisen meistert. Riemann Verlag, München 2013

Register

Über die Autorin

Stephanie Borgert – die Expertin für holistisches Management

Stephanie Borgert glaubt daran, dass Management leicht sein kann – auch in komplexen Situationen und in turbulenten Zeiten. Damit dies gelingt, braucht es einen ganzheitlichen Managementansatz und den richtigen Umgang mit Komplexität. Genau darauf hat sich Stephanie Borgert spezialisiert und für diese Themen brennt sie. Das merkt man in der Zusammenarbeit mit ihr, egal ob als Coach, Beraterin, Trainerin oder Rednerin. Der Ansatz der Autorin ist wissenschaftlich fundiert;  sie agiert stets umsetzungsorientiert und verknüpft bei ihrer Arbeit Erkenntnisse aus den Systemtheorien, den Neurowissenschaften und der modernen Psychologie mit dem Management dynamischer, komplexer (Projekt-)Organisationen.

Als Coach

ist ihre Arbeit geprägt von Lösungsorientierung, Wertschätzung, Offenheit und Humor. Ihr Portfolio umfasst folgende Themen:

- ► Coaching von Teams in komplexen Kontexten
- ► Inhouse-Workshops zur Erhöhung der organisationalen Resilienz (H.A.P.®)
- ► Impulsworkshops zu Komplexität und Resilienz
- ► H.A.P.® Zertifizierungen für Coaches, Berater, Führungskräfte und Projektmanager

Als Rednerin

schätzen ihre Kunden vor allem die humorige, direkte Art von Stephanie Borgert – Infotainment gepaart mit fundiertem Wissen. Vortragsthemen sind unter anderem:

► IRRTUM! – wo Manager in die Falle tappen
► Führen im Ungewissen – wie Sie trotz Intransparenz und Unsicherheit erfolgreich führen
► Erfolg »trotz allem« und »egal was kommt« – resiliente Organisationen gestalten
► Einfach war gestern – Projekte zwischen Chaos und Kontrolle

Als Autorin

schreibt sie, wie sie arbeitet: interdisziplinär, klar, fokussiert und gerne mit einem Augenzwinkern. Ihre Herzensthemen Komplexität und Resilienz begleiteten sie vom ersten Buch an, da liegt ihre Leidenschaft und Expertise.

Stephanie Borgert
Holistisches Projektmanagement
Vom Umgang mit Menschen,
Systemen und Veränderung
ISBN: 978-3-642-25701-8

Stephanie Borgert
Resilienz im Projektmanagement
Bitte anschnallen, Turbulenzen!
Erfolgskonzepte adaptiver Projekte
ISBN: 978-3-658-00999-1

Weitere Veröffentlichungen von Stephanie Borgert zum Thema finden Sie in Fachzeitschriften und Sammelbänden. Eine Übersicht gibt es auf der Webseite unter www.denk-system.com.

Als Mensch

Stephanie Borgert ist ein Kind des Ruhrgebietes und damit »herzlich und geradeaus«. Sie engagiert sich ehrenamtlich im Patenmodell e.V., bei dem sie Langzeitarbeitslose auf deren Weg zurück in das Berufsleben begleitet. Ihren Ausgleich findet Stephanie Borgert beim Ausdauersport und auf langen Spaziergängen mit ihren zwei Hunden. Bei allem, was sie tut, faszinieren sie neue Wege, Unbekanntes und zu Entdeckendes. Neugier treibt sie an und bringt sie auch in ihrer Arbeit immer wieder dazu, sich der verschiedensten Wissenschaften und Disziplinen zu bedienen.